Toni Hansel (Hg.)
Soft Skills

Schulpädagogik
Band 10

Toni Hansel (Hg.)

Soft Skills

Alternative zur Fachlichkeit
oder weiche Performance?

Centaurus Verlag & Media UG

Der Herausgeber, Prof. Dr. Toni Hansel, ist Professor für Schulpädagogik an der Universität Rostock und Direktor des Instituts für Schulpädagogik.

Bibliografische Informationen der Deutschen Nationalbibliothek
Die Deutsche Nationalbibliothek verzeichnet diese Publikation in der Deutschen Nationalbibliografie; detaillierte bibliografische Daten sind im Internet über http://dnb.d-nb.de abrufbar.

Gedruckt auf säurefreiem und chlorfrei gebleichtem Papier.

ISBN 978-3-86226-118-5   ISBN 978-3-86226-466-7 (eBook)
DOI 10.1007/978-3-86226-466-7
ISSN 1616-7414

Alle Rechte, insbesondere das Recht der Vervielfältigung und Verbreitung sowie der Übersetzung, vorbehalten. Kein Teil des Werkes darf in irgendeiner Form (durch Fotokopie, Mikrofilm oder ein anderes Verfahren) ohne schriftliche Genehmigung des Verlages reproduziert oder unter Verwendung elektronischer Systeme verarbeitet, vervielfältigt oder verbreitet werden.

© *CENTAURUS Verlag & Media KG, Freiburg 2010*
www.centaurus-verlag,.de

Umschlaggestaltung: Antje Walter, Titisee-Neustadt
Satz: Vorlage des Herausgebers

Zum Inhalt

01	Vorwort	7
02	Stefan Göbel Prorektor für Studium und Lehre der Universität Rostock	10
03	Toni Hansel Soft Skills – Alternative zur Fachlichkeit oder weiche Performance?	13

Geisteswissenschaftliche Grundlagen menschlicher Umgangsqualität

04	Hans-Werner Jendrowiak Zur Dialektik von Soft Skills und fachlicher Kompetenz	21
05	Wolfgang Sucharowski Wissenskommunikation – erhöhen Skills die Kommunizierbarkeit von Wissen?	44
06	Gerhard Engel Regeln, Ordnungen und Freiheit Zur pädagogischen Relevanz von Thomas Hobbes' Sozialphilosophie	57

Vom Wissen zum Handeln in der Schule

07 Alexander Steinhagen 85
„Kreativität als grundlegendes Soft-Skill im schulischen Bildungsprozess – zur Unabdingbarkeit dieser Leistungsdisposition für handlungskompetente Schüler"

08 Roland Straube 105
Soft Skills in der Lehrerbildung - Probleme und Folgen

09 Ulrika Gehrke 121
Soft-Skills in der Ausbildung der Gesundheitsfachberufe - Kontinuität und Wandel

Soft Skills und betriebliches Qualifikationsprofil: Vom Umgang mit Menschen

10 Daniela Becker 150
Zur Bedeutung von Soft Skills für Beschäftigte in der Hotellerie und Gastronomie

11 Hendrik Diekel 162
Die Bedeutung von Schlüsselkompetenzen im der Berufspraxis am Beispiel Deutsche Bahn

12 Toni Hansel 174
Ausblick

13 Namenregister 179

14 Autorenregister 183

01 Vorwort

Das Institut für Schulpädagogik der Universität Rostock hat in den vergangenen Jahren kontinuierlich – nun zum neunten Mal – eine öffentliche Veranstaltung ausgerichtet, die sich auf aktuelle Fragen und meist kontrovers diskutierte Probleme der Schule und der sie tragenden Wissenschaft – hier: der Schulpädagogik – einlässt. Die Themenpalette war bunt, aber nicht beliebig, im Gegenteil: Die Resonanz, die wir in der Universität und in der Öffentlichkeit, bei Betroffenen, Praktikern, Studierenden, den an der Sache Interessierten über die Jahre hinweg immer wieder gefunden haben, ist für uns Bestätigung genug, dass die Themen, die wir jeweils in den Mittelpunkt einer Tagung stellten und die wir unter dem Gesichtspunkt der Aktualität auswählten, von den Teilnehmern auch angenommen werden. Das gilt auch für das diesjährige Tagungsthema – *Soft Skills – Alternative zur Fachlichkeit oder weiche Performance?* Das Fragezeichen hinter dem Untertitel lässt keinen Zweifel daran, dass es hier Diskussionsbedarf gibt, dem sich die Teilnehmer dieser Veranstaltung mit großem Engagement zugewandt haben und über den Tag hinaus das Gespräch fortführen – so die doch zahlreichen Rückmeldungen.

Mit der Durchführung der Tagung belastet der Lehrstuhl für Schulpädagogik an der Universität Rostock als Veranstalter nicht den Etat der Universität Rostock oder das schmale Budget des Kultusministers oder sonst einer anderen Kostenstelle des Landeshaushalts, deren Verwalter – allen voran der Rektor der Universität – diese Botschaft sicherlich mit großer Zustimmung zur Kenntnis nehmen, denn sie sind – mehr der Not folgend als einer erklärten Absicht – Buchhalter eines eklatanten Mangels, den es zu verwalten gilt. Wir haben uns deshalb mit Erfolg auch in diesem Jahr um Drittmittel zur Finanzierung dieser Veranstaltung bemüht. Die Resonanz bestärkt uns aber auch darin, dass wir gut daran tun, Fragen und Probleme einer Wissenschaftsdisziplin, die uns alle angeht, die Erziehungswissenschaft, nicht im Elfenbeinturm zu belassen. Das gilt für das Thema des diesjährigen Symposiums gleichermaßen.

Wir bewegen uns mit den diesjährigen Schwerpunkten des Tagungsbandes aus dauerhaft aktuellem Anlass im Zentrum der Schulpädagogik. Die künftigen Lehrer, die die Universität Rostock ausbildet, müssen wissen und sie müssen damit rechnen, dass sie – wenn sie sich hierzulande und anderswo um eine Stelle bemühen – nicht nur an ihrer fachlichen Kompetenz gemessen werden. Vielmehr fällt auch das persönliche Erscheinungsbild in die Waagschale, das nicht nur durch fachliche Kompetenzen substantiiert wird, sondern das seine Qualität im komplexen Zusammenspiel verschiedener Voraussetzungen gewinnt, die eine Person entfaltet. Was für die Lehrer in ihrem eigenen beruflichen Werdegang bedeutend ist, das gewinnt auch Substanz in ihrem unterrichtlichen und sonstigen schulischen Tun. Sie sind hier gleichermaßen Anwender und Erzeuger eines Soft Skill-basierten Lebensbezuges. Das gilt für die Schule, das gilt aber auch für außerschulische Bildungs- und Ausbildungsbereiche.

Die Debatte auf das Zentrum der Schulpädagogik zu verkürzen, auf das wir oben schon aufmerksam gemacht haben, greift im Zusammenhang mit dem hier behandelten Themenkomplex zu kurz. Wer in die Debatte über Soft Skills einsteigt, sollte sich in Erinnerung rufen, dass es sich um keine Debatte über einen *erziehungswissenschaftlichen* Grundlagenbegriff handelt. Diese Debatte ist der Schulpädagogik zugewachsen wie andere Debatten auch, seit die Schule nicht mehr Ort der Vergabe von Bildungsprivilegien ist, sondern zentraler öffentlicher Ort der Sicherung von Bildung unter Berücksichtigung demokratischer Prinzipien – u.a. des Prinzips der Wahrung bzw. Wiederherstellung von Bildungsgerechtigkeit. Bildung ist – das ist das Ergebnis permanenter Bildungsreform – in den letzten Jahrzehnten demokratischer geworden. Ob sie damit auch besser, ertragreicher, effektiver geworden ist, ist neben vielen anderen Aspekten auch Gegentand der in diesem Band ausgewiesenen Beiträge. Tatsache ist, dass Demokratisierung der Bildung nicht „insular" zu haben ist. Sie geht einher mit der Pluralisierung der Lebensentwürfe und der Teilhabe an den Möglichkeiten, die eine moderne Gesellschaft bereithält – und das wiederum bedeutet, dass Schule sich nicht verschließt, sondern an der Fortentwicklung der Gesellschaft. beteiligt. Freilich bedeutet Fortentwicklung weder *Veränderung um der Veränderung willen* noch bedeutet sie *Veränderung um jeden Preis*. Fortentwicklung bedeutet hier die Suche nach einer Antwort auf die Frage: Auf welche Weise gelingt es uns, die überzeitlich gültigen pädagogischen Grundaxiome in die neue soziale Realität zu überführen, ohne dass Verwerfungen hier und Erstarrung dort die beklagenswerten Folgen sind? Das wiederum führt dazu, dass wir uns dem Zeitgeist nicht verschließen, sondern ihn kritisch-kommentierend begleiten, ohne dem Zeitgeistigen zu erliegen.

Der HANNS MARTIN SCHLEYER-STIFTUNG sage ich meinen herzlichen Dank sage für die Unterstützung dieser Veranstaltung, die ohne diese Förderung sonst nur unter sehr viel schwierigeren Bedingungen und gewiss nicht in diesem Rahmen hätte stattfinden können. Es ist die erklärte Absicht der Stiftung, abseits der Enge und des Zeitdruckes universitärer Lehrveranstaltungen Studierende, Praktiker, Lehrende und öffentliche Verantwortungsträger zusammenzuführen, um Verbindendes und Verbindliches auf – wie sie es nennen – Dialogbrücken zu ergründen. Das diesjährige Tagungsthema bietet einem solchen Dialog reichhaltige Substanz.

Meinen besonderen und herzlichen Dank sage ich Frau Dipl.-Med. Astrid Hendel für die vielen klugen Anregungen zum Thema, die meine akademische Perspektive um die der mittelständischen Unternehmerin erweiterten und damit die Kluft zwischen dem Wissen und Verstehen zu überwinden half.

Rostock, den 1. November 2011   Toni Hansel

02 Stefan Göbel
Prorektor für Studium und Lehre
der Universität Rostock

Grußwort in Vertretung des Rektors der Universität Rostock

Sehr geehrte Damen und Herren,
herzlich möchte ich Sie in Vertretung des Rektors, Herrn Prof. Dr. Wolfgang Schareck, im Namen der Universität Rostock zum IX. Rostock Universitätssymposium zu aktuellen Fragen und Problemen der Schulpädagogik begrüßen. In diesem Jahr stehen „Soft Skills" im Vordergrund. Neben der guten fachlichen Ausbildung sind allerdings aus meiner Sicht soziale Kompetenz und Methodenkompetenzen, die Fähigkeit, mit anderen Menschen zielgerichtet zu kommunizieren sowie teamorientiert zu denken und zu handeln, eine ebenso wichtige Voraussetzung für ein erfolgreiches Bestehen im Berufsalltag.

Wer nun zu einer von der Erziehungswissenschaft als akademischer Disziplin getragenen Veranstaltung geladen ist, der erwartet zumindest als Wirtschaftswissenschaftler, wie ich es bin, zunächst nicht ein Thema, das im eigenen Fach eher aus dem angloamerikanischen Raum und dort aus den Forschungen zur Personalentwicklung stammt. Allerdings machte ja bereits die Diskussion im Rahmen des Bologna-Prozesses um die Frage, welche Bildung im Rahmen eines Bachelorstudiums notwendig ist, damit den Absolventen Employability, also die Befähigung im Berufsleben zu bestehen, bescheinigt werden kann. Allerdings galt hier das Thema lange Zeit als Domäne der Wirtschaft bzw. der Ansprüche, die die Wirtschaft Hochschulausbildung stellt.

Also auch wenn das heutige Thema zumindest für Nichtpädagogen nicht auf Anhieb in das gängige Repertoire der Pädagogik und ihrer Ordnungskategorien zu passen scheint, gelten zumindest zwei Feststellungen, die wohl auch für den Veranstalter leitend waren: Zum einen erfordert die wissenschaftliche Bearbeitung des Tagungsthemas – Soft Skills – interdisziplinäre Zugänge; naheliegend sind hier neben betriebswirtschaftlichen insbesondere auch kommunikationswissenschaftliche Annäherungen. Zugleich aber liegt auf der Hand, dass es sich bei der Auseinandersetzung mit dem Thema immer auch um personale Merkmale der beteiligten Menschen dreht, um ihre Humaneigenschaften im Zusammenwirken und Zusammenleben in vorrangig beruflichen Kontexten. Die Beschäftigung mit der Personalität menschlichen Handelns in wechselnden Kontexten – im Beruf, in der Freizeit, in den persönlichen zwischen-menschlichen Beziehungen – ist aber vorrangig ein Gegenstand der Erziehungswissenschaft. Deshalb ist die Verortung des Tagungsthemas in einem der erziehungswissenschaftlichen Institute der Universität Rostock eine von der Sache her gebotene grundlegende Entscheidung.

Nicht minder bedeutsam ist aber das Bekenntnis zur Interdisziplinarität, das sich in der Palette der Vorträge ebenso wie in der Besetzung des Podiums widerspiegelt. Es verfestigt sich der Eindruck, dass weder die Hypertrophie der Fachkompetenz noch die Weichzeichnung der Wirklichkeit mittels Soft Skill-basierter Hypersensibilität für diese Veranstaltung handlungsleitend ist. Diese Ausgewogenheit bei der Behandlung des Themas ist fast zwingend, wenn man wie ich der Überzeugung ist, dass Soft Skills kein Ersatz für Fachkompetenz sind und allerdings die Fachkompetenz allein den beruflichen Erfolg ebenfalls nicht dauerhaft sichern kann.

Für einen großen Teil der heute hier versammelten Tagungsteilnehmer haben diese Feststellungen eine durchaus zugespitzte Bedeutung. Lehrerbildung war in der Vergangenheit eine in hohem Maße zukunftsorientierte öffentliche Aufgabe. Sie ist es unverändert geblieben in einer sich stetig fortentwickelnden Gesellschaft, ungeachtet des mit dieser Entwicklung einhergehenden Wandels. Lehrerbildung nimmt in dem Maße an Bedeutung zu, in dem die Ressource Bildung mehr und mehr zu einem wettbewerbsentscheidenden Faktor wird.

Für das Beschäftigungssystem sind neben der fachlichen Eignung in besonderem Maße die Analyse- und Entscheidungsfähigkeit der Mitarbeiter – um nur zwei Merkmale zu nennen – von herausragender Bedeutung – folgt man den Verlautbarungen des Deutschen Industrie- und Handelskammertages (DIHK 2010), der fortlaufend einen Mangel an Ausbildungsreife beklagt, der inzwischen ein ernstzunehmendes Ausbildungshemmnis darstelle. Auch dieses Thema wird, so vermute ich nach Studium des geplanten Programms, auf diesem Symposium behandelt werden.

Von dieser Debatte bleibt die Lehrerbildung nicht unberührt. Sie steht „mitten im Leben", so Ewald Terhart (2000, 10) in dem Abschlussbericht der KMK-Kommission Lehrerbildung,

- weil sie unter hoher institutioneller, inhaltlicher und personeller Beteiligung des Wissenschaftssystems stattfindet,
- weil sie derzeit noch (!) zum staatlichen Aufgabenbereich gehört und auf einen Beruf vorbereitet, der vorwiegend im staatlichen Schulsystem ausgeübt wird und
- weil niemand dem Wirken derer, die diese Lehrerbildung erfahren haben, entgehen kann.

Ich beglückwünsche die Veranstalter zu dieser Zusammenstellung der Themen für das Symposium, das sich dieser breiten Palette von Herausforderungen widmet. Aber auch der Rahmen, in dem diese Veranstaltung stattfindet, ermöglicht eine im universitären Alltag nicht mehr selbstverständliche Dialog-Situation, in der erfahrene Hochschullehrer, junge Wissenschaftler, Studierende und Praktiker sich mit ihren Vorstellungen in die kritische Diskussion einbringen. In diesem Sinne eröffne ich das IX. Rostocker Universitätssymposium zu aktuellen Fragen und Problemen der Schulpädagogik und wünsche der Veranstaltung einen guten Verlauf sowie hilfreiche neue Impulse für Ihre weitere Arbeit.

03 Toni Hansel

Soft Skills – Alternative zur Fachlichkeit oder weiche Performance?

3.1 Zur Einführung

Der Umgang des Menschen mit dem Menschen ist geprägt von der Qualität des Verhaltens, das diesen Umgang substantiiert. In früheren Gesellschaften war die Zugehörigkeit und damit der Umgang der Angehörigen eines Stammes, einer Zunft, einer Religionsgemeinschaft, einer Sippe, einer Subkultur untereinander usw. durch äußere Merkmale wie z.B. Haartracht, Kleidung, Tätowierung und/oder sonstige Insignien der Zugehörigkeit streng, aber verlässlich geregelt. Dagegen hat die Fortentwicklung moderner Gesellschaften im Zusammenwirken mit konformistischen und egalistischen Tendenzen zu weitgehender Rückbildung solcher äußeren Erkennungs- und Zugehörigkeitsmerkmale und damit korrespondierend zur Angleichung der Verhaltensqualitäten über die Außengrenzen der Subkultur hinaus geführt. Das Verhalten der Menschen in den zivilisierten Gesellschaften ist berechenbarer geworden. Die äußere Darstellung solcher Zugehörigkeiten haben die zivilisierten Gesellschaften des ausgehenden 20./einsetzenden 21. Jahrhunderts ins Folkloristische abgedrängt – Trachtenvereine, Landsmannschaften etc – oder tabuisiert bzw. wegen verfassungsrechtlicher Widersprüchlichkeit per Gesetz restriktiv begrenzt – das Tragen von Hakenkreuzen bzw. das Zeigen des Hitlergrußes, im III. Reich Ausweis und Bekenntnis der Zugehörigkeit, ist wegen der unauflösbaren Verknüpfung mit den Verbrechen des Faschismus höchstrichterlich untersagt. Episodenhaft und mitunter von epidemischer Heftigkeit begleitet tauchen heute Sammlungsimpulse kurzzeitig auf und verschwinden danach wieder bzw. werden durch andere Identitätsbildungen ersetzt – denken wir an den Sog der „Pilzkopf-Frisur" der 60er Jahre des 20. Jh., an die Uniformierung einer ganzen Generation mit Jeans, an die „Freundschaftsbänder" eines Wolfgang Petri usw. usw.

An die Stelle äußerer Zugehörigkeits- und Wiedererkennungsmerkmale, die ehedem nicht verhandelbar, sondern verbindliche Norm waren, haben die modernen Gesellschaften die zivilisierte Konsensgemeinschaft mit mehr oder weniger fließenden Bandbreiten gesetzt. Es liegt noch keine hundert Jahre zurück, da galt für den Besuch der Universität oder gar einer Veranstaltung im Beisein des Rektors zumindest für das dort tätige Personal eine strenge Kleiderordnung, deren Missachtung den Ausschluss provozierte – heute dominiert nicht die formale Etikette, sondern das sachmotivierte Interesse. Der Besuch der Oper ist mit Krawatte, aber auch ohne einen solchen Dresscode möglich – daran nimmt kaum noch jemand Anstoß. Wer heute dazugehören möchte, hat andere Codierungen zu beachten. Zwar ist die Kraft der über Zugehörigkeit oder Ausgrenzung, über Erfolg oder Mittelmaß entscheidenden äußeren, formalen Merkmale nicht gebrochen – es gibt sie noch –, aber ihre dominante Geltung ist vielfach relativiert durch Hinzufügung substantieller und nicht mehr konformistischer, sondern individueller Merkmalsausprägungen, die in die privaten und beruflichen und die im weiteren Zusammenhang gesellschaftlichen Lebenszuschnitte hineinwirken. Die Codierungen, die heute Aufstiegs- und Erfolgsrelevanz verheißen, sind nicht immer auf Anhieb erkennbar, sie sind personal ausgeprägt, jedoch nicht genetischen Ursprungs, sondern maßgeblich soziokulturell bedingt und erworben.

3.2 Ritual und Gesellschaft

Moderne Gesellschaften sichern die Entwicklung und Weitergabe solcher das konsensuelle Zusammenleben regelnder Codierung in den Feldern institutioneller und außerinstitutioneller Erziehung und Bildung und sie ahnden den Mangel bzw. den Verstoß gegen die kodifizierte Verhaltensnorm durch Sanktionen. Beträchtliche Teile des Zusammenlebens sind ritualisiert und erleichtern damit objektiv das kulturelle Lernen des Umgangs miteinander wegen ihrer Orientierungsleistung für das Verhalten der Menschen untereinander. Ich möchte mit einigen erklärenden Anmerkungen bei diesem scheinbaren Nebenaspekt verweilen, um zu verdeutlichen, dass wir doch mittendrin sind im Thema, wenn wir über Soft Skills und Rituale „in einem Atemzug" reden. Lange Zeit galten Rituale in den modernen Kulturgesellschaften als etwas für die Anderen, für die „Wilden" oder „Primitiven". Schon unsere Vorgänger in der Entwicklung des *Homo Sapiens*, die Menschenaffen, haben mit dem Brusttrommeln den potentiellen Gegnern wie den paarungswilligen Weibchen ein ritualisiertes Signal ihrer Größe und Stärke gegeben, an dessen Klang sie sich orientieren und den „Trommler" in die Hierarchie der Horde einordnen konnten. Die Funktion solcher Signale besteht in ihrem Potential für das Konfliktmanagement, um Konkurrenzsituationen in und unter Gruppen zu regeln und über diese Abgrenzung Identitäten zu schaffen. Tiere, aber auch Menschen brauchen diese Kommunikationsformen. Für die Menschen galten Rituale in jüngerer Zeit als konservativ, traditionsbewahrend, als rückständig. Jedoch gibt es sie noch in allen Gesellschaften, ja es deutet vieles darauf hin, dass Industriegesellschaften noch mehr Rituale pflegen als traditionelle Gesellschaften. Sie sind zwar nicht mehr so umfassend, auch nicht mehr so langlebig, aber mit der Vermehrung der Vielfalt auf dem Weg von der bäuerlichen Agrargesellschaft hin zur modernen Industriegesellschaft und damit verbunden der Erweiterung ihrer Individuationsmöglichkeiten wuchs auch die Differenziertheit der partikularen Rituale – in den letzten Jahren noch einmal deutlich verstärkt durch Globalisierung, Migration und insbesondere durch den Massentourismus, der nachhaltig dazu beigetragen hat, dass es hinsichtlich der Rituale zu einem Bewusstseinswandel gekommen ist: Die Rituale fremder Kulturen werden heute mehrheitlich als etwas Angenehmes, Schönes, als ästhetisches Erlebnis betrachtet. Sie sind hier wie dort besonders geeignet, in der Vielfalt – man könnte auch sagen: trotz der Vielfalt – Zugehörigkeit darzustellen. Allerdings ist auch festzuhalten, dass die gesellschaftliche Zugehörigkeit heute nicht mehr so klar definiert ist – zumindest wenn man neben den formalen Kriterien (z.B. Staatsangehörigkeit, Vereinsmitgliedschaft, Ethnie etc.) auch substantielle Kategorien beizieht.

Dort, wo sich eine Gesellschaft über Rituale definiert, wo also das Ritual die Akzeptanz der meisten Menschen findet, sind auch Formen des Umgangs mit Unzulänglichkeiten oder Verstößen hervorgebracht worden, um die Gemeinschaft stabil zu halten. Das Spektrum der Regelungen bzw. der Sanktionen ist breit gefächert und reicht von den Möglichkeiten der Rechtspflege, der Haus- und Betriebsordnungen, der „Benimm-Regeln" eines Adolf Freiherr Knigge, der Neuordnung des Kommunikations- und Konfliktverhaltens aufgrund der Neuorganisation von Arbeit in den modernen Industriestaaten bis hin zu den Listen sozialer Kompetenzen und Humaneigenschaften.

Mit der Rückführung der äußeren Merkmale von Zugehörigkeit, die ich eingangs beispielhaft benannt habe, auf einen nicht suspendierbaren Rest steigt die Bedeutung von Merkmalen humanen Verhaltens, die „man" verinnerlicht haben muss, um „dazuzugehören" – nennen wir sie an dieser Stelle und fortan *Soft Skills*, ein Begriff, dem wir uns weiter unten klärend annähern wollen. Ihre Verfügbarkeit verheißt Akzeptanz und begünstigt sozialen Aufstieg, und im Zusammenwirken mit ritualisiertem Alltagshandeln ermöglichen sie eine umfassende Teilhabe an zwischenmenschlicher Umgangsqualität in beruflichen und außerberuflichen Begegnungen.

An einem Beispiel ist dies knapp zu illustrieren: Die in der betrieblich-professionellen Leitungs- und Handlungsebene unabdingbare Durchsetzungsfähigkeit – in nahezu allen einschlägigen Soft Skill-Katalogen figuriert sie an prominenter Stelle – ist ohne ritualisierte Formen des kommunikativen Umgangs einer latenten Gefahr des Abgleitens in konfliktbasierte Unergiebigkeit innerbetrieblichen Managements ausgesetzt. Wer innerbetrieblich auf bloße Machtkonstellation setzt, wird langfristig nicht erfolgreich sein, weil sich im Hintergrund schwer kontrollierbarer Widerstand aufbaut. Wer dagegen mit hoher Sensibilität für situative Konstellationen seine Ziele verfolgt und die Wertschätzung des jeweils anderen dabei nicht übersieht, hat gute Chancen sich durchzusetzen und dabei die Reibungsverluste durch innerbetriebliche Konfliktlagen gering zu halten. Ritualisierte Formen der Begrüßung (z.B. Händedruck, Erkundigung nach dem eigenen sowie dem familiären Befinden, problembezogene persönliche Ansprache etc.) sind spannungsreduzierende, angstabbauende kommunikative Verhaltensmuster, die insbesondere im Umgang mit Mitarbeitern – bei aller Ausrichtung auf das zu erreichende Ergebnis – einen integrierenden Effekt nach sich ziehen. Umgangssprachlich ist hier die Rede davon, dass man die Mitarbeiter „mitnimmt", dass man sie überzeugt, dass man sie an den Prozessen teilhaben lässt.

3.3 Sprachliche Grundlagen

Bevor wir uns den Themenstellungen im engeren Sinne zuwenden und der Frage nachgehen, welche Annäherungen von der Schulpädagogik aus betrachtet möglich, vielleicht sogar naheliegend sind, wollen wir uns des Zentralbegriffs *Soft Skill* von seiner sprachlichen Bedeutung her annehmen. Dieser zentrale Terminus besteht aus zwei englischsprachigen Teilbegriffen, von denen der erste – *soft* – uns auch aus anderen etablierten Anglizismen in der deutschen Alltagssprache durchaus geläufig ist: Softeis, Softrock, Softdrink – viele weitere Beispiele lassen sich anfügen. Sie werden dort in der Bedeutung *„sehr weich, verweichlicht, gegenüber dem Ursprünglichen abgeschwächt, weniger klar konturiert als das Original"* usw. verwendet. Der zweite Begriff – *skill* – meint in der ursprünglichen Bedeutung der Landessprache, aus der er entlehnt ist, weniger die Erschließung neuer Kenntnisse, sondern vielmehr das Erlernen der Anwendung bekannten Wissens – der Begriff *Transfer* passt hier nicht, da es in diesem Bedeutungszusammenhang nicht nur um Übertragung, sondern um *experienced doing*, um das Ausprobieren im Vollzug geht – und das ist hoch risikobehaftet und hinsichtlich des Ausgangs unsicher – anders als beim Transfer, wo es um das Übertragen von Bekanntem auf zwar neue, aber dicht beiliegende Situationen geht.

Der Begriff in seiner Gesamtheit – Soft Skill – ist kein erziehungswissenschaftlicher Grundlagenbegriff, er ist betriebswirtschaftlicher Herkunft, genauer: er ist in Personalführungs-, Personalbewertungs- und -entwicklungszusammenhängen ein etablierter Begriff. Er ist von Teilen der Erziehungswissenschaft adaptiert und an deren Problemgefüge angepasst worden. Ihm ist es ergangen wie dem Mitte der 70er Jahre des 20. Jh. von Dieter MERTENS in die Diskussion eingeführten Begriff *Schlüsselqualifikationen*, der ebenfalls auf dem Boden der Marktforschung und der Berufsausbildung entstand und seinen Weg in andere, benachbarte Wissenschaftsbereiche antrat. Jedoch sind beide Begriffe nicht austauschbar, sie sind kein Synonym für den jeweils anderen: *Schlüsselqualifikation* meint überfachliche Qualifikationen, die zum Handeln befähigen sollen. Sie bauen auf wissensbasierter Fachkompetenz auf, sind also nicht Fachwissen im engeren Sinne, sondern ermöglichen erst durch ihr Dasein den kompetenten Umgang mit fachlichem Wissen. Sie setzen sich aus einem breiten Spektrum übergreifender Fähigkeiten zusammen, die keineswegs nur aus dem fachlich-kognitiven Bereich stammen, sondern darüber hinaus auch affektive Komponenten enthalten. Sie sind deshalb in der Vielfalt der Situationen komplexer Arbeitszusammenhänge flexibel und innovatorisch einzusetzen, und wer über sie in hinreichender Ausprägung verfügt, dessen Berufstauglichkeit reicht über die Beherrschung des Einmaleins des jeweiligen Berufes in einer sich ständig beschleunigenden Dynamik von Technik, Markt und Wissenschaft weit hinaus. *Soft Skill* dagegen meint eine nicht genau definierte Anzahl von menschlichen Eigenschaften, Fähigkeiten, Persönlichkeitszügen, die für das Ausüben eines Berufs im Hinblick auf den Umgang mit Mitarbeitern und Kunden und der Sache selbst nötig oder förderlich sind. Darunter werden Persönlichkeitsmerkmale und Humaneigenschaften gefasst, die nicht an spezifische fachliche Voraussetzung geknüpft sind, sondern diese erst im Arbeitszusammenhang hinsichtlich ihrer projektbezogenen Wirksamkeit ermöglichen, begünstigen, optimieren. Die häufigsten in diesem Zusammenhang genannten Eigenschaften sind beispielsweise Teamorientierung, Kommunikationsfähigkeit, Organisationsfähigkeit, Durchsetzungsvermögen, Flexibilität – weitere Beispiele lassen sich mühelos anfügen. Der Begriff Soft Skill ist m. E. kein Synonym für

Sozialverhalten, weil es letzterem an der unbedingten Orientierung am Berufserfolg mangelt. Soft Skills ersetzen nicht Hard Skills.

3.4 Einbindung in die Schulpädagogik

Wenn – wie oben bereits ausgeführt – Soft Skills für den Erfolg im Arbeitsleben von sehr großer Bedeutung sind, dann ist auch der Lehrerberuf im Hinblick auf seine Verknüpfung mit den genannten Eigenschaften zu betrachten. Bei dieser Betrachtung des Berufsfeldes ist zu beachten, dass der Weg zugleich auch das Ziel ist – zumindest ein Teilziel: Wer selbst nicht über kommunikative Fähigkeiten verfügt, kann anderen kaum Kommunikationsfähigkeit nahebringen, ein Lehrer ohne Organisationsfähigkeit wird seine Schüler kaum dazu erziehen können, die Angelegenheiten vom Wichtigen zum Unwichtigen zu strukturieren. Doch darauf kommt's an, denn alle Schulgesetze der Länder nennen Bildung und Erziehung als Kernaufgaben schulischen Wirkens, und das heißt auch: des Wirkens von Lehrern! So stehen am Anfang nicht zufällig zwei Beiträge, die eben von dieser Prämisse ausgehen. Wolfgang Sucharowski (Universität Rostock, Lehrstuhl für Kommunikationswissenschaft) setzt sich mit der Frage auseinander, ob Skills die Kommunizierbarkeit von Wissen erhöhen – und in dieser Formulierung gehe ich davon aus, dass sein Focus über die Kommunikationsfähigkeit als wichtiges, aber partikulares Skill hinausgeht. Hans-Werner Jendrowiak (Universität Rostock, Lehrstuhl für Wirtschaftspädagogik) nimmt die Spanne und die Spannung zwischen Soft Skill und Fachkompetenz in den Blick, letztlich also den Kern, den Titel dieser Veranstaltung. Dabei ist für die Betriebe neben der Fachlichkeit der Mitarbeiter auch von herausragendem Interesse – weil mit hohen Kosten einhergehend – ob und wie das Personal ohne bedeutende „Reibungsverluste" die innerbetrieblichen Abläufe bewältigt und dies damit ökonomisch, d.h. in einer betriebswirtschaftlich tolerablen Ausgewogenheit von Personalaufwand und Nutzen sichert. Gerhard Engel schließt die geisteswissenschaftliche Grundlegung des Tagungsthemas in der Auseinandersetzung mit Regeln und Ordnungen in Anlehnung an die Sozialphilosophie Thomas Hobbes' ab. Nun ist aber mehrfach darauf aufmerksam gemacht worden, dass Soft Skills einen Import aus dem betriebswirtschaftlichen Spektrum in die Erziehungswissenschaft darstellen. Deshalb haben wir in den Beiträgen dieses Bandes einen starken interdisziplinären Bezug dadurch sichergestellt, dass wir sein Oeuvre mit deutlichen Akzentsetzungen aus den außeruniversitären Berufsfeldern versehen haben: Roland Straube geht der Frage nach, was Soft Skills denn mit Lehrerbildung zu tun haben, ein Hinweis darauf, dass der gesetzlich normierte Auftrag der Schule, auf den oben verwiesen wurde, bis in die Lehrerbildung durchträgt. Auch Ulrika Gehrke beschäftigt sich mit dem Aufbau von Soft Skills im Rahmen ihrer Ausbildungstätigkeit für Pflegeberufe. Ein Vergleich ihres Beitrags mit den Ausführungen von Daniela Becker, die in einem völlig anderen Berufsfeld sich mit der Berufsrelevanz von Soft Skills beschäftigt, belegt anschaulich, dass es offenkundig berufsfeldspezifische Skills gibt: Nicht in allen Berufsfeldern werden die Skills mit gleicher Präferenz nachgefragt. Das gilt auch für den Beitrag von Hendrik Diekel aus der Vorstandsebene der *Deutschen Bahn* (Berlin), der für ein sehr großes deutsches Unternehmen aus seiner Praxis die Bedeutung personaler Umgangsqualität für die Berufsausübung im innerbetrieblichen Dienstablauf hier problematisiert. Gewissermaßen an der Nahtstelle zwischen Berufsfeldern und wissenschaftlicher Analyse bewegt sich Alexander Steinhagen in seinem Beitrag. Auch er hat die Schule und ihren berufsqualifizierenden Teilauftrag fest im Blick, wenn er als zentrale Zielstellung des schulischen Bildungsprozesses den – wie er sagt – handlungskompetenten Schüler apostrophiert. Gleichwohl geht es ihm nicht nur um Handlung, sondern auch um Mündigkeit als Zieldimension schulischer Bildung, das meint wohl die von ihm eingeforderte Selbstkompetenz, die am Ende schulische Bildung generieren soll.

Bei der Auswahl der Referenten haben wir uns von der Absicht leiten lassen, die Dominanz der Wissenschaftler, die in den Tagungsbänden früherer Jahre auffällig war und deshalb gelegentlich den Eindruck der „Kopflastigkeit" erweckte, in diesem Jahr bei einem solcherart berufsfeldbasierten Thema zurückzunehmen und den Praktikern aus den Betrieben ein zahlenmäßiges Übergewicht einzuräumen. Die geladenen Repräsentanten großer regionaler und überregionaler Betriebe sind nach meiner Wahrnehmung eine gute Gewähr für die Bodenhaftung der Beiträge und der Gespräche, die von ihnen angestoßen werden.

Geisteswissenschaftliche Grundlagen menschlicher Umgangsqualität

04 Hans-Werner Jendrowiak

Zur Dialektik von Soft Skills und fachlicher Kompetenz

I. Die Problemstellung und die Bedeutsamkeit des Themas

Es ist ein permanenter Prozess, der sich immer wieder mit der Frage nach Effektivität und Wirksamkeit von Bildung (Qualifikationen, Kompetenzen, Fähigkeiten und Fertigkeiten)beschäftigt. In das Zentrum betrieblicher Überlegungen rücken z.B. Aufgaben der Personalentwicklung und die Kosten des Personals. Das Bildungscontrolling, in seiner Funktion zur Überwachung und Evaluation von Bildungskosten stellt eine neue betriebswirtschaftliche Herausforderung dar. Die Diskussion wird auch über die Effektivität des Humankapitals geführt.

Es sind also nicht nur Fragen nach den Kosten, die Bildung verursachen, sondern auch Fragen nach dem Verhältnis von Bildungsaufwand und Bildungsnutzen, dem ökonomischen Prinzip. Dieses Prinzip, dem das Menschenbild des homo ökonomicus zu Grunde liegt, finden wir aber nicht nur in den originären ökonomischen Handlungsfeldern von Unternehmungen und Betrieben vor, den sogenannten profitorientierten Organisationen, sondern auch in der sogenannten Non-Profit-Organisation wie dem öffentlichen Bildungssystem.

Wir können drei Diskussionswege verfolgen:

- Erstens: Wenn die Mittel für Bildungs- und Personalentwicklungsmaßnahmen knapp werden, so ist die Pädagogik (Bildungswissenschaft, Erziehungswissenschaft, Sozialwissenschaft) gefordert, neue Methoden, neue Verfahren, neue Verständnisse von Bildung zum gleichen Preis bereitzustellen, damit das Bildungspotenzial bzw. das Humankapital weiterhin den Erfolg garantieren kann.
- Zweitens: Wenn die Bildungspotenziale abnehmen und sich rückläufig entwickeln, die Pädagogik keine innovativen Ansätze zur Verfügung stellt, so werden zusätzliche Mittel kompensatorisch für den Bildungsprozess bereitgestellt; man hofft, dass sich durch veränderte finanzielle

Rahmenbedingungen zwangsläufig ein bestimmter Bildungserfolg einstellt.
- Drittens: Sowohl die finanziellen Mittel als auch die innovativen pädagogischen Konzepte werden zur Verfügung gestellt, um Bildungspotenziale zu steigern und das wirtschaftliche Wachstum zu sichern.

Sailer, M. verweist darauf, dass es kaum einen Zusammenhang zwischen dem Bildungs- oder Lernprozess und der Produktivität gibt. Lediglich der formale Bildungsnachweis scheint bedeutsamer zu sein. Auch „die Screeningtheorie bezweifelt, dass der bloße Wissenserwerb zu höherem Einkommen verhilft. Somit wird der Produktivitätsthese der Humankapitaltheorie, nämlich das Investitionen in Bildung zu einer Steigerung der Produktivität führen und damit langfristige Erträge bewirken, eine Absage erteilt." (**Sailer, M., S. 42** mit Verweis auf Timmermann 2002, S. 88)

Aus dieser Sicht heraus wäre die Abkehr von einem Wissensmanagement zu einem Bildungsmanagement verständlich. Nicht spezielles Fachwissen, sondern Persönlichkeitsmerkmale (Soft Skills) scheinen in ihrer Bedeutung besonders gewichtet.

Der dritte Weg prägt, insbesondere im Zusammenhang mit der Integration von Migranten, die Gegenwartsdiskussion: sowohl die Befähigung, die deutsche Sprache zu sprechen als auch die Kompetenz, nach deutschen Werten und Normen handeln zu können, werden als individuelle Bildungskategorien gefordert. Dabei wird die Deutsche Sprache nicht als eine fachliche Bildungskategorie angesehen, sondern sie ist ebenso wie personengebundene Einstellungen, Haltungen, Werte und Normen als Soft Skills den formalen Bildungskategorien zuzuordnen. Diese sollen in der deutschen Gesellschaft das Zusammenleben verbindlich prägen.

Welche Soft Skills bedeutsam werden, ergibt sich oft aus Zufälligkeiten. Sie entstehen vielfach aus dem Anspruch von Organisationen, Parteien, Verbänden und auch der Wissenschaften. Dabei zeigen sich Trends, rhythmische aber auch innovative Verläufe und Bewegungen.

So verweist **Sailer (S.183 ff)** in seiner Studie, in der er die Qualifikationsmerkmale in Stellenanzeigen zwischen 1950 und 2005 untersucht, auf eine interessante formale Kategorie, die in der Soft Skills Diskussion bisher nicht besonders beachtet wurde. Aus der Analyse von Stellenanzeigen konnte nachgewiesen werden, dass gegenwärtig neben den traditionellen Soft Skills die „Berufserfahrung als selektives Qualifikationsmerkmal" offensichtlich immer bedeutsamer wird.

In derselben Studie stellte **Sailer** (vgl. S. 214 ff) dar, „dass Arbeitgeber oft ein Idealbild vom Qualifikationsgefüge eines Bewerbers in Stellenanzeigen entwerfen." Dabei zeigt sich, dass sowohl personenbezogene als auch fachliche Bildungskategorien zu abstrakt und unverbindlich formuliert werden. Ein Grund hierzu liegt vielleicht in der Tatsache begründet, dass sich die Entwicklung des Potenzials eines Beschäftigten nur sehr schwierig prognostizieren lässt. Hier spielen Halbwertzeiten und veränderte Problemlagen in den betrieblichen Handlungsfeldern eine Rolle. Deshalb ist man oft auf der Suche nach formalen Bildungskategorien, die langfristig eine Eigendynamik entwickeln und sich als Indikatoren für die Entwicklung des Personals eignen. Diese Indikatoren sollen selbständig auf Lernprozesse, Tätigkeiten und Handlungsprozesse wirken und innovativ sein. Vielleicht ist man davon überzeugt, diese in der Handlungskompetenz gefunden zu haben. In der Diskussion über Soft Skills sind drei Ansätze bedeutsam:

1) **Die Pädagogische Strategie**
   Bei knappen Mitteln sind die Bildungswissenschaften gefordert, das Humankapital zu sichern. Die Wissenschaft soll möglichst kostenneutral neue Methoden, Verfahren und Theorien bereitstellen.

2) **Die finanzielle Strategie**
   Die Bildungswissenschaft kann keinen innovativen Beitrag leisten. Finanzielle Investitionen der öffentlichen und privaten Institutionen in nicht bildungswissenschaftliche Bereiche sollen dem negativen Trend der Entwicklung der Bildungspotentiale entgegenwirken. So wird in materiale Objekte, neue Organisationsformen und formale Institutionen investiert; die finanziellen Mittel erreichen aber weder die Privatperson noch den Mitarbeiter im Betrieb. Der Einsatz der finanziellen Mittel präsentiert lediglich die politischen Proklamationen und hat formale Legitimation.

   Die Einheit von pädagogischer und finanzieller Strategie
   In diesen Fällen wird in die bildungswissenschaftlichen Prozesse finanziell eingegriffen, um die individuellen Bildungspotenziale und das wirtschaftliche Wachstum zu sichern. Die finanziellen Mittel sind auf die Adressaten der Bildung ausgerichtet. Der Bildungsprozess soll durch die Bildungswissenschaft effektiver gestaltet und nicht nur als bildungspolitische Floskel kommuniziert werden.

   Die Diskussion um die Soft Skills und deren Bedeutsamkeit ist auch der Ausdruck fehlender bildungstheoretischer Erkenntnisprozesse. Selbst wenn man sich vom Zusammenspiel von pädagogischer und finanzieller

Kompensation den positiven Effekt verspricht, Bildungspotenziale zu entwickeln, so muss der Bildungsbegriff jedoch vorab klar definiert und positioniert sein. Ehe Bildungspotenziale entwickelt werden, ist zunächst die Wesensstruktur des Phänomens Bildung zu bestimmen. Um Soft Skills verständlich und fassbar zu machen sollten sie einerseits inhaltlich so ausformuliert werden, dass das ihr zu Grunde liegende Bildungsverständnis verstehbar und nachvollziehbar wird. Die begriffliche Bestimmung der Soft Skills darf sich weder von den Verhaltenswissenschaften (z.B. Psychologie) noch von den informationstheoretisch orientierten Kommunikationswissenschaften dominieren lassen, sondern ist als eine Bildungsvariante darzustellen. Bildung führt den Menschen zur Freiheit und zur Autonomie. Bildung, und damit auch die personengebundenen Soft Skills, sind keine Techniken, sondern Teil der Persönlichkeit, die langfristig den wirtschaftlichen und persönlichen Erfolg sichern können. Eine einseitige Diskussion um Soft Skills und ihre bildungstheoretische Isolierung verweisen auf Positionen wie

- Investitionen in Bildung haben keinen nachhaltigen Effekt auf die Produktivität in Unternehmungen,
- formale Bildungsnachweise sind effektiver,
- die Produktivitätsthese des Humankapitals ist zu falsifizieren (vgl. Sailer, M., S. 42; Timmermann 2002 S. 881)

Obwohl die Bedeutsamkeit von Soft Skills bei der Rekrutierung von Personal unstrittig zu sein scheint, zeigen sie sich aber als personenbezogene und fachliche Bildungskategorien als zu abstrakt formuliert und bleiben deshalb ineffektiv. Die Soft Skills müssen jedoch vom Handlungsfeld (Praxis) her gesehen, verstanden und formuliert werden. Sailer (2009, S.183 ff) konnte nachweisen, dass neben den traditionellen Soft Skills die „Berufserfahrung als selektives Qualifikationsmerkmal in Stellenanzeigen" eine markante Bedeutung bekommt. Es schwingt bei den Vorstellungen über Soft Skills auch immer etwas Praxis mit, ohne diese jedoch konkret zu benennen. Aber auch in diesen Fällen bleibt die „Praxis" als eine mögliche Soft Skills Variante im Allgemeinen stecken, ohne seinen Adressaten differenzierte Auskunft über konkrete Inhalte zu geben.

Es scheint die berufliche Handlungskompetenz zu sein, die als übergeordnete Kategorie betrieblicher Bildung, die fachliche Bildung und die personengebundenen Spezifika der Soft Skills verknüpft. Wenn sich diese Annahme bestätigen lässt, so könnte die berufliche Handlungskompetenz als Indikator für erfolgreiches Tun angesehen werden. Um wirken zu können muss die berufliche Handlungskompetenz dann aber als Spezifikum differenziert herausgearbeitet werden und darf nicht für die verschiedensten Handlungsfelder gelten.

Soft Skills haben für Maßnahmen der Personalauswahl, der Personalentwicklung und der Personalbewirtschaftung an Bedeutung gewonnen. Soft Skills sind wesentlicher Bestandteil des Humankapitals. Sie werden in weiterführende Diskussionen zum Wissens-, Kompetenz- und Bildungsmanagement eingebunden. Während durch fachliche Kompetenzen operative Abläufe betrieblicher Prozesse (Arbeit, Tätigkeiten, Verhalten) erfolgreich gestaltet werden können, sind Innovationen und kreative Prozesse insbesondere von Soft Skills, den formalen Bildungskategorien, abhängig. Hierzu zählen z.B. nicht nur die soziale- und die kommunikative Kompetenz, sondern immer mehr auch die Fähigkeiten zum Sinn- und erklärendem Verstehen und in verschiedenen Zusammenhängen systematisch und differenziert denken und handeln zu können. Spezielle Soft Skills reduzieren sich dagegen zu Kategorien fachlicher Kompetenz. Dies trifft z.B in den Fällen zu, wenn zwar allgemeine sprachliche Fähigkeiten (Deutsch, Englisch) gefordert sind, diese sprachlichen Fähigkeiten aber für ein spezielles Handlungsfeld gelten sollen.

II. Die Unternehmens-, Verbands- oder Schulkulturen als sinnstiftende Wirklichkeit für Soft Skills

1. Soft Skills als Ausdruck von Vorstellungen und Theorien

Soft Skills bekommen erst dann einen Sinn, wenn sie sich z.B. über Unternehmens-, Verbands- oder Schulkulturen begründen und rechtfertigen lassen. Sie haben als Bildungskategorie auch nur eine relative Legitimation und Bedeutsamkeit.

Wo finden wir aber die Legitimation für die auf die betriebliche Praxis bezogenen Soft Skills? Wir müssen Sie aus dem Kontext der betrieblichen Wirklichkeit erschließen. Sie sollten weder aus dem politischen, dem gesellschaftlichen noch dem privaten Kontext allgemein und übergreifend abgeleitet und bestimmt werden, sondern sich aus der Unternehmenskultur und den rationalen Ansprüchen betrieblicher Praxis ergeben. Soft Skills sind nicht nur über verbale Werbekampagnen zu deklarieren, sondern sie müssen sich konkret auf den Ablauf betrieblichen Handelns beziehen. Um den Soft Skills Sinn zu geben damit sie für den

Betrieb sinnvoll sind, müssen sie sich aus einer Unternehmenskultur begründen und als Prinzipien des Sollens bestimmt und vermittelt werden. Sie stehen nicht alleine für sich, sondern sie müssen sich widerspruchsfrei zu den anderen Kategorien der Unternehmenskultur verhalten. Insbesondere die materiellen Anforderungen, die definierten Tätigkeitsfelder in der Praxis und nicht zuletzt die Vorstellungen von den Mitarbeitern spielen eine bedeutsame Rolle.

Soft Skills sind immer Ausdruck spezifischer, differenzierter Vorstellungen und Entwürfe:

(1) **Wirtschaftswissenschaftlich orientierte Soft Skills**
- Für Ziele sorgen
- Organisieren
- Entscheiden
- Kontrollieren
- Menschen entwickeln und Fördern
- Vertrauen schaffen
- Ganzheitliches Denken
- Die beruflich handelnde Person vereinigt sowohl Fachliche Kompetenz als auch Soft Skills.
- Didaktische Kompetenz
(vgl. Malik, F.: Führen, Leisten, Leben. München 2001)

(2) **Gesellschaftspolitisch orientierte Soft Skills**

Sowohl in der gegenwärtigen Diskussion über den Zuzug von Fachkräften für die Wirtschaft als auch in der Diskussion über die Integration von Migranten werden insbesondere gefordert:

- Handlungskompetenz
- Sprachliche Kompetenz
- Soziale Kompetenz
- Kulturale Kompetenz
- Politische Kompetenz
- Medienkompetenz

Eine zentrale Position nimmt dabei die Handlungskompetenz ein. Sowohl die kulturale- als auch die soziale Kompetenz sind dafür Legitimationskategorien. Die sprachliche Kompetenz, als funktionale Bildungskategorie der Handlungskompetenz, beeinflusst entscheidend den Erfolg bzw. Misserfolg in den Handlungsfeldern. Aus diesem Grund bekommt die

Sprachliche Kompetenz zu Recht in der Bildungsdiskussion einen besonderen Stellenwert.

(3) Psychologisch orientierte Soft Skills

- Konfliktfähigkeit
- Problemlösungsfähigkeit
- Interaktionsfähigkeit
- Emotionale Intelligenz (EQ)
- Beziehungsfähigkeit
- Sich und andere motivieren können

(4) Soft Skills als Pädagogische Kategorien

Bildung, Erziehung, Lernen, Sozialisation, Wissen, Kompetenzen, Fähigkeiten, Fertigkeiten, Haltungen, Gesinnungen sind pädagogische Kategorien, deren theoretisches Verständnis einen Beitrag leisten, um Soft Skills inhaltlich und didaktisch aufzubereiten. Die Diskussion wird im pädagogischen Kontext sehr abstrakt geführt und verweist auf die Bereiche der Lernenden und der Lehrenden.

Pädagogische Soft Skills

a) **auf die Lernenden bezogen**

- Sozialkompetenz
- Kommunikative Kompetenz
- Medienkompetenz
- Methodenkompetenz
- Lernkompetenz
- Sprachkompetenz (Deutsch, Englisch)

b) **auf die Lehrenden bezogen**

- Sozialkompetenz
- Kommunikative Kompetenz
- Medienkompetenz
- Methodenkompetenz
- Didaktische Kompetenz
- Kompetenz zu motivieren
- Vermittlungskompetenz
- Handlungskompetenz

Auf einigen Ebenen ist der Abstraktionsgrad so hoch (vgl. Sozialkompetenz, Kommunikative Kompetenz), dass zwischen Lernenden und Lehrenden inhaltlich kaum unterschieden wird. Teilweise reduzieren sich die Ausführungen zu Floskeln und Wortbenennungen. Eine Wesensschau der begrifflichen Struktur ist oft nicht durchführbar. Es zeigt sich ein hermeneutischer Bankrott. Aus der nachfolgenden Grafik wird deutlich, dass die Wirkungen von Soft Skills auf die Handlungsfelder Arbeit, Familie oder Freizeit nicht zufällig in Erscheinung treten, sondern sich auf Grund des Einflusses von Kultur und Gesellschaft über die Pädagogik zwangsläufig bedingen.

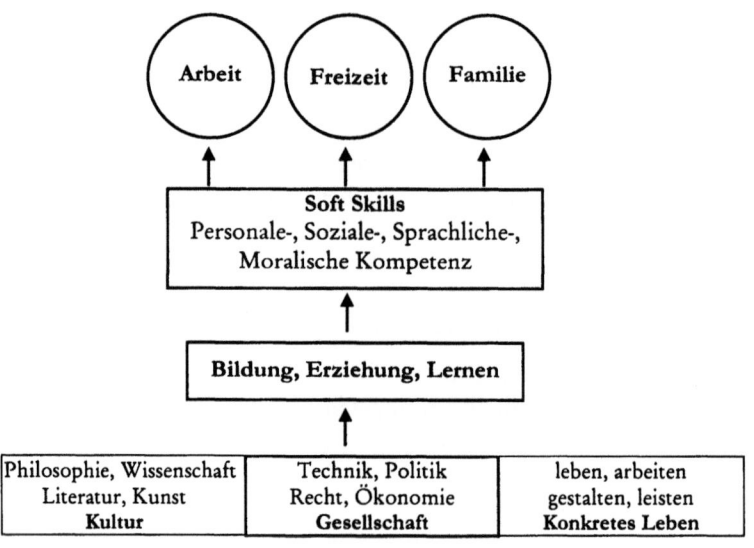

Abb.: Soft Skills im Einfluss von Kultur und Gesellschaft

II.

2. Die anthropologische Dimension von Soft Skills

Es ist davon auszugehen, dass sich sowohl das Verständnis von Lernen, Bildung und auch von Soft Skills von einer anthropologischen Grundlage begründet. Somit ist die These zulässig, dass

- differenzierende anthropologische Sichtweisen nicht nur zu einem unterschiedlichen Verständnis von Lernen, Bildung und Soft Skill führen, sondern auch konkret auf die inhaltliche Struktur und die Funktionalität dieser pädagogischen Begriffe Einfluss nehmen.

Der Mensch ist Ausdruck kultureller und zivilisatorischer Annahmen. Im kulturellen Bereich sind es sowohl philosophische-, religiöse- als auch künstlerische Dispositionen; im zivilisatorischen Bereich finden wir oft ökonomische, politische und auch technische Grundannahmen.

Der Mensch als Ausdruck kultureller und zivilisatorischer Annahmen

Kulturell	Zivilisatorisch
philosophisch	ökonomisch
religiös	politisch
künstlerisch	technisch

Kulturelle und zivilisatorische Bedingungen prägen das Verständnis vom Menschen. Dabei zeigen sich sowohl Vorstellungen, die sich mit Idealtypen, den einzelnen Wissenschaften oder dem praktischen Leben in Verbindung bringen lassen. Bei den Idealtypen gibt es Bezugspunkte zum homo sapiens, homo ludens, homo discens, homo politicus, homo soziologicus, homo faber oder dem homo oeconomicus. Für anthropologische Begründungen aus dem Kontext der Wissenschaften positionieren sich insbesondere die Psychologie, die Soziologie, die Ökonomie; aber auch die Pädagogik. Als sehr einflussreich zeigen sich Wirkungsmechanismen, die sich vom homo oeconomicus her verstehen: Wie muss der Mensch denken und verstehen, damit er ökonomisch handeln kann? Wie denkt und versteht ein Mitarbeiter, wenn er nicht ökonomisch-rational ausgerichtet ist?

Warum benötigen Wirtschaftsunternehmen Menschen, die nicht den Gesetzen einer ökonomischen Rationalität folgen sollen?

Die anthropologisch determinierten Soft Skills sind personengebunden; Einzelnen, Gruppen, oder den Menschen in spezifischen Organisationen wie z.B. Betrieben, Schulen, Verwaltungen oder Verbänden zugeordnet.

Größere Bedeutungen für betriebliche Vorstellungen von einem Mitarbeiter ergeben sich aus der Sicht der betrieblichen Handlungsfelder:

- Welche beruflichen Ansprüche werden wo, wann und wie gestellt?
- Welche Ansprüche werden für welche Handlungsfelder an das Personal gestellt?
- Welche Ansprüche stellt die Personalentwicklung?

Die methodisch-didaktische Konzeptionierung der Soft Skills ist eine Aufgabenstellung für die Pädagogik, wobei sich ihre eigene anthropologische Positionierung, dass der Mensch auf Lernen, Bildung und somit auch auf Soft Skills verwiesen ist, immer aus dem Verständnis anderer Wissenschaften, wie der Biologie, der Soziologie, der Philosophie bzw. den Wirtschaftswissenschaften zu erklären und zu verstehen ist. Bildung, Erziehung, Lernen und Sozialisation werden erst aus dem Blick anderer Wissenschaften bzw. konkreter Praxisformulierungen inhaltlich konkret fassbar. Die anthropologische Position aus dem Kulturverständnis eindeutig darzustellen, ist für viele Unternehmungen, Bildungsinstitutionen, Parteien oder Verbände nicht nur schwierig, sondern äußerst problematisch und konfliktträchtig. Ein ausgewiesenes, transparentes Verständnis vom Mitarbeiter hat zu viele Angriffsflächen für divergierende Positionen in betrieblichen Gemeinschaften.

Aber auch das praktische Leben prägt die anthropologischen Vorstellungen und nimmt Einfluss über Eltern, Erzieher aber auch über die VIPs, den sog. Persönlichkeiten des öffentlichen Lebens. Dies alles betrifft nicht nur den Menschen in seiner Ganzheit, sondern auch bezüglich bestimmter Ausschnitte seiner Person, z.B. den Soft Skills. Es wird anthropologisch gesehen dann kompliziert, wenn der Mensch als Mitarbeiter in einem Betrieb keinem einheitlichen Denkansatz unterliegt, sondern aus einem widersprüchlichen Puzzle zusammengesetzt wird. Das ist dann eine besondere Problemlage, wenn man sinnvolle Ansprüche an Mitarbeiter formulieren und kommunizieren will, aber auf Grund der inneren Widersprüchlichkeit, sich Sinnlosigkeit und Misserfolg zwangsläufig ergeben.

Soft Skills verstehen und erklären sich von einem zu Grunde gelegten Menschenbild her. Dies kann formal begründet und hergeleitet sein; es kann sich aber auch unreflektiert aus dem jeweiligen Lebens- und Handlungsfeld eines Betriebes, einer Schule, einer Familie oder z.B. einer Partei ergeben.
So können sich z.B. Soft Skills aus einem Verständnis über den

- homo öconomicus,
- homo soziologicus,
- homo faber,
- homo educandus,
- homo discens,

präsentieren und definieren. In diesem Zusammenhang sei darauf hingewiesen, dass der Umgang mit der Begrifflichkeit „lernende Organisationen" nicht korrekt ist, da es immer Menschen sind, die lernen. Organisationen können nicht lernen, denn sie sind nur Ausdruck der lernenden Subjekte. Dies wurde jedoch in den Sozial- und Wirtschaftswissenschaften in jüngster Zeit oftmals nicht immer korrekt nachvollzogen. Insbesondere im Zusammenhang mit der Wissensgesellschaft. Hier zeigte sich insbesondere auch der Einfluss der Arbeits- und Organisationspsychologie, die nicht von einem pädagogisch diskutierten Bildungsverständnis ausging bzw. theoretisch nicht in der Lage war, von einem solchen auszugehen.

II.
3. Die materiale, sachliche Dimension von Soft Skills

Es wird oft das Argument vorgetragen, der Wille sei vorhanden, die fachliche Befähigung fehlt; oder man kennt seine Werte und Normen, nach denen man sich ausrichten soll und ausrichten will und deshalb fähig ist, in spezifischen Situationen moralisch handeln zu können. Das ist ungefähr so, als würde man Menschen im Erziehungs- oder Sozialisationsprozess lediglich Wissen bzw. Informationen über Werte und Normen vermitteln, jedoch keine praktischen Möglichkeit bieten zu lernen, nach bestimmten Grundsätzen handeln zu können. Soft Skills sind zwar sehr wesentlich auch von ihrer inhaltlichen Ausformulierung bestimmt, ihre ausschließliche Reduktion darauf macht sie jedoch in wesentlichen Teilen bedeutungslos. Sie tendieren dann zu einem funktionalen, in die fachliche Richtung weisenden Bildungsverständnis und sind sehr kurzen

Halbwertzeiten ausgesetzt. Auf der Ebene der materialen/sachlichen Dimension von Soft Skills ist der pädagogisch/didaktische Anspruch besonders gefordert. Die Soft Skills sind für den Einzelnen lerntheoretisch so aufzubereiten, dass mit Erfolg die pädagogischen Zielsetzungen erreicht und die praxisorientierten Handlungsabläufe entsprechend gestaltet werden können.

II.
4. Die ethische Dimension (Werte/Normen) von Soft Skills

Der Sinn von Soft Skills bestimmt sich nicht nur über die materialisierten, inhaltlichen Ausformulierungen, sondern auch über die ethische Dimension, den Werten und Normen. Diese sind in der Unternehmens- , Verbands- oder Schulkultur für alle Kulturkategorien leitend und bestimmend; nicht nur im einzelnen bezüglich des anthropologischen Grundgedankens über den Mitarbeiter, den Lernenden, sondern auch für die Auswahl und Rechtfertigung von Sachen, Gegenständen, Tools und **Soft Skills**. Alle Kulturkategorien verhalten sich untereinander interdependent, sie sind gegenseitig abhängig. In diese innere Rationalität und Ethik sind die Soft Skills eingebunden. Sie sind Teil eines Ganzen. Sollen Soft Skills sinnvoll sein, so müssen sie sich von einer bestimmten Ethik her bestimmen und zuordnen lassen.

Aus diesem Zusammenhang heraus wäre verstehbar, dass z.B.

- Verantwortung
- Ehrlichkeit
- Zufriedenheit
- Leistungsfähigkeit/Leistungsbereitschaft
- Berufserfahrung/Praxiserfahrung)
- Motivation

erst dann Sinn machen, wenn sie nicht nur konkret ausformuliert, sondern auch in einen Werte- und Normenkontext gesetzt werden. Es stellt sich nicht nur die Frage nach konkretem verantwortlichem Handeln, sondern auch nach dem Grund, warum, weshalb und weswegen es bedeutsam und wertvoll ist, eine spezielle Verantwortung übernehmen zu sollen und zu wollen. Was für die einen verantwortlich ist, kann für andere Mitmenschen unverantwortlich sein. Es genügt nicht, lediglich die Ausführung von Verantwortung zu lernen, sondern mit einem verantwortlichem Handeln sollte auch immer die Einstellung und Gesinnung des handelnden Subjekts verknüpft werden.. Erst dann lässt sich eine verantwortliche Tätigkeit auch moralisch vom Handelnden tragen. Löst man die Soft Skills jedoch aus dem Kontext von Ethik (Wert- und Normensystem) Ethos (Gesinnung und Haltung des Subjekts) und der Moral (bewertetes Handeln), dann reduzieren wir sie auf funktionelles Verhalten. Deshalb lassen sich Soft Skills auch nicht trainieren, sondern sie sollten immer Ausdruck eines gebildeten, selbständig handelnden Menschen sein. Erziehung und Sozialisation nehmen als Lernprozess einen entscheidenden Einfluss auf die Entwicklung der Persönlichkeit. Aus dem praktischen Leben heraus, den konkreten Handlungsbereichen der tätigen Mitarbeiter, formen sich die Soft Skills als Kategorien der Erziehung und der Sozialisation.

II.

5. Sinnvolles Tun als Ausdruck von Soft Skills

In der Unternehmenskultur werden Ansprüche an den Menschen, an seine Wert- und normorientierten Haltungen und Einstellungen (Ethik, Ethos, Moral) präsent und die unternehmerischen Vorgaben (Vorstellungen, Ideen, Theorien) über die materiellen und inhaltlichen Bestimmungen der in der Praxis einzubringenden Tätigkeiten. In den anthropologischen Bestimmungen von Soft Skills zeigen sich Sollensprinzipien, die die Unternehmenskultur prägen. Diese Vorstellungen von Mitarbeitern in den Unternehmungen geben z.B. den Konzepten der Personalentwicklung den entsprechenden Sinn und bilden die Grundlage für eine sinnvolle (erfolgreiche) Unternehmensführung.

Aus den Unternehmenskulturen lassen sich empirisch anthropologische Positionen und Sichtweisen ableiten, deren Sinn oft nicht in den ökonomischen Prinzipien des jeweiligen Unternehmens selbst zu finden ist, sondern lediglich durch politisch oder soziologisch determinierte Marketingstrategien populistisch gesetzt wird. Teilweise geschieht dies, um die gewinnorientierten Absichten zu verschleiern. Somit lassen sich oft aus den Unternehmenskulturen widersprechende anthropologische Sinnsetzungen herausarbeiten. Es zeigen sich vielfach sowohl gelebte als auch proklamierte Vorstellungen von Mitarbeitern. Solch ein Sinnwiderspruch führt oft, sowohl auf unternehmerischer als auch auf Kundenseite, zu Sinnverlusten, weil der Bedeutungszusammenhang nicht mehr zweifelsfrei und eindeutig ist. Diese Tendenz zeigt sich u.a. auch in der Diskussion um den Sinn von Soft Skills in den personalpolitischen Entscheidungen: Entscheidet man sich für Persönlichkeitsfaktoren und definiert den Anspruch an den Mitarbeiter aus der notwendigen Sicht des Unternehmens, oder folgt man dem politischen Mainstream. Um aus diesem Widerspruch herauszukommen, entscheidet man sich für Soft Skills auf einem sehr hohen Abstraktionsniveau.

Abb. Die Sinnstruktur von Bildung

Folgt man der Grafik über die „Sinnstruktur von Bildung" so könnte man meinen, um Erfolg zu haben genügt es zu lernen, wie das operative Geschäft betrieblichen Handelns zu gestalten ist.

Auf der Wirklichkeitsebene des „Tuns" sind in der Praxis aber auch eindeutig personenbezogene, nicht fachliche Fähigkeiten, wie soziales oder kommunikatives Grundverhalten gefordert; oder Haltungen und Einstellungen, als Ausdruck von Ethik, Ethos oder Moral, um der Handlungsebene Sinn zu geben und sie langfristig erfolgreich zu gestalten. Es ist darauf zu achten, und darauf zielt die Verantwortung unternehmerischer Führung ab, die Einheit der drei betrieblichen Wirklichkeitsebenen

zu gewährleisten. Die personenbezogenen Soft Skills haben eine wert- und normenorientierte Bestimmung des „Sollens", aus der sich das „Wollen" einzelner

Entscheidungsträger ableiten und legitimieren lässt. Über die personenbezogenen Soft Skills werden auf der handlungsbezogenen Ebene betrieblichen Tuns die Determinierungen des Sollens mit den subjektiven Haltungen des Wollens über den Mitarbeiter selbst verknüpft.

Der Mitarbeiter folgt hier einem sinnvollen und erfolgreichen Grundprinzip:

- **Ich will, was ich soll und ich tue, was ich kann.**

Soft Skills, als Einstellungen und Haltungen, müssen gelernt werden, wie jede fachliche Fähigkeit. Dieser Lernprozess ist sozialisationsbedingt und lässt sich nicht durch kurzfristig angesetzte Lehrveranstaltungen didaktisch umsetzen, sondern unterliegt einem besonderen methodischen Anspruch. Da sich Soft Skills auf Handlungsabläufe auszurichten haben, sie der Handlungskompetenz zuzuordnen sind, lassen sie sich auch nur über handlungsorientierte Lernmethoden vermitteln. Dies gilt insbesondere für Soft Skills, die Einstellungen, Haltungen und Gesinnungen bestimmen. Personenbezogene Soft Skills, die sich mehr oder weniger über das Verhalten, Techniken, Wissen definieren, ist die Gestaltung von Lernprozessen kurzfristig machbarer.

Das Sollen bestimmt unsere Tätigkeiten, unser Können und unser Tun. Unser Ethos verweist auf der Ebene des Könnens nicht nur auf Haltungen und Einstellungen einer Person, die sich von der Werteebene herleiten und das Wollen bestimmen, sondern unser Ethos ist auch geprägt von Einstellungen und Haltungen im Umgang mit Normen, Regeln, Gesetzen, Geboten und Verboten.

Der Mensch ist auf Entfaltung ausgerichtet und braucht einen Fixpunkt, ein Ziel, das ihm seine Tätigkeit als sinnvoll verstehen lässt.

Der Mensch benötigt aber auch Beschränkungen durch Regeln und Normen. Dies gibt ihm Sicherheit für sein Handeln, damit er sich nicht in seinen Aktivitäten verliert.

Der beruflich tätige Mensch steht nicht nur in der Spannung zwischen Sollen, Können und Tun, sondern seine Tätigkeiten geben erst dann einen Sinnzusammenhang, wenn die Interdependenz zwischen Sollen, Können und Tun widerspruchsfrei bleibt.

Unsere Leistungen im Betrieb oder in der Schule werden erst über eine Begründung (Legitimation) sinnvoll und nützlich.

Die Legitimation und die Begründung für die Leistungen finden wir in den Vorstellungen über Leistungen von Betrieben, Organisationen oder Schulen.

In ihren anthropologischen Begründungen werden Soft Skills zu Prinzipien des Sollen und des Wollens. Sie bleiben aber oft in Haltungen und Gesinnungen stecken und haben als Ethos für die Praxis kaum Relevanz, da ihren Trägern für die Umsetzung die nötige sachliche/materiale/inhaltliche Befähigung fehlt.

III. Zur Dialektik von Soft Skills und Fachlicher Bildung
Soft Skills in der Spannung zwischen Materialer und Formaler Bildung

Lernfähigkeit, Lernwilligkeit, Lernbereitschaft als personengebundene, formale Bildungskategorien, stehen in der gegenwärtigen Diskussion weniger im Kontext des Lernens aus einem pädagogisch/didaktischen Verständnis heraus, das sich inhaltlich/sachlich orientiert (fachliche Kompetenz, fachliche Bildung), sondern sie stehen vorwiegend im Kontext eines prozessualen/methodischen Verständnisses der Psychologie.

Eine Antwort auf die Frage nach den Bildungsinhalten stellt sich für die Psychologen nicht. Was gelernt wird ist nicht die entscheidende Prämisse. Wie gelernt werden soll und was die lernende Person an persönlichen und methodischen Fähigkeiten zur Optimierung ihres eigenen Lernprozesses einbringen kann steht zur Disposition.

In den Mittelpunkt des Interesses rückt der Prozess des Lernens. Hier zeigt sich eine Dominanz der Konstruktivistischen Lerntheoretiker, die Lernen als Ko-Konstruktion, als einen sozialen Prozess verstehen. Die Bedeutsamkeit dessen, was in diesem Prozess an Fähigkeiten, Fertigkeiten und Kompetenzen vermittelt wird, bestimmt sich nicht von objektiven Bildungsinhalten her, sondern von der individuellen Ausgangslage des Lernenden und seiner kontextualen Bestimmungen. Das Ziel dieses Ansatzes ist es, den Menschen für das Leben zu befähigen. Dies geht eindeutig zu Lasten objektiver Bildungsstandards der Disziplinen, Fächer, Arbeits- und betrieblicher Handlungsfelder. In der Pädagogik ist dieses Verständnis bei den Vertretern des Portfolio-Ansatzes zu finden. Die individuelle Lernbiografie, im Portfolio des einzelnen Lerners dargestellt und beschrieben, präsentiert die individuelle Lernleistung, die sich aber objektiv nicht als Leistung vergleichen lässt. Lernen negiert hierbei objektive, kulturale und fachliche Bildungsstandards. Wenn sich die einseitige Ausrichtung auf die Vermittlung von

Soft Skills bezieht, den individuellen Befähigungen im Umgang mit Lernmethoden, dann verbleiben wir im Zustand der „Halbbildung".

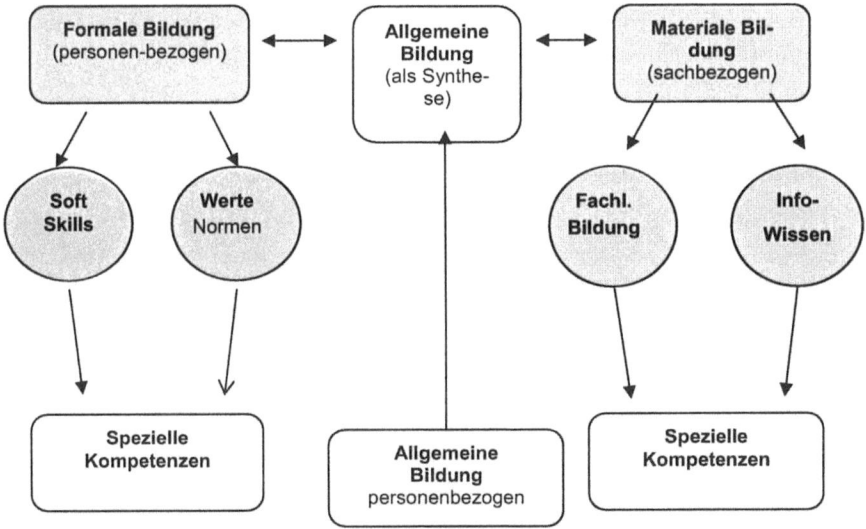

Abb. Die bildungstheoretische Einordnung von Soft Skills

III.
2. Soft Skills als berufliche Handlungskompetenz

In der Diskussion über Allgemeine Bildung nimmt die personenbezogene Kategorie der Handlungskompetenz eine bedeutende Stellung ein. Die Handlungskompetenz wird zum Ziel der Auseinandersetzung in den verschiedensten Handlungsfeldern. Es ist die Praxis, das operative Geschäft, dass sich Fragen nach Erfolg und Misserfolg in immer größerer Herausforderung stellen. Was und womit haben wir den größten Erfolg? Dabei bekommt die Ressource Mensch eine immer größere Bedeutung und die Kategorie Bildung verfolgt die Personalentwickler in den Betrieben. Dabei genügt es aber nicht, dass der zukünftige Mitarbeiter umfassend und vielfältig mit Kompetenzen und Wissen ausgestattet ist, sondern er muss möglichst so ausgebildet und befähigt sein, dass er direkt in den Arbeitsprozess eingegliedert werden kann. Dahinter verbirgt sich die Forderung nach einer beruflichen Handlungskompetenz. Sie ist die Synthese aus Soft Skills und fachlicher Bildung und das Ergebnis eines dialektischen Prozesses zwischen Fachkompetenz einerseits und Sozial- und Selbstkompetenz andererseits. Es ist die aus Kenntnissen, Wissen, Fähigkeiten, Fertigkeiten aber auch aus Einstellungen, Haltungen und Gesinnungen gebildete Vermögen einer Person, betriebliche Herausforderungen kompetent zu bewältigen.

Die Verlagerung des Erwerbs dieser Praxiskompetenz zeigt sich nicht nur im schulischen, sondern sehr eklatant auch im universitären Bereich, wenn es um die Gestaltung von Bachelorstudiengängen geht.

Die Handlungskompetenz integriert Bildungskategorien wie die der Fachkompetenz, Selbst-, Sozial-, Methoden- oder Lernkompetenz und insbesondere immer mehr auch die sprachliche Kompetenz:

(1) Fachkompetenz
Das operative Geschäft inhaltlich und sachlich zu kennen.

(2) Selbstkompetenz
Die eigenen Haltungen erfolgsorientiert und leistungsbezogen einzusetzen. Private und betriebliche Werte und Normen nicht als Widerspruch zu verstehen.

(3) Sozialkompetenz
Sich auf der Beziehungsebene gem. den Anforderungen der operativen Prozesse zu präsentieren.

(4) Methodenkompetenz
Bestimmte Arbeitsabläufe zielgerichtet planen zu können.

(5) Lernkompetenz
Fachartikel, Anordnungen und Veränderungen zu kennen und zeitgemäß auf ihre Anwendbarkeit in den Betriebsabläufen zu überprüfen. Sich den neuen betrieblichen Herausforderungen zu stellen.

(6) Die Kommunikative Kompetenz (sprachliche Kompetenz) als Sonderfall
Sie könnte einerseits Soft Skills darstellen, wenn es um das allgemeine Verstehen von formalen, verbalen sowie nonverbalen Formen und Symbolen geht. Aber andererseits könnte die Kommunikative Kompetenz auch der fachlichen Kompetenz zugeordnet werden, wenn es um die konkrete Gestaltung von Betriebsabläufen geht. Z.B. wer definiert und vereinbart wann, mit wem und für wen betriebliche Ziele. Oder wer evaluiert, dokumentiert und präsentiert Projektabläufe, wie und für wen? Oder wie gestalte ich die Gebrauchsanweisung meiner Produkte.

In der gegenwärtigen Diskussion über den Zuzug von Fachkräften für die Wirtschaft wird die Handlungskompetenz oft als

- **Synthese von Fachkompetenz, Sprachkompetenz und kulturaler Kompetenz**

verstanden und gefordert.

Hierbei nimmt insbesondere die kulturale Kompetenz, und durch sie bedingt die Sprachkompetenz, einen bedeutenden Stellenwert ein. Sie war unterschwellig immer als Herausforderung gegeben, aber niemals so eindeutig deklariert worden wie in der gegenwärtigen Situation.

Der Trend und der Anspruch in der Personalentwicklung setzt einen eindeutigen Akzent auf Soft Skills. Das zeigt, dass man zwar für den optimalen Ablauf in den Betrieben die fachliche Kompetenz als etwas Selbstverständliches ansieht, aber immer eindeutiger die personalen Kompetenzen fordert, die sich sehr kultur- und wertabhängig determinieren. Man scheint der Ansicht zu sein, dass gerade diese personalen Kompetenzen besonders geeignet sind, einen erfolgreichen und möglichst konfliktfreien Arbeitsablauf zu gewährleisten. Das Ziel der Personalentwickler scheint die berufliche Handlungskompetenz zu sein. Nach **Ryschka** u.a.(S. 20) ist es das Vermögen einer Person, die beruflichen Herausforderungen selbstorganisiert zu bewältigen. Dieses Vermögen setzt sich aus Kenntnissen, Fertigkeiten, Fähigkeiten, Einstellungen und Gesinnungen zusammen.

Auf der Wirklichkeitsebene des Tuns präsentert sich der Mitarbeiter über seine betrieblichen Aktivitäten und Leistungen, den Arbeitsabläufen. Ein Mitarbeiter muss

- handeln, führen, gestalten,
- planen, einkaufen, verkaufen,
- kontrollieren kommunizieren, reflektieren,
- ausbilden, qualifizieren, produzieren,
- beurteilen, bewerten, begutachten.

Die berufliche Handlungskompetenz erfordert Soft Skills verschiedenster Art. Diese werden in den Handlungsfeldern konkret und praxisrelevant. Erst über das Handeln selbst werden sie sinnvoll. Soft Skills und die fachliche Kompetenz einer Person bestimmen den Erfolg bzw. Misserfolg bei der Lösung von Problemen bzw. bei der Durchführung von Arbeitsaufträgen. Wie aus der nachfolgenden **Abb.** sichtbar, vereinigt die beruflich handelnde Person sowohl Fachliche Kompetenz als auch Soft Skills.

Der Arbeitsauftrag als Ausgangslage des Lernens

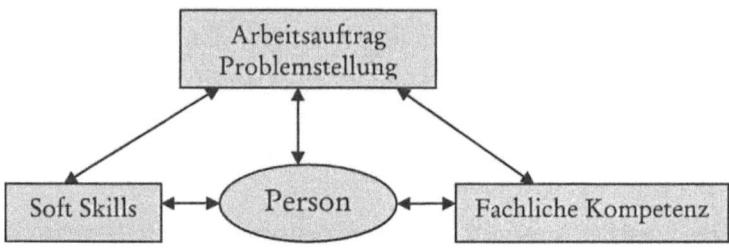

Malik hat in seiner Führungslehre darauf verwiesen, dass z.B. die **Verantwortung** bei dem Individuum liegen muss, dass sich aber konkret immer die Frage stellt, „was diese Person wissen und können muss und welche Kompetenzen sie braucht, um die Verantwortung auch tatsächlich übernehmen zu können. Dies ist die praktisch wirksame Art, Organisationen zu bewegen und zu führen, und nicht etwa die abstrakte Bestimmung von Aufgaben-, Kompetenz- und Verantwortungspaketen, also die Stellenbildung. Diese ist zwar auch wichtig, aber Stellen sind nicht das, was eine Organisation bewegt und steuert." (Malik, F. S. 224) Auf einen ähnlichen Zusammenhang verweist **Malik,** in dem er die Etablierung von Feedback (personengebundene Fähigkeit von Führungskräften) als eine Chance sieht, da wirksame Manager einer abstrakten Kommunikation zu tiefst misstrauen : „Sie gehen hin und schauen und reden mit den Leuten; sie wollen die Dinge mit eigenen Augen sehen und wenn möglich, mit ihren Händen greifen. Damit verschaffen sie sich über die Zeit ein Maß an Sachkenntnis und Vertrautheit mit der Situation, das durch nichts anderes erreicht werden kann." **(Malik, S. 225)**

Hier lernt eine Führungskraft aus sich heraus sachliche Fähigkeiten, weil sie in der Lage ist, Feedback als Soft Skills strategisch einzusetzen. Die Führungskraft muss aber über ein bestimmtes Ausmaß an fachlicher Grundbildung verfügen, damit es zum fachlich orientierten Lernfortschritt kommt. Fehlt dieses fachliche Bildungsfundament, so verfängt sich jedes Feedback an einer emotionalen Oberflächlichkeit oder in der Sackgasse von „gut" oder „hat mir nicht gefallen". Dann steht das „persönliche Empfinden" oder eine „subjektive und nicht nachvollziehbare Einstellung" bis hin zu dem sog. „Bauchgefühl" der Sache, dem Inhalt gegenüber.

Wenn diese Feedback determinierten Soft Skills nicht den Weg zur fachlichen Befähigung finden, so bleiben sie formal und abstrakt.

Erwähnenswert hierzu sind die Versuche zum fachlich orientierten Feedback, oder die formalisierten und abstrakten Abläufe von Metakommunikation in den Seminaren einer Universität. Wie kann z.B. ein Student im 1. Semester zur inhaltlichen Dimension einer Vorlesung über „Didaktik" ein Feedback geben, wenn er nicht über Grundzüge des Verständnisses von Didaktik verfügt. Oder wie kann ein Politiker Sachfragen beantworten, wenn er keine fachliche Kompetenz besitzt. In diesem Fall greift er, in der Regel, auf seine Soft Skills zurück und plaudert über etwas, worüber er als Person individuell verfügt. Dies ist von Person zu Person, von Fall zu Fall, unterschiedlich. So werden Fragen mit Fragen beantwortet oder es wird eine Aussage zu einem anderen Thema gemacht, für das man fachlich befähigt ist, dass aber mit dem situativen Thema gar nichts zu tun hat. Es zeigt sich hier z.B. die personengebundene Befähigung (Soft Skills) zur Kommunikativen Kompetenz lediglich auf der Beziehungsebene. Menschen, die von der Sache her nicht überzeugen können, flüchten geradezu in die Abstraktheit von Soft Skills, um im Falle einer Kritik über ihre fachliche Nichtbildung, sich an dem bedeutsamen Ausmaß ihrer eigenen „weichen" Bildungsfaktoren messen und bewerten lassen zu wollen. Die Bewertung von Soft Skills und fachlicher Bildung ist ein Problem von Macht oder Ohnmacht derjenigen, die definieren und bewerten. Dieser Prozess geht bis in die Disziplinen der einzelnen Wissenschaften.

Soft Skills sind oft das Ergebnis fachwissenschaftlicher Vorstellungen, Ideen und Theorien und deren anthropologischer Entwürfe. Sie stellen sowohl personale Kompetenzen als auch auf Personen bezogene Qualifikationsstandards dar.

Ohne eine neue Diskussion über die Bedeutung der Begrifflichkeit von Kompetenzen und Qualifikationen zu führen kann man davon ausgehen, „dass im Allgemeinen sowohl Qualifikations- als auch Kompetenzansätze im betrieblichen Alltag eine bedeutende Rolle spielen werden. Um Anforderungsprofile in Stellenanzeigen zu entwerfen, stellen der Kompetenzbegriff ebenso wie der Qualifikationsbegriff akzeptierte sprachliche Ausdrucksformen zur Verfügung." (Sailer, S. 36)

IV. Thesen zur Dialektik von Soft Skills und Fachlicher Bildung
Thesen:

1. Soft Skills sind normale Bildungskategorien und Teil einer **Allgemeinen Bildung**. Das Verständnis, was unter Allgemeiner Bildung zu verstehen ist, ist zeitabhängig. Darauf verweist auch die Diskussion über Soft Skills.
2. Soft Skills sind als personalgebundene Kriterien auch immer schon Gegenstand bildungstheoretischer Debatten.
3. Ausrichtung auf Soft Skills
   - ist die Folge des Verlustes von fachlich orientierten Ansprüchen;
   - ist die Folge der Suche nach dem Allgemeinen von Bildung (Allgemeiner Bildung). Z.B. wird bei den Lehrämtern das eigentliche Fach (z.B. Germanistik) vernachlässigt, zugunsten vermittlungsmethodischer bzw. lernmethodischer Ansätze (Fachdidaktik Deutsch). Hier zeigt sich eine Tendenz, die sich von der fachlichen Bildung zu den Soft Skills (Methodenkompetenz) hin orientiert;
   - ist die Folge eines Versuches, über Soft Skills die geringer werdenden Halbwertzeiten fachlicher Bildungskategorien zu korrigieren, wobei die sachlich orientierte Kompetenz als fachliche Bildungskategorie gelten kann
   - Diesem Ansatz liegt eine falsche Annahme zu Grunde.
   Denn auch die Soft Skills unterliegen den abnehmenden Halbwertzeiten. Dies sogar aus zweierlei Gründen: Erstens durch ihre Koppelung an die Kategorien fachlicher Kompetenz, wodurch sie sich inhaltlich begreifen lassen, und zweitens durch die Veränderung anthropologischer und kultureller Vorstellungen und Trends.
4. Soft Skills ist eine trendorientierte Bezeichnung für Bildung.
   Immer dann, wenn in der Diskussion das Wort „Bildung" möglichst vermieden werden soll, wählt man andere Bezeichnungen wie z.B. Charaktereigenschaften, Tugenden Sittlichkeit oder sogar EQ (emotionale Intelligenz). Dabei ist man auf der Suche nach einem Multiplikator, der auf Wissen, materiale und sachbezogene Fähigkeiten und Fertigkeiten steuernd oder sogar gewinnbringend (erfolgreich) in Lebenssituationen wirkt und darüber hinaus ein entscheidender Indikator sein könnte für Erfolg oder Misserfolg, fürs Gelingen oder Misslingen von Handlungsabläufen.

5. Soft Skills sind Ausdruck von Vorstellungen, Ideen und Theorien (Schulkultur, Unternehmenskultur, Unternehmensphilosophie)
6. Soft Skills erklären sich aus Notwendigkeiten des täglichen Lebens und sind von daher einem Wandel unterzogen (u.a. Halbwertzeiten).
7. Soft Skills sind individuelle, personengebundene Befähigungen. Sie erklären sich über bestimmte Inhalte, Informationen und Wissensstrukturen. Soft Skills sind selbständige Bildungskategorien.
8. Soft Skills sind formale Bildungskategorien.
9. Soft Skills sind spezielle, personengebundene Bildungskategorien Soft Skills sind fachlich Übergreifend
10. Soft Skills werden konkret durch fachliche Bildungskategorien (Zur Dialektik von Soft Skills und fachlicher Bildung).
11. Soft Skills sind als Einstellungen, Haltungen und Gesinnungen nicht allgemein zu Verstehen, sondern sie sind typisch, von der spezifischen Aktivität, dem Tun abhängig und über die fachliche Kompetenz erklär- und verstehbar.
12. Soft Skills als spezielle Bildungskategorien und/oder fachliche Bildung als spezielle Bildungskategorien, sind in der Synthese Allgemeine Bildungskategorien. Der Allgemein Gebildete Mensch ist in der Lage, auf neue (spezielle Soft Skills) und veränderte Anforderungen (spezielle fachliche Kategorien) selbständig und autonom Einfluss nehmen zu können.

Literatur:

Malik, F.: Führen, Leisten, Leben; München 2001
Sailer, M.: Anforderungsprofile und akademischer Arbeitsmarkt; Münster 2009
Ryschka, J., Solga, M., Mattenklott,.A.: Praxishandbuch Personalentwicklung. Instrumente, Konzepte, Beispiele; Wiesbaden 2008; 2. Auflage
Timmermann, D.: Bildungsökonomie; in: Tippelt, R. (Hrsg.) Handbuch Bildungsforschung (S. 81 – 122) Opladen 2002

05 Wolfgang Sucharowski

Wissenskommunikation – erhöhen Skills die Kommunizierbarkeit von Wissen?

Wir wissen mehr als wir sagen können
(Michael Polany 1891-1976 Ungarischer Philosoph und Chemiker)

1. Vorbemerkung

Das Tagungsthema „Soft Skills – Alternative zur Fachlichkeit oder weiche Performance?" wirft Fragen auf, die auch das eigene Thema berühren könnten. Die Formulierung lässt auf eine Alternative zwischen der Fachlichkeit und der sozialen Kompetenz schließen. Lehrer müssten in sozialen Kompetenzen ausgebildet werden, das Fachliche ergibt sich dann von Fall zu Fall. Oder umgekehrt: Fachlichkeit ist unersetzbar, auch nicht durch soziale Kompetenzen. Es gibt auch eine dritte Variante, beides bedingt sich im Lehrerberuf gegenseitig. Im Folgenden soll daher aus der Sicht der Kommunikation und ihrer Funktion im Umgang mit Wissen diskutiert werden, in welchem Verhältnis Fachlichkeit und soziale Kompetenz gesehen werden können und welche Konsequenzen sich daraus auch im Hinblick auf das übergeordnete Tagungsthema herleiten lassen.

2. Was ist hier die Botschaft oder wie kommunizieren wir?

Wenn von Kommunikation die Rede ist, wird in der Regel von Sprecher, Hörer und einer zu vermittelnden Botschaft gesprochen. Probleme werden dann in der Konzeptionierung einer Botschaft gesehen und das Augenmerk wird darauf gelenkt, diese möglichst so zu gestalten, dass sie das vom Sprecher erwünschte Ziel beim Hörer erreicht. Bei diesen Vorgängen wird unterstellt, dass das Erreichen des Ziels grundsätzlich gefährdet ist, weil Botschaften in sich mehrdeutig sind. Diese Mehrdeutigkeit wird darin begründet gesehen, dass Botschaften implizit Informationen enthalten, die das Verhältnis des Sprechers zum Thema, zum Hörer, zur erwünschten Reaktion und zu sich als Persönlichkeit anzeigen (Schulz von Thun 1998, 25-43).

Der Sprecher weiß um diese Mehrdeutigkeit meist wenig, so dass er dem Hörer unter Umständen etwas mitteilt, was im Widerspruch zum intendierten Ziel stehen kann.

Um erfolgreich kommunizieren zu können, wird daher empfohlen, für diese Mehrdeutigkeit sensibel zu machen und ein Sprechen zu trainieren, das kontrolliert Botschaften zu konzipieren erlaubt, die das Erreichen des Ziels unterstützen. Weil dieses Quatrupel, besser als Vier-Ohren-Modell bekannt, jeder kommunikativen Äußerungshandlung zugeschrieben wird, ist ein Kommunikationstraining unabhängig von thematischen Feldern denkbar. Das alles setzt aber voraus, das Geäußerte wird gemäß solcher Erwartung auch so wahrgenommen und auf diese Weise verstanden. Theoretisch begründet wird diese Annahme mit einem Verständnis von Zeichen, dass diese in vorherbestimmbarer Weise auf Dinge verweisen. Der Gebrauch vieler „wir" Pronomen beispielsweise wird dann als Indiz dafür genommen, dass ein Sprechen eine Wir-Beziehung zum Hörer betonen möchte, sich selbst gegenüber dem Anderen also zurücknimmt und auf diese Weise Kooperationsbereitschaft signalisiert. Die Verwendung von Passivkonstruktionen würde als Hinweis deutbar, dass der Sprecher eine Distanz zur Sachebene einhält und keine persönliche Beziehung zum thematischen Gegenstand zeigen will. Der Gebrauch sprachlicher Mittel wird so genutzt, um Typen von Sprechern zu klassifizieren, die als dominante, kumpelhafte oder distanzierte Persönlichkeiten klassifiziert werden. (Frindte 2001, 64-71) Auf einem solchen Verständnishintergrund von Kommunikation sind dann Trainings durchführbar, bei denen der Sprecher Sprachformen übt, die auf solche Botschaften hinweisen sollen, die er sich für die Kommunikation wünscht (Strohner 2006, 144). Gleichzeitig lässt sich die Wahrnehmung eines Hörers dahingehend schulen, auf solche Zeichen zu achten und Schlüsse über die Befindlichkeit und die Absichten des Sprechers abzuleiten, wie sie angedeutet worden sind. Das kommunikative Geschehen erscheint so hinsichtlich des Sprecherverhaltens abschätzbar und verspricht, bestimmte Verhaltensweisen für die eigenen Interessen ausnutzen zu können.

Wird ein solcher Ansatz nun auf die Lehrerausbildung übertragen, hat das bestimmte Konsequenzen für ein Ausbildungsprogramm. Denn es müsste ein Angebot gemacht werden, das das Einüben in solche Verhaltensformen zu trainieren erlaubt oder zumindest auf einen solchen Zusammenhang theoretisch eingeht und entsprechend thematische Angebote vorhält. Konkret hieße das, ein Lehr- und Lernfeld in das Lehramtsstudium aufzunehmen, das zu einer Kompetenz führt, die entsprechendes Verhalten wahrscheinlich macht. Der Lehrer benutzt bestimmte Redefiguren, um für ein Thema Kooperation einzuwerben, oder Distanz herzustellen, um objektiv über etwas sprechen zu können. Das alles erscheint unabhängig von themengebundenen Feldern erlernbar und ist als Programm für die Förderung einer Verhaltenskompetenz zu organisieren, bei welcher der einzelne dann eine Qualifikation im Reden mit anderen erwirbt. Das entspräche dem, was gegenwärtig als Soft Skills „gelabelt" und in den Trainingsangeboten eingeübt wird. Der Skill hätte die Funktion, die sprachliche Sensibilität zu fördern. Erwartet würde so eine sichere Orientierung der Sprecherbefindlichkeit hinsichtlich seiner Einstellung zu den Dingen oder Personen, die von der kommunikativen Situation betroffen sind.

3. Die kommunikative Wirklichkeit ist komplexer

So einleuchtend diese Überlegungen auch sind, so problematisch ist ihre theoretische Fundierung und deshalb ist einem solchen Konzept mit Skepsis zu begegnen. Nicht, dass der Wahl sprachlicher Mittel ihre Wirksamkeit abgesprochen wird, impliziert die Zurückhaltung, sondern die Skepsis bezieht sich auf ein sehr verkürztes Verständnis von dem, was Kommunikation beinhaltet. Dem Ansatz liegt die Vorstellung eines Transfermodells zugrunde, Daten würden von einem Sender zu einem Hörer übertragen: Ich sende etwas und dabei zeigen sich die besonderen Verhältnisse zwischen dem Ich und dem Ding, dem Ich und dem Du, dem Appell des „du sollst etwas tun" und dem, was hier die Botschaften sind.

Kommunikation ist aber mehr als das kognitive Dekodieren von semiotischen Datensätzen der genannten Art. Ferner sind Zweifel an der Angemessenheit des Zeichenbegriffs, der hier verwendet wird, anzumelden. Zeichen existieren nicht an sich, sie begegnen uns als Daten in einem auf bestimmte Art materialisierten Format: Da ist das Schriftzeichen an der Tafel, das Bild im Buch oder der Laut und Tonfall eines Sprechers im Raum. Doch Zeichen werden sie nach Charles Sanders Peirce erst in Abhängigkeit zu Nutzerpaaren und ihren Erfahrungen mit der Verarbeitung solcher Datensätze im situationellen und interaktiven Kontext (Nöth 2000, 62). Ein Weiteres betrifft die extreme Verkürzung eines Verständnisses von sozialem Kontext durch die Ich-Du Reduktion. Der Kommunikationsakt vollzieht sich, auch wenn er physisch vollzogen wird, immer in einem umfassenden das Individuum überschreitenden Erfahrungs- und sozialen Handlungskontext und lässt sich nicht auf das Interaktionspaar in einer raumzeitlichen fixierten Situation reduzieren.

Ein Verhaltenstraining im vorgestellten Kontext löst das Problem der Wissenskommunikation, wenn überhaupt nur peripher. Denn Kommunikation ist mehr als das interaktive Ereignis eines Augenblicks zwischen zwei Personen. Im Raum einer solchen Begegnung stehen Fragen: Welche Daten bietet ein Sprecher dem Hörer an? Geschieht das bewusst, wie motiviert er oder begründet er das Tun? Wenn es unbewusste Formen sind, inwieweit kann er sich dieser bewusst werden und wenn das der Fall ist, hat er überhaupt Einfluss auf das Verhalten? Die Perspektive des Angesprochenen muss Fragen beantworten: Welche Daten nimmt der Hörer überhaupt wahr, inwieweit weiß er von seiner Wahrnehmung und kann er sich die Wahrnehmung überhaupt bewusst machen und was tut er, wenn er das versucht? Wenn mit Wissensbeständen kommunikativ umgegangen werden soll, sind diese Fragen zu beantworten. Dabei ist der Begriff Daten eine Hilfskonstruktion für den Umstand, dass wir vieles sehen, ohne es bereits einer bestimmten Interpretation zugänglich gemacht zu haben (Willke 2001, 7). In der Informationswissenschaft wird dafür auch der Term strukturelle Daten verwendet.

4. Grenzen bisheriger Kommunikationsmodellierungen

Nehmen wir den Fall eines Lehrers, der in einer Sachkundestunde einer fünften Jahrgangsstufe das Thema Wasser behandeln will. Zum Einstieg sucht er nach Materialien, die zum Thema hinführen sollen. Ihm stehen dafür Daten aus ganz unterschiedlichen Bereichen zur Verfügung. Das beginnt herkömmlich bei Daten als Text und Bild. Die Bilder können auch bewegt sein. Die Texte sind als gesprochene Äußerungen in einem Film vorstellbar. Er muss sich auch entscheiden, aus welcher Perspektive die Daten dargeboten werden. Wenn er so vorgeht, entspricht er einem bestimmten Zugang zur Wissensvermittlung. Bestehende Wissensbestände werden durch die Auswahl von Präsentationsformen übermittelbar gemacht.

Das eingangs zitierte Modell geht idealtypisch davon aus, dass Wissensbestände als Zeichenrepräsentationen für alle auf die gleiche Weise verfügbar sind und in Abhängigkeit zu den Dekodiermöglichkeiten der Adressaten gestaltet werden müssen, so dass der Hörer die Zeichen entsprechend „übersetzen" kann. Empirisch stellen sich die Befunde allerdings weniger eindeutig dar. Das Modell unterstellt eine simultane Verarbeitung von Daten unterschiedlichen Typs. Auch dafür fehlen empirische Belege. Die Verarbeitung der Daten ist kein Abarbeiten bestimmter Datentypen, sondern sie muss eher als ein von bestimmten Datentypen her organisierter Verarbeitungsprozess vorgestellt werden, der das Datenmaterial entsprechend auswählt und auswertet, sogar unterdrückt. Die Verarbeitung folgt sog. Selektionsregeln, die sich der Nutzer im Verlauf seiner Sozialisation für bestimmte Situationen und Themen angeeignet hat (Luhmann 1990, 81). Diese Datenverarbeitung geschieht daher eng verbunden mit den jeweiligen aktuellen Situationen und das bedeutet, sie geht mit kontextuellen Vorgaben um, die nicht zwingend nur in den Daten selbst liegen (Baecker 2005, 146-151). Ein Ich-, Wir- oder Sachbezug ist dann nicht einfach an sprachlichen Phrasen festmachbar, sondern wird natürlicherweise von einer Vielfalt möglicher Verhaltensformen materialisiert, deren Deutung sich aus ganz unterschiedlichen Quellen speist, die nicht an der materiellen Oberfläche des Kommunikationsereignisses verortet sind, sondern um das weiterreichende Wissen um die Person beispielsweise gespeist wird. Wichtig ist, das, was dargeboten wird und das, was wahrgenommen wird, gewinnt seinen Zeichenwert nicht aus sich heraus, sondern die Akteure müssen Deutungszusammenhänge finden, welche die Daten für sie „sichtbar" machen.

5. Auf den Unterschied kommt es an

Im Rahmen eines monodirektionalen Zeichenmodells würden diese Daten an den Hörer gesendet und dieser nimmt sie wahr, identifiziert sie aufgrund der erkannten Bezeichnungsfunktion und baut Schritt für Schritt eine Bedeutung auf. Die Alltagsarbeit eines Lehrers belegt, dass das so nicht funktioniert. Das zeigt sich bereits an der Vielfalt der auftretenden Fragen vonseiten der Lernenden und ist jederzeit an den vielen Handlungsalternativen erkennbar, die vorgeschlagen werden, wenn etwas gemacht werden soll, obwohl ein und dasselbe zu einem Zeitpunkt gesagt worden ist. Das alles verweist auf Vorgänge, die im zitierten Konzept eigentlich nicht vorkommen dürften und keine Erklärungen dafür anbieten.

Ein alternatives Modell geht davon aus, kommunikativ Handeln bedeutet, aus einer Vielzahl von Daten, die wir wahrnehmen, die herauszufiltern, von denen wir jeweils annehmen und glauben, dass sie kommunikativ genutzt werden sollten. Was wir wahrnehmen, ist nicht nur ein Akt dessen, was uns angeboten wird, sondern ein Verhalten, das sich aus unseren Vorerfahrungen im Umgang mit Situationen speist. Erst aus der Erinnerung derselben entlehnen wir Hinweise auf das, was uns erwartet und das wiederum bedeutet, wir suchen Indizien dafür. Wir dekodieren nicht dargebotene Zeichensätze, sondern greifen aufgrund der Erfahrung auf Dinge zu, von denen wir vermuten, dass sie ins Spiel gebracht werden sollen. Wir vernachlässigen dabei im Augenblick den Umstand, dass diese Wahrnehmungen durchaus auch vom Unterbewussten „wahrgenommen" werden und daher nicht die Schwelle der Bewusstheit erreichen, aber sehr wohl das Verhalten kommunikativ beeinflussen.

Diese Fähigkeit, Daten auszuwählen, ist nur nutzbar, wenn wir aus der uns vorliegenden Datenfülle so schnell wie möglich etwas herausfinden, was uns bekannt ist und zugleich neu erscheint. Das Bekannte eröffnet uns das, was uns neu ist. Das gelingt uns aufgrund einer Unterscheidungsoperation, so dass wir sagen können, kommunikatives Handeln ist die Aufforderung eines Sprechers an einen Hörer zu solchen Unterscheidungsleistungen (Lau 2008, 23-29). Er „übersetzt" nicht Koderepräsentationen in Sachverhalts- und Ereignisrepräsentationen und überführt diese in seine Gedankenwelten, sondern sucht auf dem Hintergrund von seinen Erfahrungen nach Anknüpfungspunkten mit dem, was er mit den kodierten Daten anfangen soll.

Wenn wir das Wort „Ajax" lesen, dann suchen wir nicht nur in unserem Wortlexikon nach der Bedeutung des Wortes und ordnen sie dann einem dazu denkbaren Sachverhalt zu. Das tun wir, wenn wir das Wort nicht kennen. Gebrauchen wir das Wort, dann blendet das Wort eine Welt auf, in der es seinen Platz und seine Funktion hat. Wir blicken in unseren Putzmittelschrank unter die Spüle oder blättern in unserem Homer und hören von den trojanischen Kämpfen. Denkbar wäre auch, dass wir Javascript Anhänger sind und das Kürzel erkennen. Der Angesproche muss daher aus der Menge dessen, was er für sich als Daten sieht, die herausfinden, mit denen er etwas anfangen kann, denn nur sie kann er identifizieren. Erst dann kann er für sich klären, was er damit tun soll. Der Sprecher muss für sich entscheiden, wie er Daten materialisiert, von denen er annimmt, dass sie „gelesen" werden können. Dieses „Lesen" ist aber kein „Übersetzungsvorgang", so dass die Darbietung der Daten nichts anderes als ein Versuch ist, den Anderen zu erreichen. Je klarer dabei seine Vorstellungen über den Anderen und sein Denken und Tun sind, umso eher besteht die Chance, ihn und seine Welten mit den Daten zu erreichen, denn sie müssen zu diesen Anschluss fähig sein.[1]

6. Kommunikation bedeutet das Überwinden des Unbestimmten

Wenn wir davon ausgehen, dass Kommunizieren das Überwinden des Unbestimmten im Umgang mit Anderen ist, dann ändert sich der Blick auf die Situation des Lehrens und Lernens. Denn Kommunikation ist nicht mehr als Vorgang des Gebens beschreibbar, sondern schließt immer das Nehmen mit ein. Der Prozess beginnt damit, dass ich den Anderen für mich gewinnen muss, mit mir etwas gemeinsam zu tun. Lässt sich der Andere darauf ein, muss ich herausfinden, was ich mit ihm zusammen überhaupt tun kann. Gibt es eine solche Gemeinsamkeit nicht, ist Kommunikation nicht möglich. Habe ich die Gemeinsamkeit herausgefunden, kann ich ihm „anzeigen", wie wir zusammen mit dieser umgehen könnten und welche Arbeiten so erbracht werden sollten.

Die institutionelle Situation Schule verstellt für diesen Prozess leicht den Blick. Sie suggeriert nämlich einem Lehrer, er könne vordefinierte Wissensbestände an Schüler weitergeben und von denen erwarten, dass sie diese als gelernt durch ihre Reproduktion bestätigen. Weil die Dinge ganz offenkundig so nicht funktionieren, werden Methodiken dazwischen geschaltet, die die Portionierung der Wissensbestände reguliert und die Art ihrer Kodierung modifizieren. Psychologen bestätigen dann, ob diese Portionen für die jeweilige Altersstufe „verdaubar" sind und Didaktiker liefern die Begründungen dafür, warum es „diese Portionen" überhaupt gibt. Weil das in der Breite so nicht (mehr) durchsetzbar ist, ist die Institution Schule auf eine Individualisierung ausgewichen und schlägt Pläne vor, die schulbezogen Inhalte individualisiert thematisieren können. Mit solchen Rahmenplänen ist intuitiv erkannt worden, dass Wissensvermittlung in der Schule Kommunikation ist. Denn vermittelbar ist nur das, was in das eigene Handlungsfeld integrierbar ist.

---

1 Der theoretische Hintergrund wird vom Mathematiker Spencer Brown (1969, 1) durch die folgende Bemerkung charakterisiert: "We take as given the idea of distinction and the idea of indication, and that we can not make an indication without drawing a distinction." Die Konsequenz aus dieser Bemerkung ist, der Sprecher zeigt mit seinen Daten etwas an. Der Hörer muss aus den geäußerten Daten die herausfinden, welche als „Anzeige" fungieren. Diese Anzeige fordert ihn nun auf, den Handlungsraum bzw. Hintergrund zu finden, in dem oder auf dem die Anzeige Sinn macht und dadurch in ihrer Bedeutung erkennbar wird. Die Anzeige ist dann das, was durch die Daten zugänglich zu machen versucht wird.

Eine Wissensvermittlung, die sich die differenztheoretische Modellierung zunutze macht, und Wissensvermittlung als Wissenskommunikation versteht, hat sich in einem ersten Schritt dem Phänomen zu stellen, wie mit den Unbestimmtheiten umgegangen werden kann, welche durch das Gegenüber der Schüler erzeugt wird. Diese repräsentieren normalerweise eine Vielfalt von Interessen und Erwartungen. Wenn kommunikatives Handeln ein „Anzeigen" von Dingen bedeutet, die gemeinsam gemacht werden sollen, dann stellt sich die Frage nicht nur nach dem, was gezeigt wird, wie das bisher durch die Methodik geschieht, sondern am Anfang steht die Frage danach, was das Angezeigte den Schülern im Einzelfall bedeuten kann. Dafür reicht es nicht aus, institutionell Erwartungen zu formulieren, was Jugendliche eines bestimmten Alters oder einer bestimmten Bildungsgruppe können müssen. Vielmehr bedarf es des situationellen Erarbeitens von Differenzleistungen, die erkennbar machen, was in gemeinsamen Handlungsfeldern gearbeitet wird. Die klassische Intuition über Unterricht hat diese Phase des Einstiegs mit der Motivation bereits richtig umschrieben. Sie setzt dabei auf den Interaktionspartner und seine grundsätzliche Bereitschaft zur Kooperation, indem seine Neugier für ein Arbeitsfeld geweckt werden kann. Hierbei zeigt sich aber sehr oft, dass diese Motivation auf das Wecken emotionaler Zugänglichkeit abzielt und nicht den vorhandenen Bezugshintergrund, der beim Schüler existiert, mit dem Themenfeld verknüpft. Die Differenztheorie erlaubt hier eine präzisere Erfassung dessen, was mit Motivation gemeint sein kann. Motivation bedeutet, für die Beteiligten eine Differenz sichtbar und fassbar zu machen, so dass sich ihnen ein Handlungsraum öffnet.

7. Die Fachwelt und die Alltagserfahrung

Diese Überlegungen führen wieder zurück zum Thema der Tagung. Wie erfahre ich und finde ich heraus, was der Andere mit dem, was ich mit ihm tun möchte, wirklich tut. Soft Skills werden als weiche Fähigkeiten und Fertigkeiten bezeichnet und meinen die Qualifikation zu einer effektiven Kommunikation (Willke 2001, 19-38; Rauner 2004). Sie werden neben das Fachwissen gestellt, weil in der betrieblichen Wirklichkeit Fachwissen nur erfolgreich ist, wenn es auf Partner trifft, die sich diesem öffnen und seine Möglichkeiten erkennen. Daher wird im Rahmen der Ausbildung von Führungskräften die Schulung für die Sensibilität im Umgang mit Mitarbeitern als unabdingbar angesehen. Ihre Fähigkeit im Umgang mit anderen sowie mit der eigenen Emotionalität wird dabei für genauso wichtig eingestuft wie ihr fachliches Können. In den Theorien der modernen

Menschenführung spielen das Abstimmen der Interessen Einzelner, das Erkennen der Befindlichkeiten des Anderen, das Abschätzen können des Kooperationspotentials und die Fähigkeiten, sich auf andere Perspektiven einzulassen, eine bedeutsame Rolle. Das zeigt, wie der Zusammenhang zwischen Soft Skills und Wissen zu deuten ist. Wenn Wissen kommunizierbar gemacht werden soll, setzt dieses bei den Partnern voraus, sich gegenseitig unterstellen zu können, nach welchen Hintergrundsordnungen und Prinzipien sie das Dargebotene verarbeiten können. Nur wenn belastbare Vorstellungen darüber existieren, welche Handlungsräume dem anderen zur Verfügung stehen, ist es möglich, Wissensbestände mit diesen zu verknüpfen und überhaupt Wissen zum Austausch zu bringen. Wissensvermittlung ist der Prozess, Wissen miteinander teilen zu lernen.

Das setzt voraus, dass Wissen nicht als Sammlungen von Aussagen über eine vorhandene oder gedachte Wirklichkeit verstanden wird, sondern als ein spezieller Zugang zu einer auf besondere Weise erschlossenen Wirklichkeit. Die Grammatiktheorie zu einer Sprache ist ein Konstrukt von Annahmen beispielsweise, wie aus Wörtern Sätze gebildet werden können. Über Wissen zu reden, setzt dann voraus, dass es zumindest eine Person gibt, der sich dieser Zugang erschlossen hat. Der Lehrer, der über Grammatik reden möchte, muss daher den besonderen Zugang zur Sprachwirklichkeit kennen, der durch eine Grammatik konstruiert wird. Nur in diesem Fall ist es möglich, für die Anderen oder mit denselben zusammen nach Wegen zu suchen, wie dieser Zugang von Fall zu Fall eröffnet wird. Hierbei nun zeigt sich, dass Wissen im Sinne der theoretisch begründeten von einem Wissen im Sinne der praktisch motivierten Fachlichkeit unterschieden werden muss.

Ein Lehrer weiß in der Regel, wo und wie sich theoretisches Wissen in seinem Arbeitsfeld bewährt. Das kann sogar dazu führen, dass er sich der theoretischen Quellen seines Wissens gar nicht mehr bewusst ist. Welche Grammatiktheorie seiner Sprachbetrachtung zugrunde liegt, ist vielen Lehrern oft nicht bekannt. Sie entwickeln nämlich durch ihre Alltagspraxis ein Erfahrungswissen, wie sich Wissensbestände im Hinblick auf Personengruppen bewähren. Der Skill absorbiert das fachliche Wissen und überlagert den wissenschaftlichen und sinnstiftenden Bezugshintergrund und erzeugt so den Eindruck, der Erwerb eines solchen Skills ermögliche Wissenskommunikation.

8. Die Gegenseitigkeit des Anzeigens

Der Skill zeichnet sich dadurch aus, Erfahrungen hinsichtlich der Praktikabilität von Wissen zu bündeln und für ein Anwendungsfeld und einen Anwendungsfall verfügbar zu machen. Er kann so für die Wissenskommunikation, bei der die vermittelten Wissensbestände gelehrt bzw. gelernt, nutzbar gemacht werden. Ein Skill im hier angedachten kommunikationstheoretischen Rahmen müsste in der Lage sein, für bestimmte Probleme Lösungen anzubieten. Grundlegend für die Kommunizierbarkeit eines Wissensinhalts ist das Zuordnen-Können seines Bezugshintergrundes, um mit dem Dargebotenen kognitiv umgehen zu können. Das, was sich die Akteure anzeigen, müssen diese auf eine ähnliche Weise sehen können. Um herauszufinden, ob das geschieht, haben die kommunikativen Angebote an die Partner eine interaktive Äußerungsfolge zu initiieren, aus der erschlossen werden kann, auf welchem Bezugshintergrund der so Angesprochene agiert. Das setzt vor allem für den Lehrenden die Fähigkeit voraus, die reaktiven Äußerungen seiner Partner so verstehen zu können, dass er erkennt, was der Aktionshintergrund derselben sein könnte. Es reicht deshalb nicht die Äußerungen der Angesprochenen nur auf eine Differenz zur eigenen Erwartung zu interpretieren, sondern den Differenz bildenden Hintergrund des Anderen zu erschließen und ggf. aktiv zu ermitteln. Wissenskommunikation bedeutet dann das Management von Sinnhintergründen.

Der Umgang mit möglichen Bezugswelten setzt voraus, dass der zu etablierende Hintergrund für den Lehrenden klar und sicher verfügbar ist. Er muss, um flexibel auf den Anderen reagieren zu können, die Relevanz von Wissensausschnitten in dieser Situation erkennen und sie für den Anderen bewältigbar ins Spiel bringen. Das setzt voraus, die zu vermittelnden Wissensinhalte zu beherrschen und mit diesem Wissen souverän umgehen zu können. Das gilt für das Einschätzen einzelner Wissenssegmente im Hinblick auf die Rolle im Gesamtzusammenhang. Aber auch die Art der Präsentation, wie das Wissenselement angezeigt wird, und die dafür verfügbaren Varianzmöglichkeiten spielen hier eine Rolle. Um auf den Anderen eingehen zu können, bedarf es einerseits kognitiver Flexibilität und andererseits kommunikativer Anpassungsfähigkeit.

Aber auch die angesprochene Seite hat ihren Beitrag zu leisten, das heißt, sie muss über hinreichendes und Sinn stiftendes Deutungspotential verfügen, um mit dem ihm Dargebotenen kognitiv umgehen zu können. Wenn dieses nicht ausreicht, ist es nicht unwichtig für die kommunikative Lösbarkeit der Situation, auch über die Fähigkeit zu verfügen, sich kommunikativ so darstellen zu können, dass der Lehrende hinreichend Hinweise erhalten kann, welcher Motiv- und Handlungshintergrund dem Lernenden zur Verfügung steht. Dafür muss ihm aber durch den Lehrenden Raum geschaffen werden, damit Geben und Nehmen auf beiden Seiten erfolgen kann. Das Geben des Lernenden besteht in Orientierungshilfen für den Lehrenden, wo im relevant gesetzten Wissensraum sich die Kommunikation zum jeweiligen Zeitpunkt bewegt.

9. Skills sichtbar machen
Ein Gramm Beispiel gilt mehr als ein Zentner guter Worte. (Franz von Sales)

Die besondere Art, mit Wissen umzugehen, das ist besonders deutlich geworden, als konstruktivistische Denkformen im Unterricht aufgenommen worden sind, bedingt einen anderen und vielfach neuen kommunikativen Umgang mit dem, was das Wissen anzeigen soll. Die Beteiligten müssen entsprechende Verhaltensmuster finden, die eine zuverlässige Kommunikation versprechen. Wenn die Frage der Tagung aufgenommen wird *Soft Skills – Alternative zur Fachlichkeit oder weiche Performance?*, dann zeigt sich aus der Perspektive der Wissenskommunikation, dass ohne Skills die Erwartungen der Wissensvermittlung nicht einlösbar sind. Worin diese Skills bestehen, welche Routinen sie enthalten und in welchen situativen Zusammenhängen mit welchen Praktiken dieser Art zu rechnen ist, das ist eine empirische Frage. Denn erst in Abhängigkeit zu den situativen Problemstellungen lassen sich Lösungswege finden und entwickeln. Die Didaktik hat sehr viel dazu beigetragen, Wissensbestände für die Kognition erschließbar zu machen. So besteht zum Wissen ein flexibler Zugang. Die Methodik ist noch vielfach zu sehr am Transfermodell der Vermittlung orientiert, so dass sie im Umgang mit Wissen genauer angesehen werden muss. Es fehlt an Verfahren, die das interaktive Verstehen lernen als Teil der Vermittlung einbeziehen. Für das konkrete Handeln muss aber Erfahrungswissen über die Partner bestehen. Hier finden Lehrer noch sehr wenig, weil sich die schulischen Situationen stark verändert haben. Mehr Interaktion setzt auch größeres Können in der Kommunikation voraus. Es bedarf kommunikativer Handlungsmöglichkeiten, die mehr enthalten als das Fragen des Anderen. Wenn daher Lehrer auf die neue Lehr-Lern Situation in der Schule vorbereitet werden, ist es nötig, sich der kommunikativen Handlungspraxis als Problem bei der Wissenskommunikation bewusst zu werden und darüber hinaus Erfahrungen zu reflektieren, wie das eigene Handlungspotential angelegt ist, um mit dieser Aufgabe umgehen zu können. Nicht zufällig scheint in einem solchen Zusammenhang die intensive Diskussion über die Kompetenz(en). Sie kann als eine Reaktion auf die immer deutlicher werdende Heterogenität des Raumes Schule gesehen werden. Kompetenzen stellen Instanzen zur Orientierungs- und Entscheidungsfindung in ganz unterschiedlichen Bereichen dar. Sie helfen, mit der Komplexität der Situationen zurechtzukommen, erhöhen aber gleichzeitig die Komplexität. In einer solchen Situation ist der Einzelne auf das Entwickeln von Skills angewiesen. Was er dazu braucht, ist aber weniger eine Schulung durch Soft Skills, sondern eine Supervision, die seine Skills zu reflektieren erlaubt und so die Wissenskommunikation für die daran Beteiligten sichtbar macht.

Literatur

Baecker, Dirk (2005): Form und Formen der Kommunikation. Frankfurt am Main Suhrkamp

Brown, George Spencer. Einführung in die *Laws of Form* Wiesbaden Verlag für Sozialwissenschaften (2009)

Esser, Hartmut (1999): Soziologie – Spezielle Grundlagen: Situationslogik und Handeln. Frankfurt am Main Camus Verlag

Frindte, Wolfgang (2001): Einführung in die Kommunikationspsychologie. Weinheim Beltz Verlag

Lau, Felix (2005): Die Form der Paradoxie. Eine Einführung in die Mathematik und Philosophie der „Laws of Form" von G. Spencer Brown. Heidelberg Carl-Auer Verlag

Luhmann, Niklas (1975): Interaktion, Organisation, Gesellschaft. In: Luhmann, Niklas (Hrsg.): Soziologische Aufklärung. Opladen Westdeutscher Verlag

Luhmann, Niklas (1988): Soziale Systeme. Frankfurt am Main Suhrkamp

Luhmann, Niklas (1990): Die Wissenschaft der Gesellschaft. Frankfurt am Main Suhrkamp

Nöth, Winfried (2000): Handbuch der Semiotik. Stuttgart Metzler Verlag

Rauner, Felix (2004): Praktisches Wissen und berufliche Handlungskompetenz. ITB Forschungsbericht 14. Bremen

Retter, Hein (2000): Studienbuch Pädagogische Kommunikation. Bad Heilbrunn Klinkhardt

Schulz von Thun, Friedemann (1998): Miteinander reden 1 + 2. Reinbeck Rowohlt

Strohner, Hans (2006): Kommunikation. Kognitive Grundlagen und praktische Anwendungen. Göttingen Vandenhoeck & Ruprecht

Wilke, Herlmut (2001): Systemisches Wissensmanagement. Stuttgart Lucius & Lucius

Wilke, Herlmut (2006): Grundlagen – Eine Einführung in die Grundprobleme der Theorie sozialer Systeme. Stuttgart Lucius & Lucius

06 Gerhard Engel

Regeln, Ordnungen und Freiheit

Zur pädagogischen Relevanz von Thomas Hobbes' Sozialphilosophie

> *Erst durch Regeln werden die Freiräume festgelegt, in denen jeder von uns seine eigenen Wege gehen kann.*
>
> (Geoffrey Brennan und James Buchanan) [1]

1 Einleitung

Wenn Sie am Morgen Ihren Computer hochfahren oder Ihren Kühlschrank öffnen, dann denken Sie gewöhnlich nicht darüber nach, wem Sie diese Errungenschaften der technischen Zivilisation verdanken. Die Entwicklung der Technik ist für uns etwas so Selbstverständliches geworden, dass wir sehr erstaunt wären, wenn sie einmal zum Stillstand käme, wenn also trotz des angestrengten Einsatzes von Zehntausenden von Wissenschaftlern nichts Neues unter der Sonne mehr entstehen würde.

Aber technischer Fortschritt ist kein Naturgesetz. Jede Erfindung wird von Individuen gemacht, und das auch nur, wenn sie in einem gesellschaftlichen Rahmen arbeiten können, der Neuentwicklungen zulässt, ermutigt und fördert. Auch der Computer ist eine Erfindung, an der zahlreiche Individuen beteiligt waren – etwa der Mathematiker John von Neumann und der Computeringenieur Konrad Zuse.

Denken und Handeln von zahlreichen Wissenschaftlern und Ingenieuren haben es ermöglicht, dass wir in Europa heute in einer Situation leben, die sich grundlegend von jener unterscheidet, die, sagen wir, vor 1.000 oder sogar noch vor 200

---

1 Brennan/Buchanan (1985/1993), S. 4.

Jahren herrschte. Wie immer man die heutige Situation beurteilt – ob im Sinne eines Pessimisten, der fürchtet, dass wir die technischen Geister nicht wieder loswerden, die wir riefen, oder im Sinne eines Optimisten, der glaubt, dass der Mensch auch die Folgeprobleme der technischen Entwicklung lösen wird –, Tatsache ist, dass die wissenschaftliche und technische Entwicklung entscheidend durch Individuen bestimmt, ermöglicht und gefördert wurde, ohne die die heutige Welt nicht das wäre, was sie ist.

Aber gerade weil die Fortschritte der Technik so augenfällig sind, übersehen wir nur allzu leicht, dass es auch analoge Fortschritte auf anderen, nicht-technischen Gebieten gibt. Wenn wir morgens unbehelligt zu unserem Arbeitsort oder abends ebenso unbehelligt in unser Stammlokal gehen können; wenn wir mit Geld bezahlen, das von anderen als Zahlungsmittel anerkannt wird; wenn wir Kaufverträge schließen und uns in der Regel nicht fragen müssen, ob unserem Vertragspartner eigentlich zu trauen ist – auch die Lösung solcher Probleme des täglichen Zusammenlebens verdanken wir *bestimmten* Personen. Sozialphilosophen und Ökonomen, Rechtsgelehrte und Sozialwissenschaftler beeinflussen unser Leben in der gleichen Weise wie die Erfinder des Computers, des Elektromotors oder der Glühbirne. Wenn wir heute über menschliches Zusammenleben nachdenken, dann in den Bahnen, die uns Philosophen wie Kant und Hegel, Ökonomen wie Carl Menger und Karl Marx, Friedrich August von Hayek und Joseph Alois Schumpeter, Pädagogen wie Heinrich Pestalozzi und Maria Montessori, Rechtsgelehrte wie Hans Kelsen oder Politikwissenschaftler wie Max Weber gewiesen haben. Auch die „Geisteswissenschaften" formen also unsere Lebenswelt tiefgreifend – übrigens zum Guten wie auch zum Schlechten.

Doch selbst die Bahnen, in denen Kant und Hegel gedacht haben, wurden ihnen von einem Philosophen gewiesen, der wie kaum ein anderer das Selbstverständnis des modernen Menschen in Europa geprägt hat:

> „Die politische Philosophie der Neuzeit hat sich nicht allmählich aus dem Hintergrund der politischen Philosophie des Altertums und des Mittelalters herausgelöst. Die politische Philosophie der Neuzeit ist das Ergebnis einer Denkrevolution, die mit einem Schlag die Grundlagen und den Denkstil der traditionellen politischen Philosophie zerstört, die politische Reflexion auf ein völlig neues philosophisches Fundament stellt und die Wahrnehmung der politischen Dinge in gänzlich veränderte Begriffsformen gießt. Die politische Philosophie der Neuzeit entwickelt neue Fragestellungen und neue Argumentationsstrategien, der Gang ihrer Gedanken, die Ausprägung ihrer Leitkonzepte und Orien-

tierungsbegriffe werden durch neuartige Problemsichten bestimmt. Die revolutionäre Neubegründung der politischen Philosophie in der Neuzeit ist das Werk des englischen Philosophen Thomas Hobbes."[2]

Ziel dieses Aufsatzes ist es, diese Behauptung Wolfgang Kerstings verständlich zu machen und die Relevanz Hobbesianischen Denkens für die Analyse, Konstruktion und Kritik pädagogischer Institutionen herauszuarbeiten. Ich gehe dabei in folgenden Schritten vor:

- Zunächst schildere ich einige Eigenarten der Hobbesschen Anthropologie und Sozialphilosophie, soweit sie für unser Thema relevant sind. Hier geht es um die grundlegende *Bedeutung konsensfähiger Regeln* und ihrer Durchsetzung für produktive Sozialprozesse.
- Anschließend erörtere ich die Folgerungen, die wir aus seinem Ansatz für die Planung, Analyse und Beurteilung sozialer Institutionen ziehen können. Hier betone ich die (auch pädagogisch gebotene) *individualistische Perspektive*, die wir aus analytischen und normativen Gründen bei der Betrachtung sozialer Institutionen einnehmen sollten.

2. Thomas Hobbes und die Aufgabe der „Moralphilosophie"
2.1. Der biografische Hintergrund

Nach einem Wort Hegels ist Philosophie der Versuch, ihre Zeit in Gedanken zu fassen.[3] Das bedeutet: Philosophie möchte sehr *allgemeine* Aussagen über die Wirklichkeit formulieren; gleichzeitig jedoch ist der jeweilige Entwurf eines Philosophen immer auch durch die *besonderen* Umstände geprägt, unter denen er arbeitet. Kurz: Auch das Besondere der Zeit prägt das Allgemeine der jeweiligen Philosophie.[4]

Was prägt Thomas Hobbes? Versetzen wir uns in das England des Jahres 1588. Damals herrschte „Furcht" – nämlich vor einer Invasion durch die Spanier, die versuchten, der jungen aufstrebenden Seemacht England die Herrschaft über die Meere streitig zu machen: Man rang um maritime Vorherrschaft und um die

---
2 Kersting (1992), S. 7.
3 Hegel (1821/1995), S. 16.
4 Vgl. dazu etwa das Werk Karl Poppers, dessen Lehre von „Versuch und Irrtum" in Wissenschaft und Politik besonders durch die Erfahrung der beiden Totalitarismen des 20. Jahrhunderts beeinflusst wurde.

Sicherung der kolonialen Eroberungen. Seit Ende 1587 wussten die Engländer unter Elisabeth I., dass Philipp II. von Spanien eine große Flotte bereithielt, mit der er eine Invasion wagen und England militärisch schlagen wollte. Es ging dabei aber nicht nur um maritime Konkurrenz, sondern auch um Religion. Ein Jahr zuvor hatte Elisabeth ihre katholische Rivalin Maria Stuart hinrichten lassen; die Reformation in England stabilisierte sich. Eine erfolgreiche spanische Invasion hätte demgegenüber in England den „Papismus", also die geistliche Vorherrschaft des Papstes, wiederhergestellt. Königin und Admiralität bereiteten sich daher auf eine Abwehr der spanischen Invasion vor. Der Flottenbau wurde intensiviert und so etwas wie eine Heimatverteidigung organisiert: Die Küste wurde mit Alarmposten besetzt, die mit Leuchtfeuern und Alarmglocken zu melden hatten, wenn die spanische Armada in Sicht kommen sollte. Im Frühjahr 1588 stand man also im Zeichen einer gespannten Erwartung der spanischen Invasion. Es ist durchaus verständlich, wenn es in einer derartigen Situation zu Fehlmeldungen und anschließenden Panikreaktionen kommt:

> „Mitten in einer solchen Panik löste der Schrecken bei der Frau des Vikars von Westport bei Malmesbury vorzeitige Wehen aus, und am Karfreitag, dem 5. April, brachte sie Zwillinge zur Welt: ihren Sohn Thomas Hobbes und mit ihm die Furcht, die diesen sein Leben lang begleiten sollte. Jedenfalls drückte der Philosoph sich später [in seinen autobiographischen Arbeiten, G.E.] selbst so aus; er liebte es, seine Geburt in dieser Verbindung von physisch-psychischer Prägung und politisch-kriegerischem Horizont darzustellen."[5]

Diese Schilderung verrät uns natürlich weniger etwas über die genauen Umstände der Geburt als vielmehr etwas über das Selbstverständnis des späteren Philosophen, der sich später immer als latent bedroht empfand – und das sogar aus persönlicher Veranlassung, denn er musste sich wegen seiner Ansichten mehrmals durch Flucht ins Ausland der Verfolgung entziehen.

Die spanische Invasion wurde im Sommer des gleichen Jahres erfolgreich abgewehrt: Die Rekatholisierung Englands fand nicht statt, und die englische Kirche festigte sich zur anglikanischen Staatskirche. Wer aber geglaubt hatte, dass von nun an Frieden in der Welt oder wenigstens in England herrschen würde, sah sich kaum 50 Jahre später eines Besseren bzw. Schlechteren belehrt. 1636 brachen in Schottland Unruhen aus, die schon bald bürgerkriegsähnliche Ausmaße annehmen sollten. Was war geschehen?

---

5 Willms (1987), S. 41 f.

„Die presbyterianischen Schotten empörten sich über eine neue Gottesdienstordnung, die der anglikanische König Karl I. für das ganze Land verbindlich machen wollte. Presbyterianismus bedeutete vor allem geistliche Selbstverwaltung der Gemeinden, und das heißt die Ablehnung der Autorität der Bischöfe. Der Anglikanismus des Königs war jedoch zentralistisch. Er kämpfte um Stärkung und Erhaltung einer engen Verbindung von Thron und Altar, von König und Bischöfen. [...] Mit der Provokation der Schotten durch die neue Agende forderte Karl deren organisierten Widerstand heraus und schaffte so selbst eine der wesentlichen auslösenden Ursachen für den [englischen] Bürgerkrieg [...]".[6]

Natürlich war das religiöse Monopol der damaligen englischen Staatskirche für das Entstehen des Bürgerkriegs nicht allein ausschlaggebend: Es gab auch wirtschaftliche Ursachen. England war traditionell ein Agrarland. Der englische Adel bezog sein Einkommen aus seinem Landbesitz. Als Gegenleistung erfüllte er für seine Untertanen einige der Funktionen unseres heutigen Sozialstaates: Schutz bei Alter und Krankheit, aber auch Schutz vor der kriminellen Energie mancher Mitmenschen. Nach dem Selbstverständnis des Adels schloss also ein Lehensverhältnis die Sorge um das materielle und physische Wohl der Abhängigen ein: Der Landesvater hatte eben für seine Landeskinder zu „sorgen".

Aber dieses feudalistische System war aus mehreren Gründen nicht stabil. Zunehmender Handel und wirtschaftliches Wachstum erzeugten eine ökonomisch starke bürgerliche Schicht. Das aufstrebende Bürgertum begann daraufhin, mit dem Adel zu konkurrieren: Man handelte mit niederen Adelstiteln, und es kam immer öfter vor, dass verarmte Edelleute ihre Ackerflächen an die „City" verkaufen mussten, also an Geldgeber aus der Finanzmetropole London. Diese Investoren kauften mit den überschuldeten Ackerflächen nun zwar die Produktionsstrukturen, nicht aber auch die genannten traditionellen sozialen Verpflichtungen ein. Zu spät erkannten die herrschenden Schichten, dass sich hier ein erheblicher sozialer Sprengstoff ansammelte. Statt nun gewissermaßen in letzter Minute durch eine *Sozial*gesetzgebung eine ökonomische Mindestsicherung für mittellose Bauern einzuführen, setzte die Regierung zunächst auf eine verschärfte *Straf*gesetzgebung: Auf Mundraub, also für das Entwenden von zum Verzehr geeigneten Gegenständen, standen zeitweise drakonische Strafen. Kurz: Das England des 17. Jahrhunderts wurde durch religiöse Uneinigkeit und durch sozioökonomische Spannungen als Folge der ökonomischen Modernisierung erschüt-

---

6 Willms (1987), S. 27 f. Zum Motiv der Furcht bei Hobbes vgl. auch Bermbach und Kodalle (1992).

tert. Der sich entwickelnde Früh-Kapitalismus verlangte nach Antworten, die in der überkommenen Lehre von der Gesellschaft nicht zu finden waren.

Es ist kein Zufall, dass Hobbes' publizistische Tätigkeit im Wesentlichen erst begann, als die Unruhen in den Jahren bis 1640 zum Bürgerkrieg eskalierten. Hobbes war zu diesem Zeitpunkt weit über 40 Jahre alt. Und das Wissen, das er in dieser langen Zeit angesammelt hatte, benutzte er nun, um über Staat und Gesellschaft grundlegend und grundsätzlich nachzudenken. Hobbes' Philosophie kann – etwas verkürzend formuliert – verstanden werden als die intellektuelle Bewältigung des englischen Bürgerkriegs, als Paradigma für den Bürgerkrieg überhaupt. Wie ist friedliches Zusammenleben möglich – so könnte man Hobbes' Fragestellung formulieren –, wenn Menschen in der Durchsetzung ihrer Ziele kein Maß kennen? Genauer: Wie ist friedliches Zusammenleben möglich, wenn Menschen völlig Verschiedenes glauben, verschiedene Wertvorstellungen haben, verschiedene Auffassungen darüber, was gut und böse, Sünde und nicht Sünde ist, oder darüber, was wir erstreben und was wir dürfen sollten?

Hobbes suchte die Antworten auf diese Fragen nicht mehr in der Tradition. Die Bürgerkriege zeigten ihm, dass friedliche Kooperation durchaus nicht der „dem Menschen gemäße Zustand" ist, wie man seit Aristoteles glaubte. Im Jahre 1636 kehrte er von seiner dritten Auslandsreise zurück, die ihn bis nach Italien geführt hatte. Hier hatte er ein Denken vorgefunden, das Antworten auf Fragen an die Natur nicht aus Büchern zog, sondern aus Büchern *plus Experimenten*. Die aufstrebenden experimentellen Naturwissenschaften lehrten ihn, dass neue, interessante und produktive Antworten auf alte Fragen möglich sind. Er verkehrte mit Mersenne und Gassendi, mit Galilei und Descartes, las und kritisierte deren Bücher und verfasste ausführliche Rezensionen ihrer Werke.

> „Aus allen diesen Büchern, Gesprächen und Anregungen des zu jener Zeit in Europa geradezu entfesselten Strebens nach Klärung des neuen Natur- und Weltverständnisses nahm Hobbes alles auf, was er methodisch und inhaltlich für die Verwirklichung seines eigentlichen Zieles brauchte. Bevor er 1636 nach England zurückkehrte, hatte er die Grundzüge seiner systematischen Philosophie bereits im Kopf. In drei Teilen wollte er, zuerst ausgehend von dem Prinzip ständiger, aber ungleichmäßiger Bewegung der Körper, die *Natur*, dann den *Menschen* als Natur- und Vernunftwesen und schließlich die *Politik* als das Werk des Menschen behandeln: De Corpore – De Homine – De Cive."[7]

---

7 Willms (1987), S. 41.

Bei seiner Rückkehr in England im Jahre 1636 sah sich Hobbes mit einer explosiven politischen Situation konfrontiert. Die erste seiner politischen Schriften bezog in dieser Situation Stellung: Sein Traktat „Elements of Law and Politic", das seit 1640 in einigen Abschriften kursierte, ließ bereits seine spätere intellektuelle Stoßrichtung erkennen, nämlich die Stärkung staatlicher Souveränität. Aber die antiroyalistischen Kräfte des englischen Parlaments gewannen immer mehr die Oberhand, und Hobbes begann, sich in London nicht mehr sicher zu fühlen. Und so floh er im November 1640 nach Frankreich – anderthalb Jahre, bevor in England der Bürgerkrieg mit aller Gewalt losbrach. Ein Strom von royalistischen Emigranten folgte Hobbes. Aber auch von den Emigranten fühlte sich Hobbes bald verfolgt, denn ab 1642 kursierte in Europa in wenigen Exemplaren seine Schrift *„De Cive"*, „Vom Bürger". Diese Schrift fanden wiederum royalistische Reaktionäre bedenklich: Sie mussten lesen, dass sich die Legitimität staatlicher Souveränität aus einem *Vertrag* zwischen den Bürgern herleitete und nicht etwa aus der unantastbaren Autorität eines Königs. Sie kritisierten außerdem, dass Hobbes es durchaus offengelassen hatte, welcher Art dieser Souverän sein sollte: Es konnte auch eine „Versammlung" sein, welche die Gesetze erlässt, die alle binden sollen. Den Antiroyalisten wiederum fiel unangenehm auf, dass Hobbes die absolute staatliche Souveränität als Grundlage friedlichen Zusammenlebens betonte. Für Hobbes war der Widerstand gegen seine Ideen nicht recht verständlich, glaubte er doch, die Grundgesetze des menschlichen Zusammenlebens ähnlich neutral und objektiv wie ein Naturwissenschaftler erforscht zu haben. Am Ende des „Leviathan" schreibt er nicht ohne einen Anflug von Resignation:

> „Und somit bin ich am Ende meiner Abhandlung über die bürgerliche und kirchliche Regierung angelangt, eine Abhandlung, die von den Wirren der Gegenwart veranlasst wurde, ohne Parteilichkeit, ohne Schmeichelei und ohne eine andere Absicht zu verfolgen als die, den Menschen die gegenseitigen Beziehungen zwischen Schutz und Gehorsam vor Augen zu halten, deren Beachtung die Beschaffenheit der menschlichen Natur und die göttlichen Gesetze, die natürlichen wie die positiven, unabdingbar fordern. Und obwohl in Zeiten von Staatsumwälzungen die Konstellation für die Geburt einer Wahrheit dieser Art nicht sehr gut sein kann [...], so kann ich doch nicht glauben, dass eine solche Wahrheit in dieser Zeit [...] von irgendeinem Menschen, der wünscht, der öffentliche Friede möge von Dauer sein, verurteilt wird. Und in dieser Hoffnung kehre ich zu meinen unterbrochenen Forschungen über natürliche Körper zu-

rück [...]. Denn eine Wahrheit, die weder dem Vorteil noch dem Wohlleben irgendeines Menschen im Wege steht, ist allen Menschen willkommen."[8]

Mit anderen Worten: Das politische Klima ist so aufgeheizt, dass ein kühles Urteil über Grundfragen des menschlichen Zusammenlebens (noch) nicht erwünscht ist. Da das so ist, so Hobbes, treibe ich lieber Naturwissenschaft, bis die Dinge sich bessern. Aber eigentlich gleicht meine Sozialtheorie den Naturwissenschaften darin, dass sie niemanden bevorzugt, sondern die Bedingungen beschreibt, unter denen allein wir produktiv handeln können.

2.2. Sozialphilosophische Grundgedanken

Was war nun das revolutionär Neue, das uns berechtigt, von einem Einschnitt in der Geschichte der politischen Philosophie zu sprechen? Philosophie und Wissenschaft versuchen, hinter dem Besonderen das Allgemeine zu entdecken. Für Hobbes warf der englische Bürgerkrieg daher nicht nur das besondere Problem auf, wie man in England wieder Frieden herstellen könne, sondern er sah das Problem allgemeiner und radikaler: Der englische Bürgerkrieg war für Hobbes im Grunde keine lokale Angelegenheit, sondern Ausdruck eines prinzipiellen Problems: *Wie ist friedliche Kooperation möglich, wenn Menschen eigeninteressiert sind und sich gleichzeitig in grundlegenden Fragen nicht mehr einig sind?*

Fragen wir zunächst: Wie war dieses Problem in der bisherigen Tradition gelöst worden? Die Philosophie bis Hobbes war sehr stark vom „politischen Aristotelismus"[9] geprägt, also der mittelalterlichen und scholastischen Aneignung der politischen Theorie des Aristoteles. Machen wir uns zunächst klar, wie sich beide Positionen voneinander unterscheiden.

Für Aristoteles wird der Mensch erst in der Gemeinschaft mit anderen seinem Wesen gerecht. „Anthropos zóon politikón physei éstin" – „Der Mensch ist von seinem natürlichen Wesen her ein politisches Lebewesen": Das ist der zentrale Grundsatz der Aristotelischen Anthropologie.[10] Aristoteles meint damit mehr, als dass der einzelne Mensch außerhalb einer Gemeinschaft zugrunde gehen müsste. Das aristotelische Denken ist nämlich nicht nur an der *Klassifizierung* von Dingen interessiert, sondern auch an *Bewertungs*fragen – also etwa an der Frage,

---

8 Hobbes (1651/1992), S. 544.
9 Kersting (1992), S. 13.
10 Aristoteles, Politik, 1253, a2.

was der *bestmögliche* Zustand eines Dinges ist. Ein Baum etwa wird für Aristoteles nur dann seinem Wesen gerecht, wenn er auswachsen und aussamen kann und wenn er Vögeln und anderen Tieren als Schutz dient. Ist er so stark beschädigt, dass er eine dieser Aufgaben nicht mehr erfüllen kann, sprechen auch wir von einem „verkrüppelten" Baum – und nicht einfach nur von einem „Baum". Aber wenn der Baum nicht gewaltsam in seinem Wachstum gestört würde, wüchse er schon von selbst in einen ihm wesensgemäßen Zustand hinein. Und was für den Baum gilt, gilt für alle Lebewesen: Jedes Lebewesen strebt nach Aristoteles zu einem *ihm gemäßen Zustand*. Der dem Menschen gemäße Zustand ist nun aber nicht die Vereinzelung, sondern die vernünftige Gesellung; und die Polis ist der Ort, an dem der Mensch sein diesbezügliches Wesen entfalten kann. Sie allein kann dafür sorgen, dass der Mensch sich nicht nur fortpflanzt, sondern auch glücklich, vernunftgemäß und sittlich gut leben kann, indem er seine Vorstellung vom „Guten Leben" in Gemeinschaft mit anderen und in Abstimmung mit anderen verwirklicht. Der Polis kommt dabei sowohl in ontologischer (der einzelne Mensch ist ihr Produkt) als auch in sittlicher Hinsicht (der Mensch ist der Polis verpflichtet, nicht umgekehrt) ein Vorrang vor dem Individuum zu.

Aber diese kommunitaristische Idylle des politischen Aristotelismus zerfiel im Zuge der ökonomischen Modernisierung Europas. Die religiösen Unruhen und die moralischen Probleme der aufkommenden Erwerbsgesellschaft legten für Hobbes ein anderes Bild von Mensch und Gesellschaft nahe: Sobald die Kontrolle durch den Nachbarn, durch Sitte, Moral und Tradition nachlässt, ist der Mensch für den Anderen nicht mehr eine Voraussetzung für die Verwirklichung eines „Guten Lebens", sondern eine schlimmstenfalls tödliche Bedrohung: *„Homo hominis lupus est – Der Mensch ist des Menschen Wolf"* – das ist die berühmte Formulierung, für die Hobbes gerühmt und natürlich auch getadelt worden ist.[11] Sie besagt: Ohne Regeln und ohne einen staatlichen Souverän, der ihre Einhaltung durchsetzen kann, befänden wir uns nicht in einem friedlichen, „uns gemäßen Zustand", sondern im Urzustand des *Kampfes aller gegen alle*. Und das Problem ver-

---

11 Vgl. dazu Hobbes (1642/1994), S. 59. Man beachte, dass Hobbes an gleicher Stelle auch schreibt: *„Der Mensch ist ein Gott für den Menschen"* – nämlich dann, wenn Menschen miteinander kooperieren und etwas produzieren, was sie allein nicht könnten. – Die erstmalige Formulierung des Satzes („lupus est homo homini, non homo, quom qualis est, non novit", also etwa „Ein Wolf ist der Mensch dem Menschen, kein Mensch, wenn er nicht weiß, welcher Art sein Gegenüber ist") geht auf den Römischen Komödiendichter Titus Maccius Plautus zurück. Hobbes hätte Plautus hier wohl folgendermaßen korrigiert: „... wenn er weiß, dass beide durch den Leviathan nicht gebunden sind."

schärft sich in dem Maße, in dem die Bevölkerung wächst und die traditionellen *face-to-face*-Beziehungen den anonymen Kontakten der Großgesellschaft weichen.

Zweifel an der Güte der menschlichen Natur stellen sich eigentlich schon bei einem Blick auf die von Aristoteles beschriebenen Gesellschaften ein. Die Bürger, die sich in der klassischen *Polis* als Gleichberechtigte gegenübertreten, sind nämlich gewissermaßen handverlesen; zu ihnen gehören zum Beispiel weder die Frauen noch die Handwerker und Händler, vor allem nicht die Sklaven. In diesem Punkt unterscheiden sich das klassische Athen und das antike Rom nicht: Weder die militärische Durchsetzung des Römischen Herrschaftsanspruchs noch die blutigen innenpolitischen Auseinandersetzungen im Rom des ersten vorchristlichen Jahrhunderts geben Anlass, Hobbes' bildkräftige Formulierung für unangemessen zu halten. Als nach dem von Spartacus geführten Sklavenaufstand im Jahre 71 v.u.Z. auf Befehl von Crassus 6.000 der überlebenden und besiegten Sklaven entlang der Via Appia gekreuzigt wurden, hätte ein Hobbesianischer Beobachter an seinem Menschenbild keine Korrekturen vornehmen müssen.[12]

Das englische Beispiel zeigte Hobbes: Die Verweigerung von Gleichberechtigung und die gewaltsame Durchsetzung bestimmter Wertorientierungen kann Gesellschaften zerstören. Hobbes erkannte, dass eine stabile Gesellschaft daher auf der Anerkennung *jedes* Menschen als gleichberechtigtem Partner des politischen Prozesses aufbauen muss – denn jeder kann Aufstände anzetteln oder den Herrscher ermorden. Seine politische Philosophie ist daher erstmals radikal universalistisch: Sie hat konzeptionell keinen Platz für Sklaven oder für Menschen, die weniger Rechte als andere Menschen besitzen.[13]

Doch was hält das Individuum eigentlich davon ab, sich antisozial zu verhalten? Die Antwort lautet: Vorrangig der Nutzen, den das Individuum aus der Kooperation mit anderen zieht.[14] Hobbes sieht den Menschen also grundsätzlich anders

---

12 Vgl. zu diesen dramatischen Vorgängen Stöver (1976), S. 242-272, bes. S. 269.
13 Selbstverständlich können wir nicht allen Menschen in *wörtlichem* Sinne „gleiche Rechte" gewähren. Aber Einschränkungen von Rechten (etwa die Festlegung eines Mindestalters für die Erlaubnis, ein Kraftfahrzeug zu führen, zu heiraten oder sich als Abgeordneter wählen zu lassen) müssen allen gegenüber nachvollziehbar begründet werden – auch gegenüber dem Kind, dem wir beispielsweise das „Recht auf einen Führerschein" verweigern.
14 Natürlich spielen auch andere Motive prosozialen Verhaltens eine Rolle, wie insbesondere David Hume hervorhob, nämlich Gewohnheit, Mitgefühl und spontane Sympathie. Doch das Mitgefühl ist erstens nach sozialer Nähe gestuft (Hume 1740/1978, S. 357), und die Motive prosozialen Verhaltens können sehr schnell ihre Wirksamkeit verlieren, wenn sich die äußeren Anreizbedingungen plötzlich ändern. Die Bürgerkriege im zerfallenden Jugoslawien bilden hier lehrreiche Beispiele.

als der politische Aristotelismus: Für ihn stellt er sich als „Individuum" dar, als einzelnes „A-tom"[15] im sozialen Raum, das nicht aus „innerem Bedürfnis" mit anderen kooperiert, sondern nur nach Maßgabe des eigenen Nutzens. Daher benötigen wir Regeln (Leitplanken), um die absehbaren Interessenkonflikte erträglich zu gestalten – und zwar erträglich für *alle* Mitglieder einer Gesellschaft. Und wir benötigen einen *Souverän*, der auf die Einhaltung der Regeln der Kooperation achtet – und natürlich möglichst *nur* darauf.[16] Kurz: *Kooperation kommt dann zustande, wenn sie den Beteiligten nützt.*

Es ist leicht zu sehen, dass Hobbes hier die sich herausbildenden Gesetze der Tauschgesellschaft auf die Sphäre des Politischen überträgt – eine Todsünde wider den Geist des Aristotelismus; denn Aristoteles forderte, die Sphäre der „Oikonomie", also des wirtschaftenden Haushalts, und die Sphäre der Politik streng zu trennen: Politik sollte schließlich nicht käuflich sein. Hobbes dagegen argumentiert folgendermaßen: Wir beobachten auf dem Markt, dass Menschen mit verschiedenen Interessen friedlich kooperieren: Der Käufer will etwas, was der Verkäufer gerne loswerden möchte. Im Tauschakt, im Tausch der Verfügungsrechte vollzieht sich eine Besserstellung jedes Tauschpartners, denn die Wünsche *beider* werden erfüllt. Und in der gleichen Weise, wie wir auf dem Markt *Verfügungsrechte* über Waren und Dienstleistungen tauschen, können wir nach dieser Vorstellung auch *politische* Rechte tauschen: Die Pflicht etwa, andere nicht auszurauben oder zu töten, muss ein Individuum legitimerweise nur dann auf sich nehmen, so Hobbes, wenn es dafür ein Recht eintauscht, von anderen ebenfalls nicht ausgeraubt und getötet zu werden, *und dieses Recht auch durch eine unabhängige Instanz durchgesetzt wird.* Das bedeutet auch: Niemand kann und darf gezwungen werden,

---

15 Als klassisch gebildetem Schriftsteller war Hobbes die terminologische Parallele zwischen den Ausdrücken „Individuum" und „Atom" natürlich bekannt. Der Ausdruck „átomon" wurde von Cicero in das lateinische „Individuum" übersetzt. Zur Begriffsgeschichte des Ausdrucks „Individuum" vgl. Kobusch (1976), Spalte 300-304.

16 Die Erkenntnis, dass staatliche Akteure ihre Eigeninteressen entwickeln, die nicht mit den Interessen der Bürger identisch sind, ist Ausgangspunkt der Neuen Politischen Ökonomie. Vgl. dazu etwa Lehner (1981) und Frey (1990). Auf die Probleme, die wir in der Soziologie mit der Bezeichnung *Principal-Agent-Problem* behandeln, gehe ich hier nicht ein. Vgl. dazu etwa Erlei, Leschke und Sauerland (1999), Kap. 2. Es sei hier nur kurz umrissen, worum es dabei geht. Obwohl der „Leviathan" *in unser aller Namen* herrscht, herrschen doch nicht *wir* alle. Wir delegieren vielmehr die beiden Aufgaben der Regelformulierung und Regeldurchsetzung an Personen (*Agents*), die ihrerseits wieder ein Eigeninteresse mitbringen, das nicht unbedingt und eher selten mit den Interessen der Beauftragenden (*Principals*) übereinstimmt. Das schafft Probleme – bis hin zu Korruption, Bereicherung im Amt, Amtsmissbrauch und Durchstechereien – ganz so, als ob wir uns noch im Naturzustand befänden.

Pflichten zu übernehmen, ohne dafür auch Rechte einzutauschen – und niemand darf Rechte reklamieren, ohne bestimmte Verpflichtungen zu übernehmen.

Auf diese Weise können wir also vom Modell friedlicher marktlicher Kooperation auch für die Politik lernen. Und die Erfahrungen des englischen Bürgerkrieges führten Hobbes zu einem sozialphilosophischen Forschungsprogramm, das wir folgendermaßen formulieren können: *Unter welchen Bedingungen kooperieren Menschen, und unter welchen Bedingungen tun sie es nicht?* Für Hobbes ist daher „Moralphilosophie" (*moral philosophy*) nicht mehr normativ, sondern explanatorisch: Sie ist die Erkenntnis der Kausalgesetze, nach denen Frieden und Krieg entstehen. Kurz: *Moralphilosophie ist Friedenswissenschaft.*[17]

Am Beispiel des Straßenverkehrs lassen sich die Notwendigkeit von Regeln sowie die Rolle des wissenschaftlichen Wissens bei ihrer Ausgestaltung verdeutlichen. Als Teilnehmer am Straßenverkehr haben wir fast immer unterschiedliche Ziele und bevorzugen verschiedene Fortbewegungsmittel. Aber die Existenz von Regeln *und* ihre Durchsetzung ermöglichen es, dass Menschen ihre jeweils verschiedenen Ziele ohne besonderen Aufwand ansteuern und auch erreichen können – eine Voraussetzung, die sie vernünftigerweise akzeptieren müssen, *wenn* sie an ihren Zielen interessiert sind. Und sollten wir feststellen, dass die Regeln nicht zum gewünschten Ergebnis führen – etwa weil sich bestimmte Unfallschwerpunkte herausbilden –, so moralisieren wir nicht, sondern *erforschen* die Ursachen (etwa in der Verkehrspsychologie) und richten das lokal geltende Regelsystem an diesen Erkenntnissen aus. So entsteht aus Hobbesianischer Perspektive mit der Einführung und schrittweisen Verbesserung von Regeln erst die *Freiheit* aller Menschen, ihre individuellen Ziele anzusteuern.

2.3. Der Mensch im Naturzustand

Für eine Friedenswissenschaft im Sinne von Hobbes taucht nun die interessante Frage auf, wieso es überhaupt zu Bürgerkriegen, allgemein: zu nicht funktionierenden Gemeinschaften und Organisationen kommen kann. Die Hauptantwort ist: Weil die Regeln, nach denen man in der jeweiligen Organisation oder im Staat insgesamt handelt, unzweckmäßig zugeschnitten sind. Was das bedeutet, wollen wir jetzt untersuchen.

---

17 Vgl. dazu Kersting (1992), S. 42.

Wir wollen dabei einer Methode folgen, die Hobbes von den naturwissenschaftlichen Denkern des 17. Jahrhunderts übernahm: der *resolutiv-kompositiven Methode*. Wie analysiert man im Sinne dieser Methode eine Sache? Indem man sie zunächst auseinandernimmt, „auflöst", und dann Stück für Stück wieder zusammensetzt, „kom-poniert". Ein Verständnis für Gesellschaft gewinnen wir also nach dieser Methode dadurch, dass wir die Gesellschaft im Gedankenexperiment (!) so lange teilen und auseinandernehmen, bis wir bei dem Un-teilbaren, dem In-dividuum, angelangt sind, und uns dann überlegen, wie und unter welchen Bedingungen sich die Teile wieder zusammenfügen lassen. Ein solches Vorhaben wäre in historisch früherer Zeit sowohl undenkbar als auch unnötig gewesen: Wie eine Gesellschaft funktioniert, wird nach Aristoteles nicht durch das (Gedanken-) Experiment entschieden, sondern durch die Reflexion auf die Grundlagen des Seienden und auf die Kosmische Ordnung, von der die Gesellschaft nur ein Teil ist und deren Gesetzen sie sich fügen muss. Und seine biologischen Modellvorstellungen ließen es vollends zweifelhaft erscheinen, dass wir die resolutiv-kompositive Methode überhaupt auf Mensch und Gesellschaft mit Aussicht auf Erfolg anwenden können: Der Organismus ist schließlich eine *Einheit*, der es nicht gut bekommen würde, „auseinandergenommen" und dann wieder „zusammengesetzt" zu werden.

Die *Vertragstheorie*, die Hobbes als erster neuzeitlicher Philosoph sachangemessen begründete, ist nun gewissermaßen der *kompositive* Teil seiner Gesellschaftstheorie; sie untersucht, unter welchen Bedingungen sich unsere eigeninteressierten Individuen wieder zu einer Gesellschaft zusammenfügen lassen. Seine *Anthropologie* dagegen ist der *resolutive* Teil der Hobbesschen Analyse: Sie sieht von allem Gesellschaftlichen ab und untersucht das Individuum als solches. Das wollen wir jetzt tun.

Hobbes schockte seine Zeitgenossen durch eine radikale These: Der Mensch ist ein Automat, eine Maschine:

> „Die *Natur* [...] wird durch die *Kunst* des Menschen wie in vielen anderen Dingen so auch darin nachgeahmt, dass sie ein künstliches Tier herstellen kann. Denn da das Leben nur eine Bewegung der Glieder ist, die innerhalb eines besonders wichtigen Teils beginnt – warum sollten wir dann nicht sagen, alle *Automaten* (Maschinen, die sich selbst durch Federn und Räder bewegen, wie eine Uhr) hätten ein künstliches Leben? Denn was ist das *Herz*, wenn nicht eine *Feder*, was sind die *Nerven*, wenn nicht viele *Stränge*, und was die *Gelenke*, wenn nicht

viele *Räder*, die den ganzen Körper so in Bewegung setzen, wie es vom Künstler beabsichtigt wurde?"[18]

Diese Auffassung vom „Menschen als Maschine"[19] stellt nicht nur eine gewaltige Distanzierungsleistung von alltäglichen Vorstellungen dar; schließlich empfinden wir uns durchaus als „frei", Dinge zu tun oder nicht zu tun. Für das Hobbessche Forschungsprogramm ist dies jedoch eine kontrafaktische Annahme: Seine Friedenswissenschaft ist eben eine Friedens*wissenschaft*, die bereits aus methodologischen Gründen davon ausgehen muss, dass wir nicht frei, sondern determiniert sind.[20] Mehr noch: Wenn wir nicht davon ausgehen könnten, dass Menschen auf erklärbare und daher auch voraussehbare Weise auf die Veränderung der Randbedingungen ihres Handelns reagieren, wäre eine rationale, also zielführende Umgestaltung von Regeln und Gesetzen nicht möglich.[21]

Betrachten wir nun den Fall, dass Menschen unter Bedingungen agieren, in denen sie sich auf die Kooperation und Vertragstreue ihrer Mitmenschen *nicht* verlassen können. Dieser von Hobbes so genannte „Naturzustand" ist durch folgende Eigenschaften gekennzeichnet:

1. *Der Naturzustand ist vorrechtlich.* Im Naturzustand haben die Individuen weder Rechte noch Pflichten gegeneinander. Jeder ist sich selbst der Nächste und versucht, mit Hilfe seiner strategisch eingesetzten Vernunft möglichst viel von den knappen Ressourcen, die sich ihm bieten, zu ergattern – wenn nötig, mit Gewalt. Die Schwächeren werden in diesem Kampf unterliegen, die Stärkeren sich durchsetzen. Ein reales System, das diese Bedingungen des Hobbesschen Modells des Naturzustandes erfüllt, wären heutzutage die *failed states*, die „gescheiterten Staaten", in denen es nicht möglich ist, im *Innern* ein staatliches Gewaltmonopol durchzusetzen.[22] Auch das internationale Staatensystem kann hier genannt werden: Die völkerrechtliche Domestizierung staatlichen Handelns nach *außen* macht erst nach 1945 ernsthafte Fortschritte.

---

18 Hobbes (1951/1992), S. 5. Hv. im Original.
19 Erst hundert Jahre später wagte ein anderer Autor eine ebenso radikale These. Vgl. dazu de la Mettrie (1748/1985).
20 Jede Wissenschaft setzt bereits *methodisch* voraus, dass es für alle Dinge und Vorgänge Ursachen gibt, die man erforschen kann. Ob man sie dann findet oder überhaupt finden kann, ist eine andere Sache.
21 Vgl. dazu Buchanan (1984).
22 Zum Problem, ob man zu diesem Zweck in Bürgerkriegsstaaten „humanitär intervenieren" sollte, vgl. Ignatieff (2003). Man beachte, dass man in *jedem* Sozialverband vor dem Problem stehen kann, ob Regeln sowohl wirksam als auch moralisch vertretbar *von außen* implementiert werden können. Vgl. dazu unten, S. 14.

2. *Menschen sind grundsätzlich eigeninteressiert.* Im Naturzustand gibt es daher im Gegensatz zur aristotelischen Auffassung keine natürlichen Vergesellschaftungsressourcen: Menschen schließen sich *nicht* spontan zu sozialen Verbänden zusammen, sondern kooperieren nur, wenn sie sich davon einen Vorteil versprechen. Man könnte hier fragen, ob hier nicht bereits die Soziobiologie[23] Widerspruch anzumelden hätte: Nach ihrer Auffassung sind wir nicht an uns selbst, sondern an unseren Genen, damit also auch am Wohlergehen unserer Kinder und Verwandten interessiert. Aber dieser Hinweis auf genetisch abgestufte Solidarität ändert nichts am grundsätzlichen Dilemma des Naturzustandes: Statt Individuen konkurrieren nun eben Familien oder höchstens kleine Stammesgemeinschaften um Macht, Einfluss und Ressourcen. Im Übrigen könnte Hobbes den Soziobiologen erwidern, dass auch *innerhalb* dieser Gemeinschaften ein Kampf aller gegen alle toben würde, wenn es in ihnen keine Domestizierung der Individuen durch Herrschaft gäbe.[24]

3. *Menschen konkurrieren unter Knappheitsbedingungen.* Sowohl die Güter selbst als auch die Mittel, mit denen man Güter erwerben kann, sind knapp. Das bedeutet: Konkurrenten im Naturzustand sind prinzipiell gewaltbereit. Diese allgemeine Knappheitsbedingung sowie die Furcht vor der Gewalt der Anderen erzeugen notwendig Konflikte.

4. Weil das so ist und weil Ressourcenkonflikte voraussehbar sind, entwickeln Menschen im Naturzustand *Strategien,* um sich vor dem Eintreten oder wenigstens vor den Folgen solcher Konflikte zu schützen.[25] Selbst als friedfertiger Mensch ist man hier bald gezwungen, gegen Andere Verteidigungsmittel zu mobilisieren, denn nicht alle Menschen sind friedfertig. Hobbes schreibt:

> „Auch weil es einige gibt, denen es Vergnügen bereitet, sich an ihrer Macht zu weiden, indem sie auf Eroberungen ausgehen, die sie über das zu ihrer Sicherheit erforderliche Maß hinaustreiben, könnten andere, die an sich gerne innerhalb bescheidener Grenzen ein behagliches Leben führen würden, sich durch bloße Verteidigung unmöglich lange halten, wenn sie nicht durch Angriff ihre

---

23 Vgl. dazu etwa Voland (2000), S. 279 f.
24 Aus soziobiologischer Perspektive beginnt der Kampf der Individuen gegeneinander bereits im Mutterleib: Auch Mutter und Kind kämpfen um Ressourcen, und die Interessen der beteiligten Organismen sind durchaus nicht völlig kongruent. Vgl. dazu Hrdy (2009) und die dort angegebene Literatur.
25 Wolfgang Kersting (1992, S. 106) kommentiert: „Vor dem Hintergrund des Naturzustandes wird dieser berühmte Ausspruch des Thomas Hobbes verständlich. Hier ist nicht die Rede von der irrational-wölfischen Triebnatur einer obsessiven Machtgier, sondern von den Vorbeugungsstrategien der instrumentellen Vernunft, von dem gewaltbereiten offensiven Misstrauen."

Macht vermehrten. Und da folglich eine solche Vermehrung der Herrschaft über Menschen zur Selbsterhaltung eines Menschen notwendig ist, muss sie ihm erlaubt werden."[26]

5. Die fünfte und entscheidende Bedingung, die den Naturzustand charakterisiert, ist nun die von der *Gleichheit der Menschen*. Sie ist für das kontraktualistische Argument eine ungemein wichtige Voraussetzung. Denn wenn Menschen gleich sind, gibt es eine „Bedrohungssymmetrie"[27]: Mein Nachbar könnte zwar mich töten, aber ich auch ihn. Zwar bildet sich im Naturzustand ein asymmetrisches Gleichgewicht heraus, einfach aufgrund der Tatsache, dass manche Menschen stärker oder intelligenter sind als andere. Aber dennoch haben auch die Unterlegenen immer ein Drohpotential gegenüber dem Stärkeren, zumal sie mit Schwächeren koalieren oder Hinterhalte legen können. Der Naturzustand lässt sich daher *dauerhaft* nur überwinden, wenn wir *jeden* Menschen fragen, ob er einem bestimmen Arrangement, also bestimmten Regeln zustimmen kann: *Zwischen Ungleichen gibt es nur Diktate, aber keine Verträge.* Die Annahme der Gleichheit aller Menschen ist also eine *logische* Vorbedingung dafür, dass wir von einem Vertrag sprechen können, und eine *sachliche* Vorbedingung dafür, dass ein Vertrag geschlossen werden wird.

Dieses von Hobbes aus der nüchternen Beobachtung seiner politischen Gegenwart gewonnene Menschenbild hat aber nicht nur gesellschaftstheoretische,[28] sondern auch höchst wichtige moralphilosophische Folgen. Machen wir uns das an folgendem Beispiel klar. Wenn jemand sagt: „Dieser Mensch handelt moralisch verwerflich", dann würde Hobbes das etwa so übersetzen: „Hier gibt es eine Person x, die die Handlungsweise der Person y nicht billigt." Über die „moralische" Qualität dieses Vorwurfs kann man sich nach Hobbes wissenschaftlich nicht seriös äußern; man kann höchstens zu *erklären* versuchen, warum dieses Urteil oder die betreffende Handlung zustande kam, und man kann anschließend überlegen, wie der sich hier abzeichnende Konflikt im Lichte unserer Erkenntnisse gelöst werden kann. In eine moderne Sprache übersetzt müssten wir also auf einen „moralischen" Vorwurf so reagieren: „Hier gibt es offenbar Meinungsverschiedenheiten darüber, wie (andere) Menschen sich verhalten sollten. Beachte die hier deutlich werdende Konfliktursache bei der Konstruktion der Grundsätze, nach denen du deine Gesellschaft zusammenfügen willst!" „Gut" und „bö-

---

26 Hobbes (1651/1992), S. 95.
27 Kersting (1992), S. 110.
28 Zu den grundsätzlichen Fragen vgl. Buchanan (1975/1984) und Brennan und Buchanan (1985/1993).

se" sind für Hobbes daher keine absoluten, sondern relative Qualitäten: Es gibt Menschen, die bestimmte Dinge oder Handlungen mögen oder nicht mögen; also *bezeichnen* sie sie als „gut" oder „schlecht". Bestimmte Handlungen oder Dinge *sind* also nicht einfach gut oder schlecht, sondern die *Einstellung* der Menschen zu diesen Handlungen und Objekten ist durch Aversion oder Appetenz, durch Abneigung und Zuneigung gekennzeichnet. Kurz: Für Hobbes gibt es „[...] keine allgemeine Regel für Gut und Böse, die aus dem Wesen der Objekte selbst entnommen werden kann".[29] Was wie eine allgemeingültige Regel aussieht, ist allenfalls eine Übereinstimmung menschlicher Interessen aus kontingenten Gründen. Da beispielsweise (fast) jeder ein Interesse an seiner Selbsterhaltung hat, sind daher auch (fast) alle Menschen an Regeln interessiert, die dieses Ziel fördern – sogar diejenigen, die diese Regeln brechen.[30]

2.4. Der Mensch im gesellschaftlichen Zustand

Gehen wir jetzt zum nächsten, dem *kompositiven* Schritt über: zur Konstruktion der Gesellschaft (oder einer Organisation oder Institution) aus den strategisch Denkenden und Handelnden und (vorsichtshalber!) Macht maximierenden Individuen. Erinnern wir uns: Das Individuum wird von Hobbes *gedacht* (!) als ein Wesen, das vom Baumeister der Natur kunstvoll aus „Atomen in Bewegung" zusammengesetzt wurde und das zuallererst an seiner eigenen Selbsterhaltung interessiert ist. Das gleiche gilt auch für den nun entstehenden Staat, den *Leviathan*: Der kunstvolle Bau der Gesellschaft lässt ein Wesen entstehen, das auf internationaler Ebene seinerseits als eigeninteressierter Akteur auftritt:

> „Die *Kunst* geht noch weiter, indem sie auch jenes vernünftige hervorragendste Werk der Natur nachahmt, den *Menschen*. Denn durch Kunst wird jener große *Leviathan* geschaffen, genannt *Gemeinwesen*, oder Staat, auf lateinisch *civitas*, der nichts anderes ist als ein künstlicher Mensch, wenn auch von größerer Gestalt und Stärke als der natürliche, zu dessen Schutz und Verteidigung er ersonnen wurde."[31]

---

29 Vgl. dazu Hobbes (1651/1992), S. 6 und S. 41 und Kersting (1992), S. 68.
30 Ein eigeninteressierter Akteur steht sich bekanntlich dann am besten, wenn alle anderen sich an bestimmte Regeln halten, er selbst aber von ihrer Übertretung profitieren kann. Zu diesem Trittbrettfahrer-Problem vgl. Weede (1992), Kap. 11; zu den Mechanismen seiner Überwindung Ostrom (1990/1999).
31 Hobbes (1651/1992), S. 5.

Wenn Hobbes nun den Leviathan konstruiert, dann erzählt er keine *Geschichte* von der Entstehung des Staates. Vielmehr geht es ihm um eine theoretische *Konstruktion*, mit deren Hilfe er zum einen das in Gesellschaften Beobachtbare erklären will und zum zweiten die Schwierigkeiten lokalisieren will, bei denen man beim Bau einer stabilen Gesellschaft stößt. Das Gerüst dieser Erzählung bildet daher das *kontraktualistische Argument*.[32] Vertragstheorien behaupten nicht, dass alle Menschen einen Vertrag unterschrieben oder ihm wenigstens „nachträglich zugestimmt" hätten. Vertragstheorien sind vielmehr eine legitimationstheoretische (Re-)Konstruktion mit erklärendem Anspruch. Sie dienen dazu, Hypothesen darüber aufzustellen, warum Menschen nicht kooperieren,[33] und sie wollen zeigen, unter welchen Bedingungen Herrschaft legitim ist. Wenn man nun zeigen kann, dass ein bestimmter Vertrag im Interesse von jedermann ist, dann kann man wenigstens nach der Formel „volenti non fit injuria" = „dem Wollenden (Zustimmenden) geschieht kein Unrecht" die Legitimität einer Herrschaftsordnung aufweisen und damit auch ihre Stabilität erklären.

Wie und warum treten die Individuen nun per Vertrag aus dem Naturzustand heraus? Gewiss – es wäre für jeden wünschenswert, wenn jeder andere auf seine ihm im Naturzustand bisher zugewachsenen Machtoptionen freiwillig verzichtete und zwanglos mit Anderen kooperierte: Winkt da nicht für alle eine „Friedensdividende", also der Fortfall der Notwendigkeit, unabsehbar viele Mitteln für die eigene Existenz aufzuwenden? Gewiss – aber dieser Nutzen ergäbe sich nicht, solange auch nur einer oder wenige *nicht* kooperierten – in der Sprache der Spieltheorie ausgedrückt: wenn einer oder einige Teilnehmer „defektierten".[34] Warum sollte dann ausgerechnet *ich* meine im Naturzustand erworbenen Handlungsoptionen aufgeben, wenn nicht alle anderen es auch tun? Der Ausgang aus dem Naturzustand ist also *dilemmatisch strukturiert*: Zwar würden alle von einer Kooperation ausnahmslos aller profitieren, aber die Anreize für den Einzelnen dafür sind so lange gering, wie es keine Instanz gibt, welche die für alle vorteilhaften Regeln auch durchsetzt.

---

32 Dieses vertragstheoretische Argument gehört zu den ältesten Traditionsbestandteilen der politischen Philosophie: „Es gehörte [schon] zu den fundamentalen Überzeugungen der griechischen Aufklärung, dass die Vergesellschaftung der Menschen und die Errichtung einer gesetzlichen Ordnung auf Vertrag und Übereinkunft zurückgeführt werden müssen und die menschliche Gemeinschaft in ihrer Struktur wie in ihrer Zielsetzung durch diesen konventionellen Konstitutionsakt geprägt sei." (Kersting 1992, S. 99) Hobbes liefert aber als erster eine ausführliche Begründung.
33 Die theoriestrategische Bedeutung des kontraktualistischen Arguments wurde etwa von David Hume nicht bemerkt.
34 Vgl. dazu etwa Diekmann (2009), Kap. 6.

Der Ausgang aus dem Naturzustand ist also mit der Schwierigkeit der Gefangenen im Gefangenendilemma vergleichbar: Für *alle* wäre es vorteilhaft, wenn man sicher sein könnte, dass andere nicht defektieren. Aber solange man nicht sicher ist, wäre es nach Hobbesschen Prämissen *unvernünftig* (!), seine Handlungsoptionen aufzugeben, denn erst wenn man wirklich sicher sein kann, dass andere nicht straflos defektieren, ist Kooperation nicht Leichtsinn. Kurz: In einer Situation, in der man nicht sicherstellen kann, dass auch andere auf ihre unbeschränkten Handlungsoptionen verzichten, ist Kooperation irrational.

Es ist eine nicht selten übersehene Eigenschaft des Gefangenendilemmas, dass die Bedingungen, unter denen die Gefangenen handeln, *gesetzt* werden: Die Justiz setzt fest, unter welchen Umständen die Gefangenen ihre Aussagen machen müssen. Sie *könnte* die Bedingungen auch so setzen, dass die Kooperation erleichtert wird, etwa indem sie die Kronzeugenregelung abschafft. Ohne die Kronzeugenregelung würden sich die Anreizstrukturen im Gefangenendilemma dramatisch zugunsten der Gefangenen verschieben: Jetzt kann nur noch verurteilt werden, wer gesteht – und dann würden beide vernünftigerweise (!) *nicht* gestehen. Aber natürlich stimmen die Interessen der Gefangenen und die Interessen der Justiz und der übrigen Gesellschaft in diesem Punkt nicht überein.

Aus diesem Beispiel geht hervor, was die Aufgabe des Leviathan (oder des Regelsetzers) ist: Er muss die Regeln etablieren und durchsetzen, die uns zur Kooperation bringen, genauer: Leviathan muss die Anreizstrukturen für individuelles Handeln so setzen, dass Kooperation nicht nur kollektiv wünschenswert, sondern auch *individuell lohnend* wird. Der Kampf aller gegen alle wird nur dann zu sozial erträglichen Umständen führen, wenn die Individuen bestimmte Handlungsbefugnisse, die sie sich im Naturzustand (vernünftigerweise!) einfach nehmen, aufgeben und dafür das durch den Leviathan überwachte (!) Versprechen aller anderen eintauschen, ebenfalls auf diese Handlungsoptionen zu verzichten. Ohne eine regeldurchsetzende Macht – das hat Hobbes als erster klar gesehen – würden wir niemals aus dem Naturzustand entkommen: Die dilemmatische Struktur der Kooperation unter Gleichgestellten machte eine dauerhafte Etablierung eines Friedenszustandes unmöglich:

„Wird ein Vertrag abgeschlossen, bei dem keine der Parteien sofort erfüllt, sondern nur im gegenseitigen Vertrauen, so ist dieser Vertrag im reinen Naturzustand – also im Zustand des Kriegs eines jeden gegen jeden – bei jedem vernünftigen Verdacht unwirksam. Denn wer zuerst erfüllt, kann nicht sicher sein, dass der andere daraufhin erfüllen wird, da das Band der Worte viel zu

schwach ist, um den Ehrgeiz, die Habgier, den Zorn und die anderen menschlichen Leidenschaften ohne die Furcht vor einer Zwangsgewalt zu zügeln. [...]
In einem bürgerlichen Staat aber, wo eine Gewalt zu dem Zweck errichtet wurde, diejenigen zu zwingen, die andernfalls ihre Treuepflicht verletzen würden, ist eine solche Furcht nicht länger vernünftig, und deshalb ist derjenige, welcher auf Grund des Vertrages vorzuleisten hat, dazu verpflichtet."[35]

Es ist von besonderer Bedeutung, dass mehrere Eigenschaften des Naturzustandes[36] durch den Übergang in den gesellschaftlichen Zustand *nicht* aufgehoben werden. Auch im gesellschaftlichen Zustand sind Menschen eigeninteressiert; sie haben nur gelernt, diese Verhaltensneigung im Interesse eines besseren kollektiven Lebens *in Dienst* zu nehmen.[37] Auch im gesellschaftlichen Zustand leben wir unter der universellen Knappheitsbedingung und benötigen daher konsensfähige Mechanismen zur Zuweisung knapper Güter. Und auch im gesellschaftlichen Zustand suchen wir nach Strategien, um bestehende Regelungen zu unseren Gunsten auszunutzen oder zu umgehen: Trittbrettfahrer sind überall.

Hobbes hat uns mit seiner Figur des Leviathan eine höchst eindrückliche Illustration eines doppelten politischen Problems geliefert, das genau genommen immer noch nicht befriedigend gelöst ist: Zum einen das Problem, welche Regeln in welchen institutionellen Kontexten Frieden schaffend *wirken*, und zum anderen, wie und durch wen diese Regeln auch *durchgesetzt* werden können, ohne dass diese Instanz ihre Macht plötzlich gegen uns wendet.[38] Dennoch scheint es keinen anderen Weg zu geben als den, dass Menschen sich friedlich auf die Regeln einigen, nach denen sie leben wollen, und dass sie Instanzen und Institutionen schaffen, die diesen Regeln Nachdruck verleihen. Denn das ist die Idee, die hinter dem Leviathan steht: Er ist keine Unterdrückungsmaschine, sondern repräsentiert die Gesamtheit der Regeln, auf die sich alle einigen können, und er ist gleichzeitig die Instanz, die wir mit der notwendigen Macht ausstatten, diese Regeln in unser aller Interesse auch durchzusetzen. Alle Menschen gewinnen durch die Existenz dieser Regeln Freiheitsgrade des Handelns, die sie ohne den Leviathan nicht besäßen. Kurz: Erst Regeln und ihre Beachtung schaffen Freiheit – das ist die Lektion, die wir von Hobbes lernen können.[39]

---

35 Hobbes (1651/1992), S. 104 f.
36 Vgl. Kap. 2.3 Der Mensch im Naturzustand
37 Etwa durch die Schaffung von Positionsgütern und durch die Freisetzung von Marktkräften, die nach der berühmten Formulierung Adam Smiths es nicht vom *Wohlwollen* des Bäckers abhängig machen, dass er uns mit Brötchen versorgt.
38 Vgl. dazu siehe Fußnote 16.
39 Vgl. dazu etwa Buchanan (1977) und (1975/1984) sowie Homann und Pies (1993).

3. Pädagogisches Handeln und der Leviathan

Der Hobbesianische Ansatz erlaubt zahlreiche Folgerungen auch für die Planung und Analyse pädagogischer Institutionen.[40] Auch in Schulen und Schulklassen müssen die pädagogisch Verantwortlichen Anreizbedingungen für die Schüler setzen – etwa durch explizite (Schulordnung und Klassenregeln) und implizite Regeln (Reaktions- und Handlungsgewohnheiten). Das kritische und analytische Durchdenken solcher Anreizbedingungen hat ein doppeltes Ziel. Das erste ergibt sich aus dem Hobbesschen Individualismus, für den Organisationen und Institutionen für das einzelne Individuum nur in dem Maße an Legitimität gewinnen, wie dessen eigene Interessen Berücksichtigung finden. Daraus folgt bereits die Forderung nach der *Individualisierung pädagogischer Prozesse*: Es geht um das einzelne Kind, das in seiner Eigenart gefördert werden will (!) und daher (!) soll. Zweitens geht es um die *Voraussetzungen*, die es jedem Kind auch in der Praxis ermöglichen, das erstgenannte Ziel auch zu erreichen – also um Regeln, Rituale zur Regeleinübung und Konfliktlösung sowie um den Aufbau der Fähigkeit, sich konzentriert auf individuell interessierende Sachzusammenhänge einzulassen. In diesem Sinne besteht kooperatives Verhalten unter Schülern darin, in der Lerngruppe eine Lernatmosphäre zu ermöglichen, in der jedes Kind seine *eigenen* Ziele verfolgen kann.

Die Individualisierung der Lernwege und die Schaffung ihrer Voraussetzungen (*soft skills*) sind nun nicht unabhängig voneinander. Die besondere Bedeutung der Individualisierung für die Anreizbedingungen schulischen Lernens lässt sich am Beispiel eines Störers im lehrerzentrierten Frontalunterricht und in der individualisierten Freiarbeit studieren, wie sie manche reformpädagogischen Ansätze empfehlen.[41] Zunächst stellt sich eine analytische Frage: *Warum* defektiert der Schüler? Erinnern wir uns: Nach Hobbesschen Prämissen helfen hier keine moralischen Erwägungen weiter, sondern nur Erklärungen. *Prima facie*[42] lautet eine entsprechende Antwort: Die Regel, nach der sich alle Schüler zu einem bestimmten Zeitpunkt einem bestimmten kognitiven Inhalt zu widmen haben, wird von dem Defektierer als nicht konsensfähig empfunden. Bevor man diesen Befund mit pädagogischem Paternalismus pariert, bedenke man folgenden Umstand: Liberale Gesellschaften gewähren ihren Mitgliedern auf immer mehr Gebieten

---

40 Heidrun Engel (Grundschule Ahrbergen) verdanke ich zahlreiche Anregungen für diesen Abschnitt.
41 Vgl. etwa Montessori (1972/2002); Petersen (1980).
42 Selbstverständlich können Störungen im Einzelfall auch andere als die im Folgenden genannten Ursachen haben.

des Lebens (Lebensstil, Mode, Wahl des Ehepartners oder des Arbeitsplatzes, Frisur, Meinung, Wohnort, Religion oder politische Betätigung) in wachsendem Maße Freiheiten. Können wir unter diesen Umständen ernsthaft erwarten, dass man *ohne einen individuell erkennbaren Nutzen* das Recht auch auf *kognitive* Selbstbestimmung systematisch aufzugeben bereit ist? Nein, wir können es nicht – und die wissenschaftlichen Beobachtungen zur „veränderten Kindheit"[43] zwingen dazu, für die Gestaltung der Regeln Konsequenzen zu ziehen. Aus Hobbesianischer Perspektive werden wir das Defektieren unseres Störers daher nüchtern als temporären und segmentären Rückfall in den Naturzustand werten müssen – nämlich als Aufforderung, *für diese Gruppe* erneut über Frieden schaffende Regeln nachzuverhandeln.[44]

Betrachten wir nun die Rückwirkungen von Störungen auf andere Schüler im Fall des lehrerzentrierten Frontalunterrichts. Wenn hier auch andere Schüler ihre Interessen nicht berücksichtigt sehen (und die Chance dafür stehen gut), werden sie Störungen durch andere als willkommene Ablenkung von einem ohnehin nicht gewollten Unterrichtsinhalt werten, so dass ihre Bereitschaft, sich für die Durchsetzung des Kollektivgutes „Ruhe" bzw. „Disziplin" einzusetzen, sinkt. In der Freiarbeit dagegen würden Störungen (sollten sie überhaupt auftreten) von allen als Einengung des *individuellen* Handlungsspielraumes und damit als Verstoß gegen die eigenen Interessen empfunden – und könnten dann mit dem Hinweis darauf, dass alle Ruhe brauchen, um ihre jeweils eigenen Ziele verfolgen zu können, sowohl legitim als auch wirksam unterbunden werden.

Es geht also darum, Anreizstrukturen schulischen Lernens so zu gestalten, dass sich kooperatives Verhalten im oben bestimmten Sinne lohnt. Die jeweiligen Anreizstrukturen unterscheiden sich natürlich – je nachdem, ob es sich um Kindergarten-, Hort-, Klassen- oder Schulgemeinschaften handelt.[45] Reformpädagogen wie Peter Petersen und Maria Montessori haben für die Erreichung dieser Ziele in ihren Einrichtungen wegweisende Innovationen implementiert – etwa die jahrgangsgemischte Gruppe[46] (in ihr wird nicht nur vom Lehrer, sondern auch von Älteren gelernt, die dem eigenen Vorstellungsvermögen näher stehen, und Ältere können zeigen, was sie schon können[47]) oder die Freiarbeit[48] (im

---

43 Vgl. dazu Cloer (1992).
44 Zur grundsätzlichen Problematik vgl. Buchanan (1975/1984).
45 Auch die Anreizbedingungen, unter denen die Schulverwaltung und die Schulpolitik arbeiten, wären natürlich eine kritische Analyse wert.
46 Vgl. dazu Montessori (1972/2002), S. 202-208.
47 Vgl. dazu Steenberg (1997), S. 11 und Montessori (1972/2002), S. 203.
48 Vgl. dazu Klein-Landeck (1998).

Rahmen dieser Ordnung, also im Rahmen einer „Vorbereiteten Umgebung", haben die Kinder die Freiheit, ihren eigenen Interessen zu folgen). Dem Reformpädagogen Peter Petersen war dieser Hobbesianische Zuschnitt des Problems überraschenderweise nicht fremd – sprach er doch vom „Gesetz der Gruppe", „nach dem nur das geschehen darf, »was alle gemeinsam wollen und was das Zusammenleben und die Schularbeit [...] allen in diesem Raume gewährleistet«".[49] Beide Reformpädagogen empfahlen daher eine Altersmischung mehrerer Jahrgänge – und zwar im Interesse sowohl der sozialen als auch der kognitiven Entwicklung der Kinder. In *Tabelle 1* (S. 15) sind diese Zusammenhänge noch einmal zusammengefasst.

Die Bedeutung jahrgangsgemischter Gruppen für das Lernen („die natürliche geistige Osmose")	Die Bedeutung jahrgangsgemischter Gruppen für die soziale Entwicklung (*soft skills*, „das Band des sozialen Lebens")
Altersmischung hilft dem jüngeren Kind, • in Alltagssituationen: Wo ist...? Zeig mal ..., • in Aufgaben hineinzuwachsen durch Mitmachen, • Interesse für Neues zu entwickeln (Motivation). Altersmischung hilft dem älteren Kind, • sein Wissen zu strukturieren, um es weiter zu geben, • sein Wissen zu wiederholen und zu festigen, • Wissenslücken und Unklarheiten zu bemerken, • weiter zu lernen, um besser vermitteln zu können,	Regeln/Umgangsformen werden vom jüngeren Kind • als bereits vorhanden und natürlich erlebt und oft übernommen (Lernen am Modell), • aus Rücksicht auf die Arbeit der größeren Kinder eingehalten (Anerkennung einer Rangordnung). Regeln/Umgangsformen werden von der Lehrkraft • zusammen mit den älteren Kindern vorgelebt und nicht angeordnet, • als Teil der Vorbereiteten Umgebung gestaltet. Regeln/Umgangsformen werden

---

[49] Vgl. dazu Petersen, Peter: Der Kleine Jena-Plan. Weinheim, Basel: Beltz 1980, 56.-60. Auflage, S.31; zitiert nach Klein-Landeck (1998), S. 141.

• einen klaren Umgang mit Sprache zu trainieren, • Selbstbewusstsein zu stärken.	vom älteren Kind • verantwortungsbewusst eingehalten
Altersmischung hilft der Lehrkraft • durch Entlastung in der Belehrerrolle, • durch Entlastung in Alltagssituationen.	Hilfestellung ist normal und für beide Partner nützlich. Verschiedenheit der Kinder fördert Toleranz und reduziert die Konkurrenz.

Tabelle 1: Gründe für die Jahrgangsmischung in der Montessori-Pädagogik[50]

Freiarbeit gewährt den Kindern *Freiheit*: Jedes einzelne Kind kann sich aus dem vorhandenen und angemessen vorstrukturierten Angebot seine Arbeit wählen. Das spontane Interesse des Kindes für bestimmte Inhalte fördert dabei seine Ausdauer und Konzentration: Montessori wählte in ihren Einrichtungen für die „Vorbereitete Umgebung" solche Materialien aus, die zugleich als „Schlüssel zur Welt" besonders bildungswirksam sind und gleichzeitig auch Konzentration und Ausdauer fördern. Gerade bei den frei gewählten Aufgaben beobachtete sie das Phänomen der „Polarisation der Aufmerksamkeit": Mit diesem Begriff umschrieb sie die weltvergessene Konzentration, in die ein Kind bei seiner freigewählten Arbeit besonders dann geraten kann, wenn diese seine geistige Entwicklung voranbringt. Und da alle Kinder ein übereinstimmendes Interesse daran haben, ihre selbst gewählte Arbeit ungestört durchführen zu können, liegen hier besonders günstige Anreizstrukturen für das Einüben gegenseitiger Rücksichtnahme vor – etwa bewusst leises Sprechen während der Freiarbeitszeiten in einem Klassenraum. Beide Reformpädagogen forderten außerdem, die Gruppenregeln für die Kinder einsichtig und nachvollziehbar zu formulieren. Aus dem universalistischen Ansatz von Hobbes folgt natürlich: Auch die Lehrperson ist an diese Regeln gebunden.

Freiarbeit und gemischte Gruppen sind also keine Ideologie oder pädagogische Marotte, sondern ein Instrument, um in Übereinstimmung mit Hobbes die Interessen des Individuums pädagogisch zur Geltung bringen zu können. Aber daraus folgt nicht, dass damit alle Konflikte gelöst werden können, die im Schulall-

---

50 Zu den Zitaten der Spaltentitel vgl. Montessori (1972/2002), S. 203.

tag auftreten. Man benötigt auch eine institutionelle Plattform, die es ermöglicht, Regeln nachzuverhandeln, wenn sie sich als unzweckmäßig erwiesen haben. Heute ist es daher immer mehr üblich, in Schulen, die demokratische Formen des Miteinanders leben und lernen wollen, einen *Klassenrat* und/oder einen Schülerrat regelmäßig tagen zu lassen und diesem Gremium auch nicht nur unwesentliche Entscheidungen zuzubilligen. Damit wird den Schülern deutlich: Die Regel durchsetzende Macht ist eben nicht nur die Lehrkraft oder die Schulleitung kraft ihrer Autorität, sondern jeder junge Mensch hat das Recht, sich an der Formulierung von Regeln zu beteiligen, in denen sich seine Interessen widerspiegeln – um den Preis, dass er dann diese Regeln auch einhalten muss: Rechte und Pflichten sind reziprok.

Die schulpolitische Entwicklung in Deutschland wird von den Schulen künftig mehr „Inklusion", also Integration von Lernbehinderten verlangen. Der „Index für Inklusion" von Tony Booth und Mel Ainscow[51] hilft Schulen mit dem Ziel, „Schulen der Vielfalt" zu werden. Dazu brauchen wir nach Meinung der Autoren inklusive *Kulturen* (in denen man andere wegen Fehlleistungen nicht beschämt), inklusive *Strukturen* (jahrgangsgemischte Klassen) und inklusive *Praktiken* (Freiarbeit), die mehr selbstorganisiertes Lernen und gegenseitige Unterstützung verlangen und fördern. Diese neuen Organisationsformen müssen mit Blick auf die Reformpädagogik zwar nicht neu erfunden, aber bezüglich ihrer Anreizstrukturen erst gründlich durchdacht werden, ehe man sie in den normalen Schulalltag implementiert. Aber es ist ein bemerkenswerter Befund, dass die reformpädagogischen Ansätze nicht nur mit den neuen Forderungen nach Inklusion kompatibel sind, sondern schon dem Hobbesianischen Programm einer Ordnung der Freiheit entsprechen. Die Möglichkeit, durch ständige Optimierung der Anreizstrukturen zur Selbsterziehung der Kinder und der Schulgemeinschaft zu gelangen, statt als Pädagoge immer alles selbst tun zu müssen, ist daher eine besondere Chance, die man sich schon aus eigenem Interesse (!) nicht entgehen lassen sollte.

---

51 Vgl. dazu etwa Booth und Ainscow (2003).

Literatur

Aristoteles: Philosophische Schriften. Band 4: Politik. Übs. von Eugen Rolfes. Darmstadt: Wissenschaftliche Buchgesellschaft 1995.

Bermbach, Udo / Kodalle, Klaus-M. (Hrsg., 1982): Furcht und Freiheit. Leviathan-Diskussion 300 Jahre nach Thomas Hobbes. Opladen: Westdeutscher Verlag.

Boban, Ines / Hinz, Andreas (2009): Der Index für Inklusion. Lernen und Teilhabe in der Schule der Vielfalt entwickeln. In: Sozial Extra, Heft 9/10, S. 12-16.

Booth, Tony / Ainscow, Mel (2003): Index für Inklusion. Lernen und Teilhabe in der Schule der Vielfalt entwickeln. Arbeitspapier Martin-Luther-Universität Halle-Wittenberg, Fachbereich Erziehungswissenschaften. http://www.eenet.org.uk/resources/docs/Index%20German.pdf

Brennan, Geoffrey / Buchanan, James M. (1985/1993): The Reason of Rules. Constitutional Political Economy Deutsch: Die Begründung von Regeln. Tübingen: Mohr (Siebeck).

Buchanan, James M. (1977): Freedom in Constitutional Contract. College Station und London: Texas A&M University Press.

Buchanan, James M. (1975/1984): Die Grenzen der Freiheit. Zwischen Anarchie und Leviathan. Tübingen: Mohr (Siebeck).

Cloer, Ernst (1992): Veränderte Kindheitsbedingungen – Wandel der Kinderkultur. Aufgaben und Perspektiven für die Grundschule als Basis der Bildungslaufbahn. In: Die Deutsche Schule, Heft 1, S. 10-27.

Diekmann, Andreas (2009): Spieltheorie. Einführung, Beispiele, Experimente. Reinbek bei Hamburg: Rowohlt.

Erlei, Matthias / Leschke, Martin / Sauerland, Dirk (1999): Neue Institutionenökonomik. Stuttgart: Schäffer-Poeschel.

Frey, Bruno S. (1990): Ökonomie ist Sozialwissenschaft. Die Anwendung der Ökonomie auf neue Gebiete. München: Vahlen.

Hegel, Georg W. F. (1821/1995): Grundlinien der Philosophie des Rechts. Hrsg. von Johannes Hoffmeister. Hamburg: Meiner.

Hobbes, Thomas (1642/1994): Vom Bürger. In: Elemente der Philosophie II-III. Hrsg. von Günter Gawlick. Hamburg: Meiner, S. 57-327.

---- (1651/1992): Leviathan. Oder: Stoff, Form und Gewalt eines kirchlichen und bürgerlichen Staates. Hrsg. und eingeleitet von Iring Fetscher. Frankfurt am Main: Suhrkamp. 5. Auflage.

Homann, Karl / Pies, Ingo (1993): Liberalismus: kollektive Entwicklung individueller Freiheit – Zu Programm und Methode einer liberalen Gesellschaftstheorie. In: Homo oeconomicus X (1993), Heft 3/4, S. 297-347.

Hrdy, Sarah (2009): Was will Mutter Natur? (ZEIT-Gespräch). In: ZEIT-Magazin 48 (2009), 19.11., S. 35-38.

Hume, David (1740/1978): Ein Traktat über die menschliche Natur. Zweites und drittes Buch. Übersetzt von Theodor Lipps. Hamburg: Meiner.

Kersting, Wolfgang (1992): Thomas Hobbes zur Einführung. Hamburg: Junius.

Klein-Landeck, Michael (1998): Freie Arbeit bei Maria Montessori und Peter Petersen. Münster: LIT-Verlag.

Kobusch, Theo (1976): Art. „Individuum, Individualität". In: Joachim Ritter et al. (Hrsg.): Historisches Wörterbuch der Philosophie. Band 4. Basel: Schwabe, S. 300-304.

Lehner, Franz (1981): Einführung in die Neue Politische Ökonomie. Königstein/Ts: Athenäum.

Mettrie, Julien Offray de la (1748/1985): Der Mensch als Maschine. Nürnberg: LSR-Verlag.

Montessori, Maria (1972/2002): Das kreative Kind. Der absorbierende Geist. Freiburg: Herder.

Ostrom, Elinor: (1990/1999): Die Verfassung der Allmende. Jenseits von Staat und Markt. Tübingen: Mohr Siebeck.

Steenberg, Ulrich (1997): Handlexikon zur Montessori-Pädagogik. Ulm: Kinders-Verlag.

Stöver, Hans Dieter (1976): Die Römer. Taktiker der Macht. Düsseldorf, Wien: Econ.

Voland, Eckart (2000): Grundriss der Soziobiologie. 2., vollständig überarbeitete und erweiterte Auflage. Heidelberg, Berlin: Spektrum Akademischer Verlag.

Weede, Erich (1992): Mensch und Gesellschaft. Soziologie aus der Perspektive des methodologischen Individualismus. Tübingen: Mohr (Siebeck).

Willms, Bernhard (1987): Thomas Hobbes. Das Reich des Leviathan. München: Piper.

Vom Wissen zum Handeln in der Schule

07 Alexander Steinhagen

Kreativität als grundlegendes Soft-Skill im schulischen Bildungsprozess – zur Unabdingbarkeit dieser Leistungsdisposition für handlungskompetente Schüler

Mit dem grundlegenden Soft-Skill *„Kreativität"* will sich dieser Beitrag in Folge und im Speziellen auseinandersetzen. Wie können Schule und Unterricht kreative Auseinandersetzungs- und Problemlösungsprozesse bei Schülern fördern, damit einen signifikanten Beitrag zum Erwerb individueller Handlungskompetenz leisten und somit junge Menschen auch erfolgreich auf die Anforderungen in unserer postindustriellen Gesellschaft (I.) vorbereiten? Dazu werden im folgenden Text zunächst die Facetten eines handlungskompetenten Schülers präsentiert (II.), ehe im Anschluss auf das Soft-Skill Kreativität (III.) und dessen Förderungsmöglichkeiten im schulischen Unterricht (IV.) beispielhaft eingegangen wird. Den Abschluss dieses Beitrages bildet der Versuch, eine Synthese von Soft- und Hard-Skills im Bildungsprozess (V.) zu präsentieren. Dabei wird dann die Unverzichtbarkeit beider Bereiche für einen individuell handlungskompetenten Schüler skizziert.

Gliederung:

I. Paradigmen der postindustriellen Gesellschaft – vom Zwang, Soft-Skills im Schulalltag zu vermitteln
II. Der handlungskompetente Schüler – eine zentrale Zielstellung des schulischen Bildungsprozesses
III. Kreativität als Soft-Skill – das die Methoden- und Selbstkompetenz der Schüler stärkt
IV. Kreativitätsförderung im Unterricht – Techniken und Methoden kennen lernen
V. Zur Dialektik von Soft- und Hard-Skills im Bildungsprozess – der Versuch einer Synthese

Vorab werden nun zunächst zentrale Begriffe dieses Beitrages dem Leser vorgestellt, da diese für das Verständnis des Folgenden unverzichtbar sind.

Unter *„Hard-Skills"* sind Fachkompetenzen zu verstehen. Sie werden mittels Addition von Ausbildung erworben und qualifizieren für die Ausübung eines spezifischen Berufes.

„Soft-Skills", hingegen sind nicht-fachliche Fähigkeiten beziehungsweise Aspekte der Persönlichkeitsentwicklung. Dabei handelt es sich um relativ lang verwertbare Fähigkeiten und Fertigkeiten, die funktions- und berufsübergreifend einsetzbar sind (zum Beispiel Toleranz, Organisationstalent, Team- oder Kritikfähigkeit). Soft-Skills sind auch für den Erwerb neuer Kompetenzen unabdingbar. Mittlerweile wird auf insgesamt über 600 unterschiedliche Soft-Skills verwiesen.[1]

Paradigmen der postindustriellen Gesellschaft – vom Zwang, Soft-Skills im Schulalltag zu beachten

Grob vereinfacht steht Deutschland zu Beginn des 21. Jahrhunderts vor drei zentralen Herausforderungen:

- weltweite Waren-, Kapital- und Arbeitsmärkte entstehen (Stichwort: Globalisierung),
- Informations- und Kommunikationstechnologien unterliegen dabei einem stetigen Revolutionierungsprozess (Stichwort: Digitalisierung) und
- wissensintensive Dienste werden zum Motor der gesellschaftlichen Entwicklung. Zukünftig wird der Wohlstand einer Gesellschaft weniger aus Rohstoffen oder Massenprodukten erwirtschaftet, sondern vermehrt aus *„Know-How"* und intellektuellen Fähigkeiten ihrer Mitglieder. Bildung und Gebildete werden zum maßgebenden Kapital jeder Gesellschaft (Stichwort: Übergang zur Wissensgesellschaft).[2]

Alle Konsequenzen dieser gesellschaftlichen Megatrends aufzuzählen, würde wohl ganze Bücher füllen und damit natürlich den Rahmen dieses Beitrages sprengen. Daher können hier nur zentrale Punkte präsentiert werden, die beispielhaft die Auswirkungen dieser Paradigmen auf die Lebens- und spätere Arbeitswelt derzeitiger Schüler zeigen.

---

1 vgl. Scholz, 2009, S. 2 & Lehmann/Nieke, 2000, S. 1.
2 vgl. Braun, 2007, S. 123 ff.

Zunächst ist, aus vorrangig ökonomischer Perspektive, an dieser Stelle der zunehmende Wettbewerbsdruck in der Wirtschaft zu nennen. Die Konkurrenz zwischen Unternehmen, Standorten und Institutionen wird zunehmen. Ebenso spricht BRAUN (2007) von einer neuen „*internationalen Hierarchie von Wissens- und Wirtschaftsräumen*"[3]. Innerhalb der Weltgesellschaft stehen dabei sogenannte „*Science Cities*" als globale Zentren von Wissenschaft, Forschung, innovativen Milieus sowie Kultur und Kreativität (zum Beispiel New York) an der Spitze. Am unteren Ende dieser internationalen Hierarchie befinden sich agrarisch geprägte und altindustrielle „*Abstiegsregionen*" (zum Beispiel Nord-Portugal). Sie kennzeichnen niedriges Einkommen, hohe Arbeitslosigkeit und anhaltende Abwanderung. Zusätzlich verschärft sich der Wettbewerb um „*kreative Köpfe*". Die Konkurrenz im „*Kampf*" um hochqualifizierte und innovative Mitarbeiter wird den Wettbewerb zwischen Regionen zukünftig entscheidend determinieren.[4]

Hochqualifiziert und innovativ bedeutet, dass neben exzellentem Fachwissen auch zentrale Eigenschaften wie Teamfähigkeit, Motiviertheit, kreative Problemlösekompetenz oder unternehmerische Kompetenzen (zum Beispiel Selbstständigkeit, Verantwortungsbereitschaft oder Leistungsbereitschaft) bei Mitarbeitern im Wirtschaftsprozess unverzichtbar sind.

Diese Argumentationslinie wird durch Befunde aus der bildungsökonomischen Forschung bestätigt. Bereits 2002 belegte eine Studie des BIBB (Bundesinstitut für Berufsbildung) die zunehmende Wichtigkeit weicher Kompetenzfaktoren. Hier wurde in über 25.000 Stellenanzeigen untersucht, welche Kompetenzen von Arbeitgebern am häufigsten gefragt sind. Fachkompetenz (formaler Abschluss) rangiert mit 62 Prozent an erster Stelle. Bei den Soft-Skills liegen Team-, Kooperations- und Kommunikationsfähigkeiten mit 52 Prozent auf den ersten drei Plätzen, gefolgt von mentalen Fähigkeiten wie der Fähigkeit zum selbständigen Arbeiten und Lernen (36 Prozent). Fast jedes dritte Unternehmen (31 Prozent) sucht zudem Mitarbeiter, die sich durch Flexibilität und Kreativität auszeichnen.[5]

„*Schlüsselqualifikationen im 21. Jahrhundert*" hieß 2007 eine Expertise der Münchener Personalmarketing GmbH. 65 Prozent der 129 befragten Unternehmen gaben dabei an, dass Schlüsselqualifikationen[6] für sie beim Berufseinstieg genauso wich-

---

3 ebd. S. 121.
4 vgl. Berliner Institut für Bevölkerung und Entwicklung, 2007, S. 3 f.
5 vgl. BiBB, 2002, Online-Version: www.bibb.de/de/1947.html. (Stand: 15.05.2011)
6 Zur Begriffsabgrenzung siehe Beitrag Hansel: Soft Skills – Alternative zur Fachlichkeit oder weiche Performance?

tig seien wie Fachwissen. 52 Prozent der Arbeitgeber waren sogar der Meinung, dass Soft- und Hard-Skills gleich bedeutend für den Erfolg im Beruf sind.[7]

Die Studie „Ausbildung 2010" des Deutschen Industrie- und Handelskammertages (DIHK) belegte 2010, dass 20 Prozent eines Jahrgangs nicht ausbildungsreif sind. Dabei sind Mängel bei den Soft-Skills (z. B. Pünktlichkeit, Teamfähigkeit, Einsatzbereitschaft, Frustrationstoleranz, selbständiges Arbeiten und Problemlösungsfähigkeit) besorgniserregender als die Probleme beim Schreiben, Rechnen und Lesen. Zudem stehen Teamfähigkeit, Einsatzbereitschaft und selbständiges Arbeiten auf den Plätzen eins bis drei der Wunschliste der befragten Arbeitgeber, wenn es um die Kompetenzen von Bewerbern geht. Fachwissen rangiert dabei erst auf Platz fünf.[8]

Die Befunde der internationalen, standardisierten schulischen Leistungsvergleiche der Organisation für wirtschaftliche Zusammenarbeit und Entwicklung in Europa (OECD) (TIMMS oder PISA) belegen zudem vorhandene Defizite im Bereich der weichen Kompetenzfaktoren bei deutschen Schülern. Allein PISA 2010 fordert nochmals eindringlich verbesserte Problemlösungskompetenz bei deutschen Schülern ein. Zwar haben sich die Werte im Mittel durchschnittlich im Vergleich zum PISA-Schock 2000[9] verbessert, im internationalen Vergleich fällt es deutschen Schüler aber immer noch schwer, Inhalte praktisch und problemorientiert anzuwenden.[10]

Beim Problemlösen geht es für Schüler nicht nur um das Ziel, eine Lösung für ein Problem zu finden, sondern auch seine Herkunft zu verstehen, es zu charakterisieren und das Ergebnis auch kritisch zu reflektieren. Das Soft-Skill „Kreativität" kann dabei vor allem beim Vernetzen von Wissen und dem Generieren von Lösungen (neue Ideen finden) im Unterricht für den Schüler hilfreich sein.[11]

---

7 vgl. Werner, 2008, Online-Version: www.zeit.de/online/2008/08/soft-skills-schule. (Stand: 15.05.2011)
8 vgl. DIHK, 2010, S. 7 & Holzmüller, 2010, Online-Version: www.sueddeutsche.de/joku. (Stand: 15.05.2011)
9 Dieser resultierte aus dem unterdurchschnittlichen Abschneiden der deutschen Schüler bei der ersten Studie des „Programme for International Student Assessment" oder „Programms zur internationalen Schülerbewertung" der Organisation für wirtschaftliche Zusammenarbeit und Entwicklung (OECD) 2000. (Anm. Verfasser)
10 vgl. Klieme, 2010, S. 19 ff.
11 vgl. Asen, 2004, S. 85.

Für den bekannten deutschen Pädagogen OELKERS (2009) wird Problemlösungskompetenz gar zu der <u>entscheidenden Schlüsselkompetenz</u> bei Schülern im 21. Jahrhundert. [12]

II. Der handlungskompetente Schüler – eine zentrale Zielstellung des schulischen Bildungsprozesses

Der in Deutschland bestehende Bildungsföderalismus führt zur Festlegung des Bildungs- und Erziehungsauftrages von Schule in den Schulgesetzen der sechzehn Bundesländer. Beispielhaft heißt es dazu im Schulgesetz des Landes Mecklenburg-Vorpommern im Paragraph 2:

> „Die Schule soll den Schülerinnen und Schülern Wissen und Kenntnisse, Fähigkeiten und Fertigkeiten, Einstellungen und Haltungen mit dem Ziel vermitteln, die Entfaltung der Persönlichkeit und die Selbstständigkeit ihrer Entscheidungen und Handlungen so zu fördern, dass die Schülerinnen und Schüler befähigt werden, aktiv und verantwortungsvoll am sozialen, wirtschaftlichen, kulturellen und politischen Leben teilzuhaben."[13].

Damit eng verbunden sind die Aufgaben oder Funktionen, die der Institution Schule von der Gesellschaft zugeschrieben werden. *„Traditionell"* sind dies nach FEND (1980/2006) die <u>Qualifikation</u> (Vorbereitung auf spätere Lebensanforderungen in Beruf, Privatleben und Gesellschaft), die <u>Selektion</u> (Auslese und Zuweisung einer sozialen Position oder Berechtigung), die <u>Legitimation</u> (Vermittlung gesellschaftlicher Grundwerte zur Sicherung der Loyalität und Integration) und die <u>Sozialisation</u> (Vermittlung gesellschaftlich erwünschten Verhaltens). WIATER (2009) ergänzt diese Einteilung noch um die Funktion der Enkulturation, also den Zusammenhang zwischen Schule und Kulturentwicklung.

Der schulische Bildungsprozess soll demnach Fähigkeiten, Fertigkeiten und Einstellungen bei Schülern bereitstellen beziehungsweise sichern, er soll Schüler qualifizieren und auf spätere Anforderungen im Leben vorbereiten. Dies kann nur durch die Vermittlung von Fähigkeiten, Fertigkeiten und Einstellungen erfolgen, die Schülern eine individuelle Handlungskompetenz in verschiedenen Situationen ermöglicht.

---

12 vgl. Kahl, 2009, [DVD].
13 Ministerium für Bildung, Wissenschaft und Kultur MV, 2009, S. 9.

Seit Beginn der 90-er Jahre wird der „*Kompetenzbegriff*" in Deutschland auch für die Beschreibung von Fähigkeiten und Fertigkeiten von Schülern benutzt. Dieser löste den Ausdruck „*Qualifikation*" ab. Qualifikationen zielen eher auf die Bewältigung bereits bekannter Anforderungen von morgen ab und werden in einer zielorientierten, institutionalisierten Weise erworben. Kompetenzen hingegen sind notwendig, wenn sich ein Mensch „*neuen, komplexen und nicht vorhersehbaren Anforderungen gegenübersteht, für die er detailliert – weil es eben um Unvorhersehbares geht – nicht vorbereitet werden konnte*"[14]. [15]

Kompetenz kommt ursprünglich vom lateinischen „*competere*" und bedeutet „*zusammentreffen*" oder „*zu etwas fähig sein*". Der traditionelle Bildungsbegriff im Humboldtschen Ideal ging von einem situationsunabhängigen Verständnis der Welt aus. Der Kompetenzbegriff hingegen ist eher kognitiv und funktional bestimmt.[16]

Diesem Grundverständnis folgt auch die Definition in den Bildungsstandards der Kultusministerkonferenz 2002. Dort wird Kompetenz beschrieben als

> „eine erlernte Leistungsdisposition, die durch einen kontinuierlichen Aufbau von Wissen und Können in einem bestimmten Fach oder Fächerverbund entwickelt wird und zur Bewältigung unterschiedlicher Aufgaben, Probleme und Situationen sowie zum Weiterlernen befähigt."[17]

beschrieben. WEINERT hatte bereits 1999 in seinem Gutachten für die Organisation für wirtschaftliche Zusammenarbeit und Entwicklung (OECD) eine Vielfalt an Begriffsdefinitionen aufgezeigt. Daraufhin erweiterte er die Definition des Begriffes „*Kompetenz*". Dies führte zu folgender, viel zitierter, Begriffsbestimmung:

> „Kompetenz als die bei Individuen verfügbaren oder durch sie erlernbaren kognitiven Fähigkeiten und Fertigkeiten, um bestimmte Probleme zu lösen, sowie die damit verbundenen motivationalen, volitionalen und sozialen Bereitschaften und Fähigkeiten, um die Problemlösungen in variablen Situationen erfolgreich und verantwortungsvoll nutzen zu können."[18]

Aus diesem Grundverständnis heraus entwickelten NIEKE und LEHMANN (2001) das den schulischen Rahmenplänen in Mecklenburg-Vorpommern zugrunde liegende Kompetenzmodell. Dieses soll nun genutzt werden, um Soft-

---

14 Jürgens/Sacher, 2008, S. 39.
15 vgl. ebd. S. 37 ff.
16 L.I.S.A.-MV, 2006, S. 23.
17 Schaub/Zenke, 2006, S. 361.
18 Weinert, 2001, S. 27f.

und Hard-Skills einzuordnen. Kompetenz wird dabei in vier Bereiche ausdifferenziert:

- Sach- oder Fachkompetenz,
- Methodenkompetenz,
- Selbstkompetenz und
- Sozialkompetenz.

Diese einzelnen Komponenten nun fachunabhängig zu beschreiben, ist nur schwer möglich. Deshalb sollen die Kompetenzen nur im Ansatz näher beschrieben werden. Die verwendete Reihenfolge stellt allerdings keine Rangfolge dar.[19]

Fachliche Kompetenzen sind die sogenannten Hard-Skills. Hier geht es vor allem um den Erwerb von Wissen, die Fähigkeit Zusammenhänge herzustellen und Wissen verknüpfen zu können. Schüler müssen in der Lage sein, zu sachbezogenen Urteilen zu kommen. Zur Methodenkompetenz zählen Fertigkeiten und Fähigkeiten, die notwendig sind, um Arbeitsschritte planen und anwenden zu können. Schüler sollen hier unterschiedliche Lernstrategien entwickeln und Arbeitstechniken kennen lernen. Zudem sind Probleme zu erkennen, Lösungswege zu finden und entsprechende Strategien anzuwenden. Die Selbstkompetenz kann durch die Fähigkeiten, eigene Stärken und Schwächen zu erkennen, Verantwortung zu übernehmen, Selbstvertrauen zu haben, die Fähigkeit zur Selbstreflexion und durch eine vorhandene Leistungsbereitschaft beschrieben werden. Sozialkompetenz umfasst die Bereitschaft, Verantwortung zu übernehmen, solidarisch zu handeln, die Kompetenz, teamfähig zu sein sowie die Fähigkeit zur Empathie und mit Konflikten angemessen umgehen zu können.

Wann gilt nun ein Schüler als „*handlungskompetent*"? Zum Handeln fähig sein heißt
- Schüler erwerben Kompetenzen, die zum Meistern einer komplexen Situation notwendig sind. Dabei steht nicht die individuelle Lernkompetenz, sondern vielmehr die individuelle Handlungskompetenz des Einzelnen im Vordergrund. Wenn Schüler als kompetent gelten, müssen sie in Handlungssituationen bestehen können. Auch, aber nicht nur, in Lernsituationen. Auch in außerschulischen (gesellschaftlichen, beruflichen oder privaten) Gegebenheiten gilt es, handlungsfähig und kompetent zu sein. Hier ist sachgerechtes, durchdachtes, verantwortliches (sozial und individuell) und zielorientiertes Verhalten notwendig. Dazu sind

---

19 vgl. Lehmann/Nieke, 2001, S. 6.

neben fachlichen Kompetenzen, eben auch die Soft-Skills in Form der Aspekte der Methoden-, Selbst- und Sozialkompetenz erforderlich.[20]

Kreativität als „weicher Kompetenzfaktor" kann einen Beitrag leisten, um Schüler individuell handlungskompetent zu machen (vgl. Teil III). Eine zusammenfassende Darstellung der Kompetenzen eines Schülers und deren Interdependenzen liefert die **Abbildung 1**. Abbildung 1: Kompetenzmodell Schüler

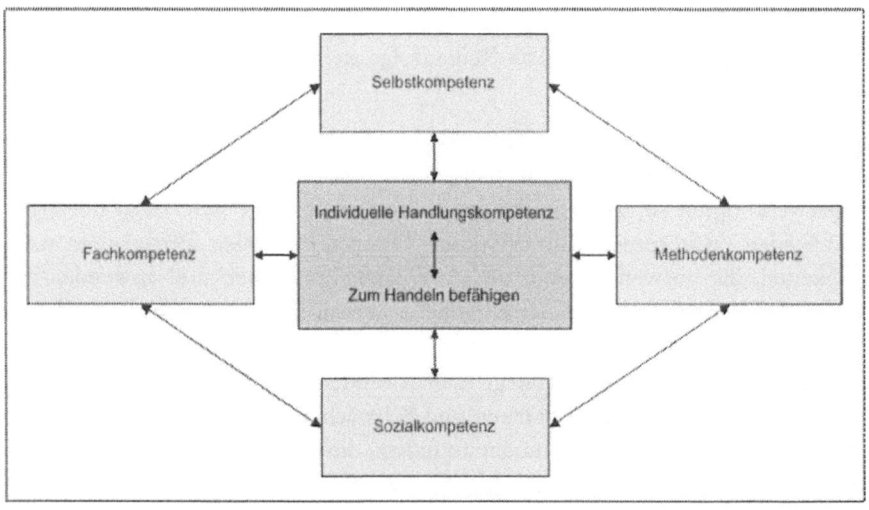

Quelle: eigene Darstellung in Anlehnung an: Jürgens/Sacher, 2008, S. 41.

---

20 vgl. Lehmann/Nieke, 2001, S. 6 f.

III. Kreativität als Soft-Skill – das die Methoden- und Selbstkompetenz der Schüler stärkt

Das Wort *„Kreativität"* leitet sich, etymologisch betrachtet, vom lateinischen Verb *„creare"* ab. *„creare"* bedeutet so viel wie *„etwas neu schöpfen, etwas erfinden, etwas erzeugen oder herstellen"*. *„Kreativität"* ist zudem eines der Modewörter unserer Gesellschaft. In beinahe jedem Lebensbereich wird darauf Bezug genommen. Daraus ergibt sich eine Vielfalt des Begriffes, verbunden mit unterschiedlichen Konnotationen. Diese reichen von schlichtem *„Ideenreichtum"*, über *„Ideeninnovation"* bis hin zur *„Extravaganz"*. Folglich wird der Begriff Kreativität mit unterschiedlichen Akzentuierungen definiert. Für ADAMS ist sie *„die Kombination von scheinbar zusammenhangslosen Einzelheiten zu einem funktionierenden Ganzen."*, für GUNTERN *„die Fähigkeit ein Produkt hervorzubringen, das originell, funktional, adäquat, formal befriedigend und wertvoll ist."* und für CASPARI müsste unter Kreativität *„die prinzipiell in jedem Menschen angelegte Fähigkeit (...) verstanden werden, verschiedene ihm bekannte Elemente in neuen Zusammenhängen so miteinander zu verbinden, da(ss) daraus etwas für ihn bzw. für seine Gruppe „Neues" und „Sinnvolles" entsteht."*. Für SCHÖNEFELDER hingegen bezeichnet Kreativität kurz und knapp einfach nur *„geschicktes Klauen"*.[21]

Zusammenfassend ist festzustellen, dass Kreativität unmittelbar mit dem Lösen von Problemen zu tun hat. Durch dieses Soft-Skill gelingt es dem Einzelnen besser, Probleme effizient zu lösen und zugleich seine Chancen und die Leistungsfähigkeit im Beruf zu steigern. Innovative Ideen sind für die Problemlösungsvorgänge unverzichtbar. Diese entstehen im kreativen Prozess durch die Neukombination von bereits vorhandenem und neuem Wissen. Phantasie und Logik, divergentes und konvergentes Denken werden im Verlauf der kreativen Auseinandersetzung mit einem Problem miteinander verbunden. Durch diese Kombination entstehen neue Ideen und innovative Lösungen.[22]

Für den schulischen Bereich ist nun noch die zentrale Frage zu stellen, ob Kinder Kreativität erlernen können? Nach ARSEN (2004) beruht dieses Phänomen auf jeden Fall nicht allein auf dem Zufallsprinzip. Der Zufall, der eine kreative Idee zum Vorschein bringt, lässt sich zwar nicht planen, aber auf jeden Fall provozieren. Kreativität ist also nichts Zufälliges, sie ist auch nicht „nur" angeboren oder „nur" erlernt. Diese Eigenschaft ist zwar angeboren, jedoch nicht nur bei bestimmten, sondern bei jedem Menschen. Jedes Baby, jedes Kleinkind will die

---

21 vgl. Urban, 2004, S. 63 f. & Nöllke, 2004, S. 7 ff. & Caspari, 1994, S. 74.
22 vgl. Asen, 2004, S. 90 f.

Welt selbst erkunden, Dinge ausprobieren und immer wieder neu miteinander kombinieren. Diese Unbefangenheit, diese Spontanität und diese Geradlinigkeit im Handeln verliert jeder Mensch im Laufe des Heranwachsens zumindest teilweise. Das Tun wird zweckorientiert, alles Handeln soll nun möglichst logisch und nachvollziehbar sein. Dabei laufen wir Gefahr, den angeborenen Kern der Kreativität zu verlieren.[23]

Die Fähigkeit, kreativ zu denken und zu handeln, kann im schulischen Bildungsprozess gezielt gefördert werden (vgl. Teil IV). Nunmehr gilt es, Methoden und Techniken anzuführen, die der Förderung des Soft-Skills *„Kreativität"* im Unterricht dienen.

IV. Kreativitätsförderung im Unterricht – Techniken und Methoden kennen lernen

Nachdem die Bedeutung und der Mehrwert des Soft-Skills *„Kreativität"* für Schüler bereits nachgewiesen wurde, sollen nachfolgend Möglichkeiten der Entfaltung und Förderung dieser Kompetenz im schulischen Bereich aufgezeigt werden. Im Fokus steht dabei der Unterricht als der Kern schulischer Bildungsarbeit.

Die Forderung, das Soft-Skill *„Kreativität"* in Bildungskonzepten oder Aus- und Fortbildungsmodellen angemessen zu berücksichtigen, ist nicht neu. Bereits 1969 formulierte VON HENTIG in den *„Studien und Gutachten der Bildungskommission"* in der Einleitung:

> „Eine besondere Aufgabe wird darin bestehen, das von der so gegebenen Norm abweichende Denken (divergent, creative Thinking) nicht zu stutzen, sondern es in denjenigen Phasen des Wissenschaftsprozesses einzusetzen, in denen es sich am vollsten entfalten kann – in der Projektierung, der Hypothesenbildung, der kritischen Überprüfung, in allen auf schöpferische Deutung und Einfälle angewiesenen Momenten. [...] Der Schüler soll an möglichst verschiedenen Gegenständen auf möglichst verschiedenen Gebieten [...] die Erfahrung der freien Gestaltbarkeit [...] seiner Umwelt machen. Die Schule sollte die „creativity" seines Denkens und sozialen Verhaltens honorieren und [...] systematisch weiterentwickeln."[24].

---

23 vgl. ebd. S. 94.
24 von Hentig, 1969, S. 24 zitiert nach: Tiggelers, 2007, S. 61.

Die Förderung von Kreativität curricular einzubinden, diesbezügliche Lernziele zu operationalisieren, fällt schwer. In Mecklenburg-Vorpommern ist es allerdings, mit dem Bezug auf das Kompetenzmodell von Lehmann und Nieke (vgl. Teil II), in den einzelnen Lehrplänen möglich, anhand der Beschreibung der zu erwerbenden Kompetenzen, Kreativität in den Unterrichtsprozess einzubinden. TIGGELERS (2008) akzentuiert diesen Gedanken unter dem Hinweis auf drei wesentliche Prinzipien, Kreativität im schulischen Bildungsprozess zu fördern. Es sind dies seiner Ansicht nach:

- die institutionelle,
- die sachbezogene und
- die kompensatorische Förderung dieses Soft-Skills.

Das Prinzip der institutionellen Förderung bezieht sich vorrangig auf die Gestaltung der Lernumgebung und des Lernklimas. Es ist sicher unstrittig, dass die Lernumgebung möglichst frei von Konformitätsdruck sein sollte und dementsprechend genug Freiraum für Spontanität, Initiative und den spielerisch-experimentierenden Umgang mit Lerngegenständen ermöglichen sollte. Das Lernklima wird dabei maßgeblich vom Klassenklima beeinflusst, auf dessen Gestaltung der Lehrer einen signifikanten Einfluss hat. Lehrer, welche Schülern genügend Freiräume zum selbstregulierten Lernen lassen, einen kooperativen beziehungsweise sozialintegrativen Führungsstil pflegen und dabei sich zwingen, nicht sofort und bei jedem kleinen Problem helfend einzugreifen, animieren Schüler kreativ zu denken und alternative Lösungen zu generieren.

Die sachbereichsbezogene Förderung unterstützt den Gedanken der Dialektik von Hard- und Soft-Skills (vgl. Teil V). Kreativität kann prinzipiell mit allen Lerninhalten gefördert werden. Bereits an dieser Stelle ist auf die wechselseitige Abhängigkeit beider Komponenten hinzuweisen.

Die kompensatorische Kreativitätsförderung stellt neben institutionellen Voraussetzungen und sachbereichsbezogenen Möglichkeiten zusätzliche Übungsfelder zur Entfaltung von Kreativität bereit. Kreativität soll hier mit systematischen Techniken vermittelt werden.[25]

Diese systematischen Techniken werden im Bereich der Handlungsorientierung als „*Kreativitätstechniken*" bezeichnet. Sie sind ursprünglich wirtschaftswissenschaftlichen Ursprungs und entstammen dem Werbe- und Marketingbereich. Gerade im berufsbildenden Segment sind sie Bestandteil des handlungsorientierten Un-

---

25 vgl. Tiggelers, 2007, S. 72 ff.

terrichts und finden Anwendung in der Unterstützung und Ergänzung komplexer Lehr-/Lernarrangements wie etwa dem Projekt, dem Planspiel, der Fallstudie oder der Leittextmethode. Einen Überblick über mögliche Kreativitätstechniken bietet die

Abbildung 2: Überblick Kreativitätstechniken

Methode / Technik	Beispiele
Assoziationstechniken	Brainstorming, Brainwriting, Brainwalking
Techniken der systematischen Variation	Osborn-Checkliste, Umkehrmethode, Morphologischer Kasten
Mapping – Techniken	Mind – Mapping, Clustering
Konfrontationstechniken	Reizwortanalyse, BBB – Methode
Analogie – Techniken	Synetik, Bisoziation, Visualisierung

Quelle: eigene Darstellung in Anlehnung an: Wissensmanagement Forum, 2007, S. 50.

Eine detaillierte Beschreibung der Vor- und Nachteile jeder einzelnen Kreativitätstechnik würde den Rahmen dieser Abhandlung sprengen. Die Einsetzbarkeit von Brainstorming. Brainwriting, dem 6-Hut-Denken, der Reizwortanalyse oder von Checklistenverfahren u. a. ist in entsprechender Fachliteratur eingehend beschrieben.[26]

JANSSEN (2008) und VOLPERT (2006) beschreiben in ihren Veröffentlichungen kreative Bausteine (Methoden) für den Unterricht, die Langeweile und Einseitigkeit im Selbigen verhindern sollen. Volpert beschäftigt sich dabei im Schwerpunkt mit möglichen Bausteinen in der vierten bis sechsten Klasse. Beide gliedern diese in kommunikative, produktive und spielerische Methoden. Diese sind nach Meinung der Autoren im Fachunterricht inhaltsbezogen anwendbar und als Beitrag zur Gewährleistung einer Methodenvielfalt im Unterricht zu verstehen. Die **Abbildung 3** fasst die Methoden zusammen.

---

26 u. a. in Nöllke, 2004 oder Bayerl, 2005.

Abbildung 3: Überblick kreative Bausteine/Methoden

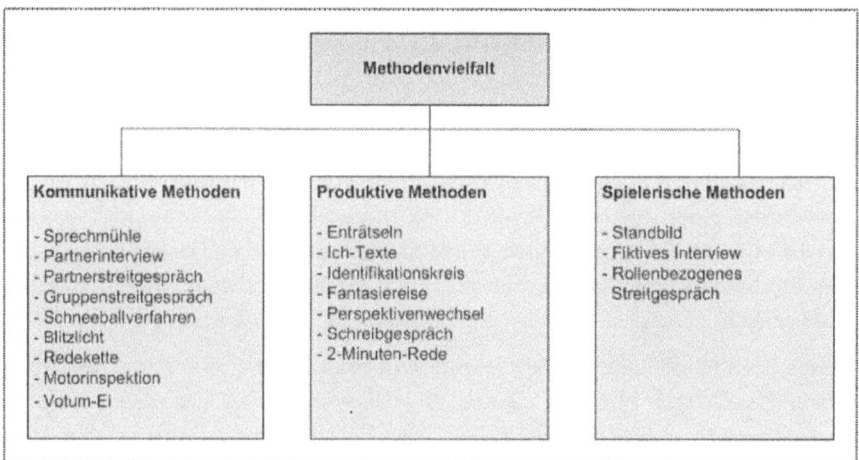

Quelle: eigene Darstellung in Anlehnung an: Janssen, 2007, S. 11

Auf eine Beschreibung jeder einzelnen Methode soll, unter Hinweis auf die beiden Bände der Autoren, an dieser Stelle allerdings verzichtet werden.[27]
Für alle Kreativitätstechniken oder kreativen Bausteine gelten sicherlich drei leitende Anforderungen:

1. Sie müssen mit einem vertretbaren Aufwand vorzubereiten sein.
2. Sie müssen ohne dezidierte Zusatzausbildung durch die Lehrkraft durchzuführen sein.
3. Sie müssen auch im Rahmen einer 45-Minuten-Rhythmisierung von Unterricht anwendbar bleiben.[28]

Zudem sind sie nicht als Alternativen zu traditionellen Methoden zu begreifen, sondern vielmehr als sinnvolle Ergänzung. Dabei geht es nicht, wie GUDJONS (2008) bemerkt, um eine sinnlose Addition, also eine Aneinanderreihung, sondern um eine Integration unterschiedlicher Methoden. Dieses „Sandwichprinzip" liefert dann einen Beitrag zur Methodenvielfalt als Qualitätskriterium für guten Unterricht.[29]

---

27 vgl. Janssen, 2008 & Volpert, 2006.
28 vgl. Janssen, 2008, S. 11.
29 vgl. Gudjons, 2008, S. 265.

Allerding darf an dieser Stelle auch die Kritik an derartigen Methoden nicht unerwähnt bleiben. So bemerkt TIGGELERS, dass es oft nicht einfach ist, zwischen kreativem und reinem Fehlverhalten von Schülern zu unterscheiden. Eine kreative Lösungsfindung könnte leicht als Unterrichtsstörung aufgefasst werden, eine unerwartete Frage oder Antwort löst Unruhe im Klassenzimmer aus und die Such- und Spekulationsprozesse nehmen zudem sehr viel Zeit in Anspruch. FRANZKE, 2008 sieht die kreativen Bausteine von Jenssen und Volpert gar als Ausdruck einer destruktiven Didaktik und Methodik an. Diese Praktiken seien reine Abfrage- und Erkundungsmethoden, ohne dass dabei Fortschritte in der Fach-, Methoden- oder Sozialkompetenz der Schüler erzielbar wären. Für Ihn sind sie schlicht *„Unfug; sie sollten aus dem Schulunterricht verbannt werden.‟*[30].[31]

In dieser Pauschalität sind die Argumente von Franzke nur schwer nachvollziehbar, wenn auch sein Hinweis, *„Kreativität ist Ideenreichtum auf Grundlage eines breiten Wissensspektrums‟*[32], richtig ist (vgl. Teil V). Parallel dazu muss die Frage aber auch erlaubt sein, ob Methoden immer die gleichen Kompetenzen stärken sollten?! Ist nicht ein <u>Methodenmix</u> zielführender, der zudem Monotonie-Effekte schulischen Lernens verhindert? Der Leitsatz: *„Der Inhalt bestimmt die Methode und nicht umgekehrt!‟* bleibt dabei auch weiterhin für jeden Lehrenden maßgeblich. Dennoch ist alles Erwähnte kein Widerspruch zu einem Plädoyer für Methodenvielfalt, gerade unter Einbeziehung kreativer Unterrichtsmethoden.

V. Zur Dialektik von Soft- und Hard-Skills im Bildungsprozess – der Versuch einer Synthese

Wenn als Thema des IX. Rostocker Universitätssymposium 2010 zu aktuellen Fragen und Problemen der Schulpädagogik die Frage: *„Soft-Skills – Alternative zur Fachlichkeit oder weiche Performance?‟* formuliert worden ist, muss auch dieser Beitrag abschließend eine Antwort auf diese zentrale Frage offerieren.

Am Beispiel des Soft-Skills *„Kreativität‟* sollte zunächst die Notwendigkeit, Soft-Skills im Schulalltag zu beachten, aufgezeigt werden. Dabei ist der Erwerb individueller Handlungskompetenz bei Schülern oberstes Ziel. Im Unterricht selbst können unterschiedliche Methoden und Techniken angewendet werden, die Kreativität fördern.

---

30 Franzke, 2009, S. 23.
31 vgl. Tiggelers, 2007, S. 75 & Franzke, 2009, S. 22.
32 Franzke, 2009, S. 23.

Es ist jedoch falsch, bei einer angemessenen Betrachtung von Hard- und Soft-Skills von zwei Alternativen zu sprechen. „*Erfolg im Beruf entsteht [gerade] aus der Ausgewogenheit von fachlichen Kompetenzen und Persönlichkeitsaspekten. Diese Balance ist dynamisch.*"[33]

Eine Aufgabe der Schule ist es, diese Balance zu sichern. Es gilt nicht, das eine gegen das andere auszuspielen und damit die jeweilige Bedeutung in Abrede zu stellen. Selbstredend ist Fachwissen weiterhin wichtig. Nur weil Soft-Skills in den letzten Jahren an Bedeutung gewonnen haben, muss Schule auch weiterhin Hard-Skills vermitteln, um junge Menschen angemessen auf das Leben vorzubereiten. Je dynamischer und schneller sich dann das zukünftige Arbeitsfeld, vor allem aufgrund der aufgezeigten Megatrends (vgl. Teil I), verändert, umso stärker verändern sich auch die dafür notwendigen Kompetenzen. Gerade in den technischen Berufen wandeln sich erforderliche Fachkenntnisse rasant. Sie sind und bleiben für die Berufsausübung notwendig. An dieser Stelle kann die Synthese von Hard- und Soft-Skills gut beschrieben werden. Weiche Kompetenzfaktoren stehen oft im Dienst von Fachwissen. Mit Soft-Skills können sich Schüler und Berufstätige neues Wissen selbständig, zielorientiert und gewinnbringend erschließen. Damit verliert die Unterscheidung zwischen harten und weichen Faktoren der individuellen Qualifikation an Trennschärfe. Diese selbstverständlich gewordene Differenzierung ist daher auch ein Stück weit kritisch zu hinterfragen. Eine fundierte Fachkompetenz befähigt nur in Verbindung mit dem Erwerb der Sozial-, Methoden und Selbstkompetenz Schüler, zukünftig handlungskompetent zu sein.[34]

Aktuell haben Schule und Elternhaus aber offensichtlich bei Kindern und Jugendlichen in der Herausbildung sogenannter weicher Kompetenzen Defizite (vgl. Teil I). Der Psychologe PENNINGTON sieht Soft-Skills als „*Fitness fürs Leben*"[35] und fordert daher ein neues „*Unterrichtsfach Soft-Skills*". Da dafür im Lehrplan und Schulbetrieb selbst kein Platz sei, Lehrer zudem mit der Vermittlung überfordert seien und da gerade mit der Beschleunigung der Schulausbildung (zum Beispiel das 12 Klassen-Gymnasium) sehr wenig Zeit für die Ausbildung dieser Fähigkeiten zur Verfügung stehe, erhebt er diese Forderung. Der Vorsitzende des Deutschen Lehrerverbandes KRAUS hält allerdings, unter Verweis auf die Dialektik von Soft- und Hard-Skills, von diesem Vorschlag richtiger Weise

---

33 Hays-World, 2007, S. 12.
34 ebd. S. 12f.
35 Holzmüller, 2010, Süddeutsche-Online, Zugriff am: 15.05.2011. von: www.sueddeutsche.de/joku.

wenig. Für ihn können Soft-Skills nicht ohne Inhalte vermittelt werden. Sie sind täglich im Unterricht anzuwenden und einzufordern. Die allgemeine Didaktik bietet ein breites Spektrum an Methoden und Sozialformen (vgl. Teil IV), um auch Soft-Skills im Unterricht gezielt zu fördern. Wie dies funktionieren kann, erklärt BRÜGELMANN. Er

> „hat Schüler beobachtet, die ab der ersten Klasse konsequent in Soft-Skills geschult wurden. Dieselben Schüler waren in der vierten Klasse in der Lage gewesen, selbständig ein Thema zu wählen, zu recherchieren, ein 15-minütiges Referat [...] zu halten und Fragen zu beantworten. 'Ich war erstaunt, denn das können manche Studenten nicht.'".[36]

Grundsätzlich ist aber eine Pauschalkritik am schulischen Bildungsbereich, er versage bei der Vermittlung von Soft-Skills, unangebracht. Schule kann auch hier, wie es GIESECKE formulierte, keine *„heilpädagogische Anstalt zur Kompensation von Erziehungsmängeln"*[37] sein. Schule ist nicht allein für die Defizite im Bereich der sogenannten *„weichen Faktoren"* bei jungen Menschen verantwortlich. Das Grundgesetz der Bundesrepublik Deutschland normiert im Artikel 6 eindeutig, dass *„Pflege und Erziehung der Kinder [ ] das natürliche Recht der Eltern und die zuvörderst ihnen obliegende Pflicht"* ist. Die Verantwortung des Staates für das öffentliche Bildungswesen findet sich erst im Artikel 7: *„Das gesamte Schulwesen steht unter der Aufsicht des Staates"*. Eltern müssen demnach in enger Kooperation mit Lehrern dahingehend erzieherisch tätig werden. Im Elternhaus werden nun mal bereits in frühester Kindheit zentrale Prägungen vorgenommen, die für die Herausbildung von Soft-Skills bei Kindern richtungsentscheidend sind.

Um diesen Beitrag zum Abschluss prägnant zusammenzufassen, lassen sich vier zentrale Thesen formulieren:

1. Die Existenz der gesellschaftlichen Megatrends verlangt von Lehrern, ihre Schüler auf immer höhere Wissens- und Fähigkeitsebenen vorzubereiten!
Dabei werden Eigenschaften wie Flexibilität, Kontaktfreudigkeit und eben auch Kreativität zu unverzichtbaren Schlüsselkompetenzen.

2. Individuelle Handlungskompetenz bei Schülern herauszubilden, ist ein zentrales Ziel schulischer Bildung!

---

36 Werner, 2008, Zeit Online. Zugriff am 15.05.2010. von: www.zeit.de/online/2008/08/softskills-schule.
37 Giesecke, 1995, S. 94.

Schüler müssen auf neue, komplexe und nicht vorhersehbare Anforderungen vorbereitet werden. Dies ist nur mittels individueller Handlungskompetenz und einem erweiterten Lernbegriff[38] möglich.

3. Das Soft-Skill „*Kreativität*" trägt entscheidend zu einer Verbesserung der Problemlösungskompetenz der Schüler bei!
Schüler sollen an möglichst verschiedenen Gegenständen und auf unterschiedlichen Gebieten die Erfahrung der freien Gestaltbarkeit ihrer Umwelt machen, also die *„creativity"* ihres Denkens fördern.

4. Soft-Skills und Hard-Skills stehen in einem dialektischen Verhältnis zueinander!
Die These, nach der Schule allein Fachkompetenz vermitteln muss, befindet sich der Antithese, sie solle bevorzugt (über)lebenswichtige, weiche Kompetenzen fokussieren, nicht unversöhnlich gegenüber. Es gilt vielmehr, einem anderen Verständnis folgend, beide Komponenten in einer Synthese zu vereinigen und damit den schulischen Bildungsauftrag zu akzentuieren. Somit sind Soft-Skills weder Alternative zur Fachlichkeit noch eine weiche Performance.

---

38 vgl. Jürgens/Sacher, 2008, S. 38 ff.

Abbildungs- und Quellenverzeichnis

Abb. 1: Kompetenzmodell Schüler
Abb. 2: Überblick Kreativitätstechniken
Abb. 3: Überblick kreative Bausteine/Methoden

Asen, K. (2004): Kreativität und Problemlösung. In: Deutscher Manager-Verband (e. V.) (Hrsg.): Handbuch Soft-Skills. Vdf-Verlag. Zürich. S. 85-148.

Bayerl, C. (2005): 30min für Kreativitätstechniken. Gabal Verlag. Offenbach. E-Book-Variante zu finden unter: http://www.wiso-net.de.(Stand: 15.05.11)

Berlin-Institut für Bevölkerung und Entwicklung (Hrsg.) (2007): Talente, Technologie und Toleranz – wo Deutschland Zukunft hat. Gebrüder Kopp Verlag. Köln.

Braun, G. (Hrsg.) (2007): Perspektiven der Regionalentwicklung und Innovationsstrategien. Kunsthaus Verlag. Boddin.

Bundesinstitut für Berufsbildung (BiBB) (Hrsg.) (2002): BiBB-Stellenanzeigenanalyse 2001. Zugriff am: 15.05.2011. von: www.bibb.de/de/1947.html.

Caspari, D. (1994): Kreativität im Umgang mit literarischen Texten im Fremdsprachenunterricht : theoretische Studien und unterrichtspraktische Erfahrungen. Lang. Frankfurt am Main.

Deutscher Industrie- und Handelskammertag [DIHK] (Hrsg.) (2010): Ausbildung 2010 – Ergebnisse einer Unternehmerbefragung. DIHK-Druck. Berlin.

Fend, H. (2006): Neue Theorie der Schule. VS Verlag für Sozialwissenschaften/GWV Fachverlage GmbH. Wiesbaden.

Fend, H. (1994): Was ist eine gute Schule?. In: Tillmann, K. J. (Hrsg.): Was ist eine gute Schule? Bergmann+Helbig Verlag. Hamburg. S. 14-26.

Franzke, R. (2009): Methodenprogramme (TAB). Zugriff am: 15.05.2011. von: http://www.reinhard-franzke.de/Methodenprogramme_TAB_.pdf.

Giesecke, H. (1995): Wozu ist die Schule da? In: Neue Sammlung H3/1995. S. 93-104.

Gudjons, H. (2007): Frontalunterricht – neu entdeckt. Klinkhardt. Bad Heilbrunn.

Hays-World, 2007: Online-Zeitschrift – Ausgabe 01/07. Mannheim. [elektronische Version]. Zugriff am 15.05.2011. von:
http://www.hays.de/web/hays/presse/pr_kundenmagazin.cfm S. 12 ff.

Hentig, H. v. (1969): Allgemeine Lernziele in der Gesamtschule. (Deutscher Bildungsrat. Gutachten und Studien der Bildungskommission). Klett. Stuttgart.

Holzmüller, M. (2010): Soft-Skills im Unterricht – die Schule muss es richten [elektronische Version]. Sueddeutsche.de. Zugriff am 15.05.2011. von: www.sueddeutsche.de/joku.

Janssen, B. (2008): Kreative Unterrichtsmethoden. Westermann. Braunschweig.

Jürgens, E./Sacher, W. (2008): Leistungserziehung und pädagogische Diagnostik in der Schule. Kohlhammer. Stuttgart.

Kahl, R. (2009): Wie lernen begeistert. Auf: Auf der Suche nach der Schule der Zukunft [DVD]. Archiv der Zukunft. Hamburg.

Klieme, E. (et al.) (2010): PISA 2009 - Bilanz nach einem Jahrzehnt. Zugriff am 15.05.2011 von: http://www.dipf.de/de/projekte/programme-for-international-student-assessment-2009.

Lehmann, G./Nieke, W. (2001): Zum Kompetenzmodell. Zugriff am 15.05.2011. von: www.bildungsserver-mv.de/download/material/text-lehmann-nieke.pdf.

Landesinstitut Schule und Ausbildung-Mecklenburg Vorpommern (L.I.S.A.-MV) (2006): Ausgewählte pädagogische Begriffe. Zugriff am 15.05.2011. von:
http://www.bildung-mv.de/export/sites/lisa/de/publikationen/rahmenplaene/ergaenzende_texte/Glossar_paed_Begriffe.pdf

Ministerium für Bildung, Wissenschaft und Kultur Mecklenburg-Vorpommern (Hrsg.) (2009): Schulgesetz für das Land Mecklenburg-Vorpommern. Vom 13. Februar 2006 in der Fassung des ersten Änderungsgesetzes vom 16. Februar 2009. Schwerin.

Nöllke, M. (2004): Kreativitätstechniken. Haufe Verlag. München.

Schaub, H./Zenke, K. G. (2007): Wörterbuch Pädagogik. Deutscher Taschenbuch Verlag. München.

Scholz, A. M (2009): Die Bedeutung von Schlüsselkompetenzen im Bologna-Prozess. IQ Beitrag. IFQ. Bonn.

Stipper, M. (1996): Kreativität und Schule. WB-Druck. Höfen in Tirol.

Tiggelers, K. H. (2007): Kreativität und Schule. In: Konrad, F. M./Sailer, M. (Hrsg.): Homo educabilis. Waxmann. Münster. S. 65-79.

Urban, K. (2004): Kreativität: Herausforderung für Schule, Wissenschaft und Gesellschaft. Lit Verlag Münster.

Volpert, S. (2006): Blitzlicht, Standbild, Votum-Ei. Kreative Unterrichtsmethoden in den Klassen 4 bis 6. Westermann. Braunschweig.

Weinert, F. (Hrsg.) (2001): Leistungsmessung in Schulen. Beltz Verlag. Weinheim und Basel.

Werder, L. v. (2002): Brainwriting & Co. Schibri-Verlag. Uckerland.

Werner, C. (2008): Soft Skills für den Unterricht. [elektronische Version]. Zeit Online. Zugriff am 15.05.2010. von: www.zeit.de/online/2008/08/soft-skills-schule.

Wiater, W. (2009): Zur Definition und Abgrenzung von Aufgaben und Funktionen der Schule. In: Blömeke, S. (et al.): Handbuch Schule. Klinkhardt. Bad Heilbrunn. S. 65-72.

Zeinz, H. (2009): Funktionen der Schule. In: Blömeke, S. (et al.): Handbuch Schule. Klinkhardt. Bad Heilbrunn. S. 87-94.

08 Roland Straube

Soft Skills in der Lehrerbildung – Probleme und Folgen

1. Hinführung

Einen Text über die Vermittlung von Soft Skills in der Lehrerbildung mit „Schäferhunde" zu überschreiben, mag Verwirrung hervorrufen. Ich muss auch zugeben, dass ein Vergleich zwischen Lehrern und Schäferhunden[1], wie ich ihn vorhabe, durchaus irritierend ist.

Nun gut: Angesichts der Situation der Lehrer in unserem Land[2] wäre es vielleicht naheliegend, von Lehrerinnen und Lehrern als „armen Hunden" zu sprechen. Aber das meine ich nicht. Ich glaube vielmehr, dass das Verhalten und die Fähigkeiten eines guten Schäferhundes im übertragenen Sinne genau dem entsprechen, was einen guter Lehrer im Umgang mit seinen Schüler ausmacht. Ein Lehrer, der wie ein Schäferhund agiert, macht alles richtig.

Wahrscheinlich haben die meisten Lehrer eigentlich ein anderes Bild von sich und betrachten sich nicht als Schäferhunde. Einige pflegen vielleicht ihre Rolle als weise Eule oder als kluger Uhu. Andere sehen sich eher in der Rolle als schützende Glucke. Die meisten Lehrerinnen und Lehrer würden wohl nicht zustimmen, wenn ich sage, dass sie nur dann gute Lehrer sind, wenn sie wie Schäferhunde sind. Woran man sieht: Es besteht ein Unterschied, zwischen dem, wie Lehrer sein müssten und dem, wie Lehrer sich selbst sehen und wie sie sich deshalb auch verhalten.

Ich will das im Folgenden näher ausführen, vorab aber deutlich sagen, dass es sich hier nicht um eine wissenschaftliche Analyse handelt, sondern um meine Wahrnehmungen und Schlussfolgerungen als Praktiker der Lehrerfortbildung und als Verantwortlicher für die pädagogische Entwicklung einer erfolgreichen

---

[1] Gemeint sind Hunde, die Schafe auf der Weide hüten, nicht die Rasse Schäferhund an sich.
[2] z.B. Mini-Kollegien in den Landschulen ohne Möglichkeiten, Krankheiten und andere Ausfälle abzupuffern, Riesenklassen in den Stadtschulen, ...

Rostocker Schule[3]. Ich werde in diesem Text den eigentlichen Bedarf bei der Lehrerbildung anhand der täglichen Praxis in den Schulen im Umgang mit Schülern und Eltern einerseits und im Reagieren auf die Vorgaben des Schulgesetzes unseres Landes andererseits darstellen.

2. Prämissen

Es gibt drei wichtige Einflussfaktoren, die bestimmen, was in der Schule passiert, wie Lehrer agieren müssen und wozu sie fort- und ausgebildet sein sollten.
1. Der Zustand der Kinder, mit denen sie zu tun haben. Dabei geht es um deren Lernfähigkeit, deren geistig moralische Entwicklung und um das soziale familiäre Umfeld.
2. Die Vorstellungen von Eltern, die als unmittelbare Auftraggeber ihre Kinder an die jeweilige Schule schicken oder auch nicht.
3. Die gesetzlichen Vorgaben, die einerseits aus der gesellschaftlichen Entwicklung resultieren und andererseits die gesellschaftliche Entwicklung forcieren.

2.1 gesetzliche Vorgaben

Die oben im letzten Punkt genannten gesetzlichen Vorgaben entsprechen in Vielem nicht dem, was in den Schulen tagtäglich passiert. Oder, um es andersherum auszudrücken: Ein großer Teil der Schulen ist noch weit entfernt von derjenigen Form des Lernens und Lehrens, die vom Gesetzgeber gefordert wird. Im Schulgesetz sind ganz oben in § 3 insgesamt 16 Lernziele aufgeführt, von denen sich kein einziges auf die Vermittlung von Kenntnissen und fachlichen Fertigkeiten bezieht. Stattdessen geht es um eine ganze Reihe von „weichen" Fähigkeiten:

- Selbständigkeit,
- Teamfähigkeit,
- Wahrnehmungsfähigkeit,
- Durchsetzungsfähigkeit,
- Toleranzfähigkeit,

---

3 Leitung der Arbeitsgruppe zur Verschriftlichung der pädagogischen Konzeption der Jenaplanschule Rostock, Schule in öffentlicher Trägerschaft durch die Hansestadt Rostock.

- Demokratiefähigkeit,
- Reflexionsfähigkeit,
- Konfliktfähigkeit,
- Integrationsfähigkeit,
- Abstraktionsfähigkeit
- usw.[4]

Und im § 2 unter Bildungs- und Erziehungsauftrag der Schule steht:

(1) ... Ziel der schulischen Bildung und Erziehung ist die Entwicklung zur mündigen, vielseitig entwickelten Persönlichkeit, die im Geiste der Geschlechtergerechtigkeit und Toleranz bereit ist, Verantwortung für die Gemeinschaft mit anderen Menschen und Völkern sowie gegenüber künftigen Generationen zu tragen.

(2) Die Schule soll den Schülerinnen und Schülern Wissen und Kenntnisse, Fähigkeiten und Fertigkeiten, Einstellungen und Haltungen mit dem Ziel vermitteln, die Entfaltung der Persönlichkeit und die Selbstständigkeit ihrer Entscheidungen und Handlungen so zu fördern, dass die Schülerinnen und Schüler befähigt werden, aktiv und verantwortungsvoll am sozialen, wirtschaftlichen, kulturellen und politischen Leben teilzuhaben.[5]

(3) Alles das ist nicht lehrbar im Sinne von Vorsagen, Nachmachen und Auswendiglernen. Malfolgen lassen sich lernen, geschichtliche Daten lassen sich

---

[4] Schulgesetz für das Land Mecklenburg-Vorpommern (SchulG M-V), vom 13. Februar 2006, geändert durch Gesetz vom 16.2. 2009: § 3 Lernziele: Die Schülerinnen und Schüler sollen in der Schule insbesondere lernen, 1. Selbstständigkeit zu entwickeln und eigenverantwortlich zu handeln, 2. die eigene Wahrnehmungs-, Erkenntnis- und Ausdrucksfähigkeit zu entfalten, 3. selbstständig wie auch gemeinsam mit anderen Leistungen zu erbringen, 4. soziale und politische Mitverantwortung zu übernehmen sowie sich zusammenzuschließen, um gemeinsame Interessen wahrzunehmen, 5. sich Informationen zu verschaffen und sie kritisch zu nutzen, 6. die eigene Meinung zu vertreten und die Meinung anderer zu respektieren, 7. die grundlegenden Normen des Grundgesetzes zu verstehen und für ihre Wahrung sowie 8. für Gerechtigkeit, Frieden und Bewahrung der Schöpfung einzutreten, 9. in religiösen und weltanschaulichen Fragen persönliche Entscheidungen zu treffen und Verständnis und Toleranz gegenüber den Entscheidungen anderer zu entwickeln, 10. eigene Rechte zu wahren und die Rechte anderer auch gegen sich selbst gelten zu lassen sowie Pflichten zu akzeptieren und ihnen nachzukommen, 11. Konflikte zu erkennen, zu ertragen und sie vernünftig zu lösen, 12. Ursachen und Gefahren totalitärer und autoritärer Herrschaft zu erkennen, ihnen zu widerstehen und entgegenzuwirken, 13. Verständnis für die Eigenart und das Existenzrecht anderer Völker, für die Gleichheit und das Lebensrecht aller Menschen zu entwickeln, 14. mit der Natur und Umwelt verantwortungsvoll umzugehen, 15. für die Gleichstellung von Frauen und Männern einzutreten, 16. Verständnis für wirtschaftliche und ökologische Zusammenhänge zu entwickeln.
[5] Ebd., a.a.O.

merken. Teamfähigkeit, Selbständigkeit, Reflexionsfähigkeit usw. sind Kompetenzen, die sich nur im täglichen Tun entwickeln können. Das bedeutet, dass Schüler im Unterricht aktiver und selbstverantwortlicher werden müssen.

(4) Vom gesellschaftlichen Auftrag her ist Schule also ein Ort, an dem sich Schüler entfalten sollen, an dem sie sich selbst finden können, durch den sie entscheidungsfähig werden, indem sie Toleranz und Gemeinschaftssinn lernen und mit dem sie ihren Bildungsweg individuell und eigenverantwortlich gestalten. Dazu steht im Schulgesetz § 4:

(5) ... Die Schule ermöglicht den Schülerinnen und Schülern gemäß ihrem Alter und ihrer Entwicklung ein Höchstmaß an Mitwirkung in Unterricht und Erziehung, damit sie ihren Bildungsweg individuell und eigenverantwortlich gestalten und zur Selbstständigkeit gelangen können.[6]

Solchen Anforderung an Schule und Unterricht widerspricht das Bild von der Lehrerin als Glucke, die die Schüler beschützt, ihnen Futter bringt, ihnen das Fressen vormacht und sie zum Nachmachen animiert, sie versteckt unter ihren Flügeln vor jeder Gefahr, die laut gackernd den Weg vorgibt und als Glucke letztendlich das ist, was die Küken eines Tages mal werden sollen, abgesehen von geschlechtstypischen Abweichungen zwischen Hahn und Henne: Lehrer oder vielleicht auch Erwachsene als die dann „besseren" oder „fertigen" Kinder.

Nach meinem Eindruck sehen sich viele Lehrerinnen und Lehrer – bei weitem nicht nur Grundschullehrer – in einer solchen fürsorglichen Rolle.

Das vom Gesetz geforderte Bild von Lehrern und Schule widerspricht diesem Rollenverständnis, aber es widerspricht auch dem Bild von der Lehrerin als weiser Eule, die bis spät in der Nacht an den Vorbereitungen für den nächsten Jagdausflug sitzt und beim Beutezug am nächsten frühen Morgen jeden Schüler erwischt und seiner Bestimmung zuführt (wobei die Uhrzeit von Unterrichtsbeginn noch ein eigenes und ganz anderes Thema wäre).

Mir will scheinen, der Schäferhund passt am besten zu dem, was der Gesetzgeber von Lehrerinnen und Lehrern erwartet. Das Gesetz verlangt, dass sie wie Schäferhunde sind,

- die den Rahmen setzen auf der Weide des Lernens,
- die aufpassen, dass keiner verloren geht,

---

6 Ebd., a.a.O.

- die in Zusammenarbeit mit dem Schäfer (also dem Gesetzgeber, der Schulaufsicht, dem Schulträger, den Rahmenbedingungen und den Ressourcen) dafür sorgen, dass keiner verhungert oder verdurstet.

Und es verlangt, dass die Lehrer wie Schäferhunde sind,

- die sich nicht erdreisten, den Schafen beibringen zu wollen, wie man frisst und wie die Nahrung zu verdauen ist (Haben Sie schon mal einen Schäferhund gesehen, der den Schafen das Fressen vormacht?),
- die sich noch nicht mal die Freiheit herausnehmen festzulegen, in welcher Reihenfolge das Schaf Gräser und Blumen abzurupfen hat, um eine wohlschmeckende Mahlzeit zu haben.

Das nämlich muss das Schaf ganz individuell für sich selbst entscheiden, so wie es im zitierten § 4 (5) des Schulgesetzes geregelt[7] ist.

Selbstverständlich ist es die Aufgabe des Schäferhundes, vor Gefahren wie steilen Abhängen und Wölfen zu schützen, also zum Beispiel die Lernatmosphäre nachhaltig schädigende Einflüsse zu beseitigen und körperliche oder seelische Schäden der Schüler zu verhüten. Er hat aber weder die Möglichkeit noch das Recht, vor jedem bitteren Blatt zu warnen oder es gar schon vorsorglich auszurupfen. Denn wie sollte das Schaf sonst jemals lernen, dass es bittere Blätter gibt und wie man sich vor ihnen hüten kann.

Ein Beispiel für gefährliche Fürsorglichkeit sind die mit großer Hysterie geforderten Internetsperren in Schulen. Statt Kindern die Gefahr von pornographischen oder radikalen Seiten zu erklären, werden diese Seiten der Einfachheit halber einfach gesperrt. Und wie das Schaf schließlich doch durch das versehentlich offene Gattertor auf die Straße und unter das Auto gerät, so werden Kinder ohne eigenes Verständnis und Wissen[8] um die zweckmäßigen Grenzen des eigenen Handelns auf Abwege im Internet geraten.

---

7 Es ist angesichts der klaren Gesetzessprache fraglich, ob sich alle Schulen bei der Ausgestaltung ihres Unterrichts und insbesondere hinsichtlich der Individualität des Lernens gesetzeskonform verhalten.
8 Es geht hier nicht nur um Medienkompetenz, also um das Wissen über den Umgang mit Medien. Mindestens genauso wichtig, wahrscheinlich wichtiger, sind die Werteerziehung und die Entwicklung von Selbstbewusstsein.

2.2 Vorstellungen von Eltern

Neben den gesetzlichen Vorgaben sind es die Vorstellungen und Verhaltensweisen von Eltern, die Einfluss auf die Schule haben. Wir können die Eltern vereinfachend[9] in zwei Gruppen einteilen, in Wolfseltern und in Faultiereltern:

1. Die einen erwarten, dass ihre Kinder in der Schule zu Höchstleistungen geführt werden und fragen schon bei der Einschulung nach dem Termin für die Abiturfeier. Ihnen ist völlig egal (oder zumindest unbekannt), was ihr Kind tatsächlich braucht, sie verlangen von der Schule vielmehr, das Kind in eine Richtung zu formen, von der sie glauben, dass es die allein glücklich und reich machende ist.

Solche Eltern stellen genau wie der Wolf eine Gefahr für ihr Kind dar, weil sie es nicht als individuelle Persönlichkeit mit ganz eigenen persönlichen Stärken wahrnehmen, sondern es stattdessen als Beilage oder Hauptgericht auf dem Teller der eigenen Lebenszufriedenheit verspeisen.

Vor Eltern dieser Art muss Schule einen Schutzraum bieten und in öffentlichen Schulen mit einem Schäfer, der nicht vom Wolf, sondern vom Minister bezahlt wird, können die Schäferhunde solche Wölfe besonders gut verbellen. Nebenbei bemerkt ist diese Unabhängigkeit ein großer Vorteil der öffentlichen Schulen im Vergleich mit den privaten Schulen, die ihrerseits durch Flexibilität, durch freiere Möglichkeiten der Unterrichtsgestaltung und in ihrer Entwicklungsfähigkeit besondere Stärke haben.

2. Zum anderen gibt es Eltern, denen noch gar nicht aufgefallen ist, dass ihre Kinder die Schule besuchen und die daran auch kein großes Interesse haben. Wir könnten Sie als Faultier-Eltern bezeichnen.

Bei Schafen aus solchen Familien bietet der Schäferhund einen Rahmen, innerhalb dessen sie sich frei lernend entwickeln können. Diese Kinder werden einen solchen Rahmen, wenn er sinnvoll und klar gesteckt ist, als Schutz und vor allem als Interesse an ihnen und ihrem Wohlergehen wahrnehmen und in einer stabilen Lernatmosphäre tatsächlich zu Höchstleistungen kommen, und zwar zu Höchstleistungen, die ihrer Persönlichkeit entsprechen.

Sicherlich wäre es gut, wenn Schäferhund-Lehrer, Wolfseltern und Faultiereltern gemeinsam für den guten Lern- und Entwicklungsrahmen der Kinder sorgen

---

9 Dieser Text enthält aufgrund seiner Kürze und zur Betonung der Botschaft zwangsläufig Vereinfachungen.

würden. An manchen Schulen funktioniert das. Die Voraussetzungen dafür sind, dass die Wölfe schon woanders fressen konnten – also in ihrem (beruflichen) Alltag erfolgreich sind – und dass die Schule die Faultiereltern in ihrem Wohlfühlbedürfnis nicht allzu sehr stört und überfordert.

Diejenigen Eltern, die weder Wolf noch Faultier sein wollen, sind hoffentlich eine gute Mischung aus beidem. Denn ein gewisses Maß an Ehrgeiz und Anstrengung bei gleichzeitig guter Achtsamkeit auf das eigene Wohlfühlen machen ein glückliches und gelungenes Leben aus. Im Übrigen hätte auch kein Schäferhund Probleme mit dieser Art von elterlichen Mischwesen, die interessiert mitdiskutieren und ihn ansonsten in Ruhe seine Arbeit machen lassen, wohl wissend, dass sie selbst keine Schäferhunde sind.

2.3 Anforderungen durch die Schüler

Und nun zu den Anforderungen, die Schüler an Schule stellen:

Schüler sind heute einer großen Zahl an Einflüssen ausgesetzt. Das fängt nicht erst beim Fernsehen an, das mit großer Zahl an Kanälen dauerhaft verfügbar ist, anders als in der Kindheit der meisten heute tätigen Lehrerinnen und Lehrer. Die Notwendigkeit zur ständigen Hab-Acht-Stellung beginnt schon bei der fehlenden beruflichen und privaten Stabilität in den Elternhäusern. Wenn wir wissen, dass mindestens[10] ein Drittel der Kinder in MV in Patchworkfamilien lebt[11] und dass 40 Prozent der sozialversicherungspflichtig Beschäftigten als Pendler arbeiten[12], dann brauchen wir uns über instabile, orientierungslose und emotional überforderte Kinder nicht zu wundern. Und wir brauchen uns auch nicht zu wundern, dass die emotionale, soziale und wertbezogene Erziehung von den Klein- und Kleinstfamilien nicht mehr in ausreichendem Maße geleistet werden kann.

Wir können das beklagen und gleichsam wie der Schäferhund den Mond anheulen. Wir können es aber auch hinnehmen und – ohne es gut zu finden – akzeptieren, dass im Meer der elterlichen Erziehungsfähigkeit gerade Ebbe und nicht Flut ist.

---

10 die Statistik des Landes ist hierzu nur teilweise aussagekräftig
11 Statistisches Amt Mecklenburg-Vorpommern, Statistischer Bericht A153 2008 22
12 Bundesagentur für Arbeit, „arbeitsagentur aktuell" Nr. 39, Mai 2010, Zahlen vom 30. Juni 2009

Schule hat es also einerseits mit Kindern zu tun, denen wesentliche für das Lernen in der Gruppe nötige Voraussetzungen fehlen und sie hat es andererseits mit Schülern zu tun, die durch die Vielfältigkeit des Lebens und der Möglichkeiten ständig gefordert sind, sich zu orientieren, sich zu entscheiden und sich zu reflektieren.

Die Schüler müssen lernen, mit der Vielfalt des Lebens eigenverantwortlich umzugehen. Es ist heutigen Tags für die Schafe einfach nicht mehr möglich, alle Blumen und Gräser der vielen verstreut liegenden Weideflächen auswendig zu kennen. Sie brauchen Methoden, um für sich selbst jeweils neu herausfinden zu können, welches Gras und welche Blume sie ernähren, was sie stärkt und wovon sie besser die Zähne oder die Finger lassen sollten.

Und selbst wenn wir von der äußeren Vielfalt des Lebens absehen oder gar glauben, sie zu beherrschen: Zwar gleicht jedes Schaf äußerlich mehr oder weniger dem anderen, doch haben sie alle einen eigenen Kopf, ein eigenes Herz und eigene Empfindungen. Sache des Schäferhundes ist es also, wie schon vorhin gesagt, gemeinsam mit dem Schäfer dafür zu sorgen, dass die Möglichkeit zum konzentrierten Fressen, also zum Lernen, besteht. Wie aber gefressen wird und was gefressen wird, das können beim allerbesten Willen weder Schäferhund noch Schäfer den Schafen vormachen.

3 Schlussfolgerung

Hier, beim Umgang mit Schülern und Lehrern, unterscheiden sich nun das Bild der überfürsorglichen Glucke und das Bild der Beute heimtragenden Eule deutlich vom Bild des guten Schäferhundes. Sein Selbstbild, seine vorhandenen Eigenschaften und seine erworbenen Fähigkeiten entsprechen sehr genau dem, was das Schulgesetz will und was Eltern und Schüler brauchen.

Gleichzeitig ist das Bild des Schäferhundes auch eine Rollenbeschreibung, die den Lehrerinnen und Lehrern selbst gut tun könnte. Statt sich abzumühen als Henne zwischen den Schafen und von ihnen schließlich trotzdem zertreten zu werden – fast 30 Prozent der Lehrer liegen mit Burnout zu Hause oder sind auf sicherem Weg dorthin[13] – oder statt, wie die Eule, ihren Erfolg am Fett- oder Wissensgehalt ihrer Beute zu messen – viele Lehrer verzweifeln an den schlechten Lernergebnissen ihrer Schüler, ohne eigentlich dafür verantwortlich zu sein – statt also

---

13 Netzwerk Lehrergesundheit MV, zitiert nach Der Lehrerfreund, 2008

Schule und Lehrersein als Krampf und Kampf wahrzunehmen, könnten sie als Schäferhunde

- für die Lernatmosphäre sorgen,
- einen Halt gebenden Rahmen setzen,
- die verirrten Lämmer zurück auf die Weide führen und
- mit großer Freude beobachten, wie kleine Lämmer zu weißen Schafen und schwarzen Böcken werden. Diese Freude ist berechtigt, denn ohne ihr Rahmen setzendes Handeln, ohne ihr Achten auf Verfügbarkeit von Weidegras und ohne Krisenintervention hätte es diese gute Entwicklung nicht gegeben.

An dieser Stelle klärt sich im Übrigen auch gleich noch die Frage nach der Autorität. Lehrer beklagen, dass sie bei Schülern nicht mehr als Autorität wahrgenommen werden, wie es Lehrern eigentlich zustünde. Das ist aber nicht so sehr verwunderlich wenn man bedenkt, dass es zwei Arten von Autorität gibt. Dabei setzen viele Lehrer immer noch besonders stark gerade auf diejenige Autoritätsart, die sich nicht durchhalten lässt. Die anderen setzen auf eine Art von Autorität, die sich leicht bezweifeln lässt. Die sogenannte deontische Autorität beschreibt die Unterordnung unter Macht. Lehrer haben aber kaum noch Macht. Die epistemische Autorität beschreibt Unterordnung unter Wissen und Lösungskompetenz. Das klingt schon besser, allerdings ist es für die Schüler nur zu deutlich sichtbar, dass die Lehrerinnen und Lehrer mit all ihrem Wissen trotzdem keine Verbesserung der Welt erreichen. Auch diese Autoritätsart führt deshalb nicht zwangsläufig zum Erfolg. Zum Glück entsteht epistemische Autorität jedoch nicht nur durch Bescheidwissen, sondern auch durch Schutz-Bieten und Authentisch-Sein. Beides – und natürlich auch das Bescheidwissen als Drittes – gehört zum Handeln des guten Schäferhundes.

Es ist ganz klar, dass ein Schäferhund wissen muss, dass er ein Schäferhund ist. Hält er sich für einen Wolf, würde er Schafe reißen. Sieht er sich als Schoßhund und sitzt beim Schäfer auf dem Bett, würde die Herde sich auflösen und viele Schafe würden verloren gehen. Das Handeln des Schäferhundes ist direkt abhängig von dem, was er als seine Aufgabe verstanden hat. Ist ihm seine Aufgabe, also seine Rolle klar, dann wird er zwangsläufig die Fähigkeiten und Fertigkeiten vermissen und schließlich entwickeln, die er braucht, um sie zu erfüllen. Er wird das aber eben nur tun, wenn ihm seine Rolle und damit seine eigentliche Aufgabe klar ist. Kein Schoßhündchen wäre bereit, sich die Füße auf der Weide schmutzig zu machen, kein Wolf würde das verirrte Lamm auf die Weide zurückbringen.

Meine These zum Zusammenhang von guter Schule und Lehrerfortbildung ist deshalb die folgende:

> In der Lehrerausbildung und in der Lehrerfortbildung wird eines als Selbstverständlichkeit vorausgesetzt, was längst nicht mehr selbstverständlich und eindeutig ist – und meist auch nicht mehr zur Realität und zu den aktuellen Anforderungen passt, nämlich das eigene Bild des Lehrers von sich und seiner Rolle und seiner Aufgabe.

Deshalb: Gute Schule in diesem Land wird, unabhängig von allen Strukturfragen, scheitern, wenn die Selbstreflexion der Lehrer im Hinblick auf ihre Interaktion mit den Schülern nicht stärker in Gang kommt. Oder anders gesagt: Es ist dringend notwendig, mit Lehrerinnen und Lehrern über ein zu den Anforderungen von Gesellschaft, Eltern und Kindern passendes Rollenverständnis zu sprechen.

4 Ist-Zustand

4.1 Lehrer

In meiner Praxis bei Lehrerfortbildungen, bei der Beratung und in der Therapie mit Lehrern erlebe ich zunehmend an der Schule verzweifelnde Lehrer.

Dabei macht die gefühlte mangelnde Wertschätzung durch Ministerium und Außenwelt nur einen Teil des Problems aus. Es ist viel häufiger so, dass Lehrer und Lehrerinnen an ihrer täglichen Arbeitsaufgabe verzweifeln:

1. Trotz größter Bemühungen gelingt es ihnen nicht, alle Schüler zu den erhofften Lernerfolgen zu führen. Manche Lehrer versuchen, dieses Problem durch Aussortieren schwieriger Schüler zu lösen. Manche schrauben einfach ihre Anforderungen herunter und sind damit unglücklich. Manche verzweifeln in der Situation vollständig und beschränken sich auf Dienst nach Vorschrift. Und manche kämpfen, kämpfen, kämpfen, bis sie schließlich zusammenbrechen.

2. Gleichzeitig erleben Lehrerinnen und Lehrer, dass sie in einer Weise als Erzieher und Therapeuten gefordert sind, wie es weder ihrem Rollenver-

ständnis noch ihren Fähigkeiten entspricht. Auch hier sind die Folgen entweder Aussortieren und Rechthaben, oder Frust oder Selbstaufgabe oder Selbstzerfleischung.

4.2 Schüler

Aufseiten der Schüler ist die Demotivation oft genauso groß. Sie lernen Stoff und Fakten, die sie nicht interessieren und die keinen Bezug zu ihrer Lebenswirklichkeit haben. Dabei merken sie, dass durch noch mehr Faktenwissen eher noch mehr Fragen als noch mehr Antworten entstehen. Je mehr ein Schüler weiß, desto mehr weiß er, dass er nichts weiß. Wenn er dann nicht lernt, in Zusammenhängen zu denken, zu vergleichen, zu abstrahieren und zu übertragen, dann gibt ihm die Anhäufung von Faktenwissen weder Entscheidungsfähigkeit noch Lebensbewältigungskompetenz. Sie ist sinnlos, und entsprechend schlecht ist seine primäre Motivation.

Motivierte Schüler gibt es durchaus:
- am Nachmittag,
- im SchülerVZ,
- vielleicht beim Theaterprojekt,
- beim Lesen von Jugendromanen,
- bei der Suche nach dem geschicktesten Weg, im Großmarkt eine DVD zu klauen,
- bei den Bemühungen, ihre zerstrittenen Eltern zu versöhnen,
- beim Versuch, den Lehrer zu ärgern,

eben bei ganz vielen Dingen, nur leider oft nicht im Unterricht. Dabei hat das mal anders angefangen, in der ersten Klasse, als jeder Milchtütenaufdruck vorgelesen und jede noch so schwere Hausinschrift entziffert wurde. Doch, und das ist leider ein Merkmal öffentlicher Regelschulen im Unterschied zu solchen mit reformpädagogischem[14] Konzept: Die Kinder verlieren ihre primäre Motivation, das Selbst-Lernen-Wollen, und entwickeln sich hin zu Schülern, die (wenn überhaupt) nur noch für Noten lernen (also für sekundäre Motivatoren) oder – im

---

14 „reformpädagogisch" beschreibt hier alle Schulformen, bei denen der Unterricht an den Schülern, statt am Lernziel orientiert ist (was – weitere Bedingungen vorausgesetzt – letztlich zu einem besseren Erreichen des Lernzieles führt).

noch ärgerlicheren Fall – für die Bewunderung durch ihre Mitschüler oder für die Aufmerksamkeit ihrer Lehrer eben gerade nicht lernen.

Primäre Motivation lässt sich nicht erzeugen, egal welche Verrenkungen der Lehrer macht und egal wie wichtig oder vielleicht begeisternd der Lehrer seinen Unterrichtsstoff findet. Primäre Motivation wächst und bleibt erhalten, wenn vier Faktoren zusammentreffen[15]:

1. Die Tätigkeit, für die Motivation gebraucht wird, muss aus Sicht des Ausführenden sinnvoll sein.
2. Sie muss selbstbestimmt ausgeführt werden können.
3. Sie muss möglichst erfolgreich sein, zumindest aber ein klares Ergebnis haben.
4. Dieser Erfolg oder notfalls auch Misserfolg muss selbst verantwortet sein.

Bei der Betrachtung von Motivation wird dieser letzte Punkt oft übersehen. Ganz entscheidend für Wachstum oder Erhalt von primärer Motivation ist, dass die „Schuld" für seinen Erfolg oder Misserfolg beim Schüler selbst liegt. Das kommt von der inneren Verbindung dieses Aspektes mit dem Bedürfnis nach Relevanz oder Lebenssinn.

Was hat das für Konsequenzen?

Es bedeutet, dass Unterricht, durch eine Glucke gestaltet, motivationszerstörend ist. Denn dass das dargereichte Futter schmeckt und stärkt, ist allein Verdienst der Glucke, die es angeboten hat. Der Schäferhund – als Bild für den guten Lehrer – macht es besser: Er überlässt es dem Schüler selbst, welche Blume und welches Gras er innerhalb der abgesteckten Weide zu sich nimmt oder nehmen möchte. Jeder Grashalm im Bauch, jedes Wachstum, jeder Wohlgeschmack sind deshalb ein Erfolg für das Schaf und motivieren zum Weiterfressen, zum Weiterlernen. Selbstverantwortetes Lernen ist etwas, was nur funktioniert, wenn Lehrerinnen und Lehrer sich als Schäferhunde sehen, statt als Glucke oder Eule. Selbstverantwortetes primär motiviertes Lernen ist auch überlebenswichtig, weil nur, wer das Lernen gelernt hat und das Lernen auch will, das heute in Beruf und Privatleben nötige lebenslange Lernen durchhält.

---

[15] Es geht hier um Motivation, nicht um Spaß! Lernen ist nicht immer ein reines Vergnügen. Gerade in diesen Situationen, in denen Lernen keinen Spaß bereitet, ist primäre Motivation zwingend nötig, um das Lernen zu ermöglichen und durchzuhalten.

4.3 Eltern

Eltern sind mit ihren Kindern und mit Schule zunehmend überfordert. Selbst in unsicheren Verhältnissen lebend, reagieren sie oft mit Über- oder Unterforderung ihrer Kinder. Die eigene Unsicherheit mündet dann in Aggression gegen die Schule. Hier bietet das klare Zeigen von Kompetenz – wir in der Schule, wir wissen, was wir tun – den Eltern Halt und schafft Gelassenheit. Bei den Eltern ist es letztlich genau wie bei den Kindern: In einer Atmosphäre von Gelassenheit, Wohlfühlen, körperlicher und seelischer Gesundheit sind Kooperation, Lernen und Entwicklung möglich. Unter Stress und Angst bleiben nur Kampf oder Rückzug. Schäferhunde zeigen allein durch ihre Präsenz, dass alles seinen klaren Rahmen hat, dass die Kinder wohl behütet gut geweidet werden.

5 abgeleiteter Fortbildungsbedarf

Es soll hier nicht auf die Methoden guter Unterrichtsgestaltung eingegangen werden[16], sondern es geht vielmehr um die Voraussetzung für gute Unterrichtsgestaltung: Wie wird Lehrerinnen und Lehrern der Bedarf für die Ergänzung, Erweiterung oder gar Umstellung ihrer Unterrichtsmethoden überhaupt bewusst?

Dieses Bewusstsein ergibt sich dann geradezu zwangsläufig, wenn die Lehrerinnen und Lehrer ein persönliches Rollenbild annehmen, das dem Schulgesetz und der Lebenswirklichkeit entspricht.

Dieses Rollenbild, was wir hier als guten Schäferhund beschreiben, hilft auch den Lehrern selbst beim Vermeiden der vorhin beschriebenen frustrierenden Erlebnisse mit Schule. Der Schäferhund weiß, dass er (ausschließlich, aber auch tatsächlich) für eine gute Fress- bzw. Lernatmosphäre zu sorgen hat[17], dass er aber gleichzeitig keinerlei Einfluss darauf nehmen darf und kann, was die Schafe fressen, wie schnell sie fressen, und wie sich ihre Verdauung und die Entwicklung/Stärkung ihres Körpers weiter vollziehen.

---

16 s. www.straube-mb.de
17 Das Schulgesetz ist hier moderner als viele, die in Lehrerbildung, Schule und Schulaufsicht mit seiner Umsetzung befasst sind: Es fordert eine Individualität des Lernprozesses, die allein durch die interaktions-, erfahrungs- und handlungsorientierten Methoden der konstruktivistische Didaktik erreichbar ist. Es schließt die bildungs- und lerntheoretischen Didaktiken nahezu aus.

Der Schäferhund weiß auch, dass er – von Extremsituationen wie aus der Herde ausgebrochenen Schafen und sonstigen Störungen abgesehen – nur indirekt auf die Erziehung der Lämmer einwirkt. Wenn er die nötigen Rahmenbedingungen wie Schutz der Herde usw. geschaffen hat und aufrechterhält, dann kann er diese Erziehung getrost der Selbstorganisation der Gemeinschaft überlassen. Selbstverständlich hat er darauf zu achten, dass die Starken dabei gut mit den Schwachen umgehen und dass die Schwachen die Stärke der Starken nur in angemessener Form nutzen, so dass jedem genügend Freiraum für die individuelle Entwicklung bleibt.

Womit wir wieder angelangt wären beim § 4 des Schulgesetzes, bei der individuellen Entfaltung der Persönlichkeit. Und wir sind da angekommen und haben bei uns motivierte Schüler einerseits und gelassene selbstbewusste Lehrer andererseits. Und mit etwas Glück haben wir auch Eltern bei uns, die sich auf die Schule in positiver Weise vertrauensvoll verlassen.

Das beschriebene „bewusstseinserweiternde" Rollenbild muss erarbeitet werden. In Fortbildungen mit Lehrerinnen und Lehrern erlebe ich eine große Suche nach Methoden, die den Schulalltag leichter gestalten. Jenseits von Fachwissenschaftlichkeit werden unterrichtsdidaktische und personale Fertigkeiten gesucht, die bei der Lehrerausbildung nicht gelernt oder überhört wurden.

Die sehr engagierte staatlich organisierte Lehrer(fort)bildung konzentriert sich zu sehr auf fachwissenschaftliche Aspekte und auf das Schaffen abrechenbarer Leistungen mit computerauswertbaren Ergebnissen. Die Veränderungen der Prüfungsaufgaben weg von freien Ergebnissen hin zu standardisierbaren Antworten, zum Beispiel in Deutsch, sind ein gutes Beispiel für die Aufgabe von Individualität zugunsten scheinbarer Vergleichbarkeit in Rankings. Und sie sind ein Widerspruch zum Geist und zum Wortlaut des Schulgesetzes.

Was aber tatsächlich wichtig ist in der Lehrerbildung, ergibt sich aus dem gerade Ausgeführten. Zuallererst braucht es Lehrerbildungsformen, in denen die Pädagogen über ihr eigenes Rollenbild reflektieren und es (weiter)entwickeln können. Solche Fortbildungsformen können keine Powerpoint-Vorträge und auch keine klugen Bücher sein. Solche Fortbildungen funktionieren nur mit emotionaler Erfahrung und Selbstreflexion.

Das stellt hohe Anforderungen sowohl an den Mut der teilnehmenden Lehrer als auch an die Fortbildungsleiter, die einen Rahmen schaffen müssen, indem Selbstreflexion möglich ist. Es ist auch kostenintensiv, denn gute Fortbildungsleiter kosten mehr Geld und die Gruppengröße sollte eher bei sieben als bei fünfzehn Teilnehmenden liegen, von mehr ganz zu schweigen.

6 Abschluss

Erst wenn Lehrerinnen und Lehrer für sich ein Rollenbild gefunden haben, das sie einerseits entlastet und das es ihnen andererseits ermöglicht, die Vorgaben von Schulgesetz und Lebenswirklichkeit zum Wohle der Schüler zu erfüllen, dann und wirklich erst dann ist es sinnvoll, über Methoden passender Unterrichtsgestaltung nachzudenken. Denn erst dann, erst wenn der Schäferhund weiß, dass er Schafe hüten wird und was das bedeutet, erst dann wird er die entsprechenden Fähigkeiten vermissen und sich um sie bemühen. Und wenn er dann diese Fähigkeiten[18] hat[19], wie

- Achtsamkeit,
- Akzeptanz der Eigentümlichkeit von Schafen und Respekt vor ihrer Persönlichkeit,
- Geduld, wenn sie langsamer sind,
- Blick auf ihre Ressourcen, obwohl sie weder beißen noch so laut bellen können wie er,

dann wird er sich mit den Methoden beschäftigen wollen, können und müssen, die er braucht, um Schafe gut zu hüten.

Vielleicht ist es gewöhnungsbedürftig, wenn in erziehungswissenschaftlichen Zusammenhängen von guten Lehrern wie von guten Schäferhunden gesprochen wird. Ich wünsche mir, dass dieses Bild keine Zumutung bleibt, sondern vielmehr zu eine Entlastung und Stärkung für Lehrerinnen und Lehrer beiträgt.

---

18 Diese lehrerbezogenen Fähigkeiten sollten schon im Elternhaus und in der eigenen Schulzeit gelernt worden sein. Wenn das dort – aus welchen Gründen auch immer – nicht (in ausreichendem Maße) geschehen ist, dann sind Lehrerinnen und Lehrer auf passende Fortbildungen angewiesen. Die Stichwörter zur Suche sind: systemisch, konstruktivistisch, transformativ, ressourcenorientiert, gewaltfrei, Kommunikation, Mediation, Beratung, Deeskalation, Entwicklung. Außerdem kann gut gemachte Einzel- oder Teamsupervision helfen, Achtsamkeit, Geduld, Ressourcenorientierung und Akzeptanz/Gelassenheit zu entwickeln.
19 dazu gehört als weitere Fähigkeit noch Kreativität
*Der Autor hat dem Beitrag kein Literaturverzeichnis beigefügt (Anm. d. Herausgebers)

7 Zusammenfassung

In der Fortbildung von Lehrern kommt es zuerst darauf an, die eigene Rolle zu finden und zu verinnerlichen, dann die entsprechenden Fähigkeiten zu entwickeln, die zu dieser Rolle gehören (das sind hauptsächlich die in diesem Text und in diesem Buch thematisierten Soft Skills) und erst danach – aber natürlich nicht zu vernachlässigen – kommt es darauf an, die Methoden zu erlernen oder wiederzuentdecken, mit denen sich die Rolle beim Erfüllen des gesetzlichen Bildungsauftrages so ausfüllen lässt, dass es Schülern, Lehrern und Eltern gut geht.

09 Ulrika Gehrke

Soft Skills in der Ausbildung der Gesundheitsfachberufe Kontinuität und Wandel

In diesem Beitrag wird dargestellt, welche Bedeutung Soft Skills als Kernkompetenzen und Qualitätsmaßstab im Berufsalltag und in der Ausbildung von Gesundheitsfachberufen haben.

Kontinuität und Wandel in der Ausbildung von Soft Skills werden exemplarisch anhand einer historischen Analyse und gegenwärtigen Anforderungen an die Pflegeberufe, Gesundheits- und Kinderkrankenpflege und Gesundheits- und Krankenpflege aufgezeigt.

Der Beitrag soll zugleich einen Einblick in ausgewählte rechtliche und allgemeine Spezifika der Rahmenbedingungen und Erfahrungen der Autorin in der Ausbildung gewähren.

1. Einführung

1.1 Vorbemerkungen

Trösten können, Ängste reduzieren helfen, da sein bei der Geburt, Krankheit oder im Sterbeprozess, das sind Kernkompetenzen, die die Bevölkerung und der Einzelne von Gesundheitsfachberufen erwarten.

Der Erfolg und die Wirksamkeit der Arbeit der Berufsangehörigen in Gesundheitsberufen wird im nicht zu unterschätzenden Maße vom Verhalten und den Einstellungen dieser im Umgang mit Patienten und deren Angehörigen, im interdisziplinären Team und auch mit sich selbst bestimmt.

Gesundheitsberufe/Gesundheitsfachberufe sind Bezeichnungen für eine Fülle von Berufen, in deren Mittelpunkt Gesundheit zu erhalten, zu fördern und wiederherzustellen steht.

Und ganz gleich, in welchen dieser Berufe und an welchem Arbeitsplatz Absolventen nach einem Studium oder einer Berufsausbildung im Gesundheitssektor tätig sein werden, zielt die Kompetenzentwicklung im Ausbildungsprozess darauf ab,

- die künftigen Anforderungen im Arbeitsalltag zu bewältigen,
- Berufszufriedenheit und damit die Verweildauer im Beruf und Arbeitsfeld sicherzustellen sowie
- Beziehungsprozesse im Beruf auf unterschiedlichen Ebenen gestalten zu können.

Beruflich kompetent zu sein bedeutet zugleich, situationsangemessen im entsprechenden Kontext handeln zu können.

Oberflächlich betrachtet unterscheiden sich dabei Gesundheitsfachberufe von keinem anderen Beruf im Dienstleistungssektor.

Und dennoch wird gerade diese Berufsgruppe nicht nur an ihren fachlichen, sondern ganz besonders an ihrer Sozialkompetenz gemessen.

Die Ansprüche der Gesellschaft und die Identifikation mit den in diesen Berufsbildern festverwurzelten Merkmalen humanistischer Verhaltensweisen erfordern von den Berufsangehörigen deren Kenntnis und Akzeptanz.

Von jedem Neueinsteiger in diesem Berufsfeld wird erwartet, dass er diese rasch verinnerlicht und damit über die Kompetenz verfügt, die die beruflichen und persönlichen Ziele verwirklichen lassen. Der Berufsinhaber sichert sich damit zugleich die Gruppenzugehörigkeit und mit seiner Qualifikation die Beschäftigungsfähigkeit sowie die Chance, auf dem Arbeitsmarkt zu bestehen.

Steigende Lebenserwartung und das Streben nach bestmöglicher Gesundheit bis ins hohe Alter sind persönliche Lebensziele der meisten Menschen sowie ein wesentlicher Gradmesser für den Lebensstandard in einem Land.

Gesundheit ist in modernen Industriegesellschaften ein hohes gesellschaftliches Gut.

Bei der Erhaltung, Sicherstellung und Förderung der Gesundheit der Bevölkerung nehmen die Gesundheitsberufe daher eine exponierte Stellung ein.

Die Gesellschaft und die Bürger erwarten von dieser Berufsgruppe hohe technologische Fähigkeiten (fachliche und methodische Kompetenz) gepaart mit Menschlichkeit, Empathie und Interaktionsfähigkeit (soziale Kompetenz).

1.2 Gesundheitsberufe – Nomenklatur

Gesundheitsberufe sind eine große Berufsgruppe. Sie ist sehr heterogen was fachliche Kompetenzen, Position und Rolle im Gesundheitssystem sowie Ausbildungsstandards angehen. Sie ist vergleichsweise homogen hinsichtlich der Anforderungen und Erwartungen an ihre Sozialkompetenz. Gemeinsam ist ihnen allen, dass sie gesundheitsbezogene Dienstleistungen für die Bevölkerung erbringen.

„Gesundheitsberufe" ist zugleich ein Begriff neueren Datums.

Synonyme Begriffe zur Kennzeichnung und Systematisierung dieser Berufe in Deutschland sind auch:

- Medizinal- und Medizinalfachberufe,
- Heil- und Heilhilfsberufe,
- Ärztliche und nichtärztliche Berufe,
- Akademische und nichtakademische Gesundheitsberufe,
- Assistenzberufe und Pflegeberufe. (vgl. SCHELL 1995 S. 92-94)

Unter den sogenannten „Heilhilfsberufen", zu denen u. a. die Physiotherapeuten, Hebammen, Ergotherapeuten, Logopäden, Krankenschwestern und Kinderkrankenschwestern gehören, bilden die zuletzt genannten die quantitativ größte Gruppe unter den Beschäftigten und Lernenden.

Der Schwerpunkt der Ausführungen in dieser Arbeit soll daher auf diese beiden letztgenannten Berufe gerichtet sein. Gesundheits- und Kinderkrankenpfleger/Innen und Gesundheits- und Krankenpfleger/Innen, wie die Berufsbezeichnungen heute korrekt lauten, sowie im weitesten Sinne auch die Hebammen werden in Deutschland auch als Pflegeberufe unter den Heilhilfsberufen der Gesundheitsfachberufe systematisiert.

Die Gesundheitsfachberufe unterliegen gegenwärtig den größten Wandlungs- und Veränderungsprozessen. Dabei entstehen zugleich neue Anforderungen hinsichtlich ihrer beruflichen Kompetenzen, die auch die Sozialkompetenz mit einschließt.

1.3 Pflegekompetenz – Ein allumfassender Kompetenzbegriff in Pflegeberufen

Gesundheits- und Kinderkrankenpfleger/-innen und Gesundheits- und Krankenpfleger/-innen betreuen entsprechend ihrer beruflichen Spezifität gesunde, kranke und behinderte Menschen und begleiten Menschen im Sterbeprozess.

Berufliche Kompetenzen im Ausbildungsprozess zu bestimmen bedeutet, sie im Verwertungszusammenhang des Berufes zu sehen, dabei zu fragen, wozu dient eine Kompetenz und wem nützt sie. Im Ausbildungsprozess der Gesundheits- und Kinderkrankenpflege und Gesundheits- und Krankenpflege gilt es, für die gegenwärtige und zukünftige Berufspraxis Pflegekompetenz bei den Lernenden herauszubilden.

Der Nutzen der Pflegekompetenz besteht darin, in konkreten Pflegesituationen des beruflichen Alltags adäquat handeln zu können und dabei den zu Pflegenden (Patienten) mit unterschiedlichen Gesundheitsbedürfnissen zur Selbstpflegekompetenz zu führen.

Das bedeutet zugleich, dass professionelle Pflegekompetenz zum Wohle anderer entwickelt und ausgeübt wird und die erworbene Selbstpflegekompetenz dem eigenen Nutzen des Patienten dient.

Da die Fähigkeiten der Pflegekompetenz der Pflegekräfte „dem Wohle anderer Personen dienen, umfassen sie Fähigkeiten, die für die sozialen, interpersonalen sowie für die professionell-technologischen Merkmalen praktischer Pflegesituationen spezifisch sind" (vgl. OREM 1997, S. 270).

Dieses von OREM in der pflegewissenschaftlichen Literatur definierte und anerkannte Set von Kompetenzen lässt sich auf die in der deutschen Berufspädagogik üblichen Begriffe

- Fachliche,
- Methodische,
- Soziale,
- Personale Kompetenzen

übertragen.

Zwischen den Kompetenzarten der professionellen Pflegekompetenz besteht eine unmittelbare Wechselbeziehung. Meines Erachtens ist eine „Abgrenzung" rein pädagogischer und didaktischer Natur. Denn der Erfolg sowie auch der Misserfolg des beruflichen Handelns der Gesundheitsberufe, nicht nur der Pflegeberufe, sind im hohen Maße mit davon abhängig, wie die Balance zwischen den sogenannten Hard- und Soft Skills gewahrt bleibt.

Wird dies nun wieder auf die Pflegekompetenz zurückgeführt, muss das Zusammenwirken aller Kompetenzarten die Lernenden und Pflegekräfte befähigen „bewusst mit Personen, die einen rechtmäßigen Pflegebedarf haben, zu interagieren sowie möglichst in der Zusammenarbeit mit ihnen die Pflege durchzuführen" (OREM, 1997 S. 270)

Der berufliche Entwicklungsprozess der Kompetenzen vollzieht sich dabei vom „Novizen zum Experten" (BENNER 1991). Die Grundlagen für die Pflegekompetenz werden in der beruflichen Erstausbildung gelegt. Sie konsolidieren sich durch lebenslanges Lernen und berufliche Erfahrungen am Arbeitsplatz.

2 Berufsgesetze in der Ausbildung von Gesundheitsfachberufen

Vor dem Hintergrund des Gegenstandes dieser Arbeit ist ein Einblick in einige maßgebliche Rechtsgrundlagen der Ausbildungsprozesse nicht ohne Belang.

Denn anders als in anderen gleichgelagerten Berufsausbildungen basieren die Rechtsvorgaben für alle traditionellen Heilhilfsberufe auf bundesrechtlichen Vorgaben (Grundgesetz Artikel 74 (19)).

Der Gesetzgeber verfolgt damit das Ziel, deutschlandweit ein einheitliches Ausbildungsniveau und die damit verbundenen beruflichen Kompetenzen im Interesse der gesundheitlichen Versorgung der Bevölkerung sicherzustellen.

Jeder der nach Bundesrecht geregelten Gesundheitsfachberufe verfügt über ein spezifisches Berufsgesetz und eine damit in Verbindung stehende Ausbildungs- und Prüfungsverordnung.

Gemeinsam ist all diesen Berufen, dass die Dauer der theoretischen und praktischen Ausbildung insgesamt drei Jahre beträgt und diese mit einer staatlichen mündlichen, schriftlichen und praktischen Prüfung abschließt. Diese Gesetze schützen die jeweilige Berufsbezeichnung und sichern nur den Hebammen und den Medizinisch-technischen-Radiologieassistenten ein Tätigkeitsmonopol durch diese Berufe vorbehaltlichen Tätigkeiten. (vgl. KURTENBACH/GOLOMBEK/SIEBERS 1994 S. 60).

Eine maßgebliche Besonderheit dieser Ausbildungen besteht weiterhin darin, dass die Schulen im Regelfall nicht Bestandteil des staatlichen Bildungssystems sind.

Ausnahmen gibt es dabei in einzelnen Bundesländern wie z. B. Bayern und Mecklenburg-Vorpommern.

In Mecklenburg-Vorpommern gelang es 1992 im Rahmen der Neugestaltung des Bildungssystems, diese Ausbildung in das staatliche Schulsystem zu integrieren und die vorhandenen und bewährten Strukturen der ehemaligen DDR in die schulrechtliche Hoheit des Landes zu überführen. Aber unabhängig ordnungsstruktureller Zugehörigkeit haben bei der Ausgestaltung der Ausbildungsprozesse die bundesrechtlichen Vorgaben oberste Priorität.

Die Träger der Schulen sind die Krankenhäuser, die sich in öffentlicher, freigemeinnütziger oder privater Trägerschaft befinden. Insbesondere in der Ausbildung der Pflegeberufe soll „eine vertretbare Nähe von Schule und Krankenhaus sichergestellt werden, um damit einen möglichst hohen Qualitätsstandard zu gewährleisten" (vgl. STORSBERG/NEUMANN/NEIHEISER 2006 S. 77)

3 Soft Skills der Gesundheitsfachberufe insbesondere der Pflegeberufe

3.1 Soziale Kompetenz als Teilziel des Ausbildungszieles der Gesundheits- und Kinderkrankenpflege und Gesundheits- und Krankenpflege

Die allgemeinen Formulierungen des Ausbildungszieles im Krankenpflegegesetz über den beruflichen Kompetenzerwerb der Gesundheits- und Kinderkrankenpflege und Gesundheits- und Krankenpflege, machen es erforderlich, dass an den Schulen zur zielgerichteten Gestaltung des Ausbildungsprozesses eine an den gegenwärtigen und zukünftigen beruflichen Anforderungen orientierte Konkretisierung erfolgt.

Wenn dabei die Teilziele und Inhalte der Pflegekompetenz auf die mitcharakterisierenden Merkmale der sozialen und interpersonalen Kompetenz konzentriert werden, ist ein Blick auf sogenannte Soft Skills-Listen, wie sie in der berufspädagogischen Literatur veröffentlicht sind und diskutiert werden, eine mögliche Orientierungshilfe.

Viele der darin aufgeführten Persönlichkeitsmerkmale und Humaneigenschaften haben in den Gesundheitsberufen eine lange Tradition. Sie sind unter den Berufsangehörigen individuell ausgeprägt und haben sich maßgeblich historisch-genetisch entwickelt. Insbesondere Persönlichkeitseigenschaften wie z. B. Freundlichkeit, Fleiß, Sorgfalt, Gewissenhaftigkeit, Zuverlässigkeit Pünktlichkeit, Ehrlichkeit, Einsatzbereitschaft, Höflichkeit, Verschwiegenheit finden in der Berufsgruppe eine hohe Akzeptanz.

Diese Merkmale gepaart mit Fähigkeiten wie:

- Kommunikationsfähigkeit,
- Kooperationsfähigkeit,
- Flexibilität,
- Belastbarkeit,
- Teamfähigkeit,
- Stressresistenz,
- Selbstbeherrschung,
- Kritikfähigkeit u. a. (vgl.RÖHL/DUCH 2011 S. 92-95, DALLMANN 2009 S. 34-38)

sind Anforderungen und Erwartungen an die Pflegeberufe, die zum einen auf dem traditionellen Rollenverständnis und Wertebild dieser Berufsgruppe beruhen und anderseits auch als „Neue" Kompetenz im beruflichen Veränderungsprozess angesehen werden können.

Für die Konkretisierung der sozialen Kompetenz im Ausbildungsziel ist zugleich ein historischer Diskurs empfehlenswert. Er dient primär der Lösung der Fragen:

- Welche der historisch gewachsenen, traditionellen Soft Skills gilt es, im Pflegeberuf zu bewahren, kontinuierlich weiterzuführen und in das habituelle Verhalten zu interiorisieren?
- Welche dieser Soft Skills sind im heutigen beruflichen Alltag obsolet?

Die Antworten auf die letztgenannte Fragestellung können auch herangezogen werden, wenn es darum geht, Hemmnisse/Widerstände im beruflichen Wandlungsprozess der Pflegeberufe sichtbar zu machen.

3.2 Soft Skills in Gesundheitsberufen/Pflegeberufen in Deutschland im historischen Kontext

3.2.1 Wesentliche Einflussfaktoren

Wie in der Einführung des Beitrages schon kurz angemerkt, blicken die Gesundheitsberufe auf eine mehr als 2000 jährige Entwicklungsphase zurück.
Dabei hatten diese Berufe markante Entwicklungsetappen und durchliefen vielfältige Wandlungs- und Veränderungsprozesse.
Beachtenswert bzw. von maßgeblichen Einfluss auf die Entwicklung der Sozialkompetenzen und das Wertebild der heutigen Pflegeberufe sind:

- Die Medizin und die Medizin-Ethik
- Das Christentum
- Die Rolle der Frau in der Gesellschaft
- Die Veränderungen der Krankenversorgung insbesondere in den Krankenhäusern
- Änderung in der Pflege und in den Pflegeberufen

Die nachfolgend ausgewählten historischen Erscheinungen sollen einen Einblick vermitteln und diesen Prozess durch exemplarische Beispiele belegen.

3.2.2 Christliche und weibliche Tugenden im Dienste am hilfebedürftigen Nächsten

Krankenpflege war bis zum 19. Jahrhundert noch kein Beruf. Sie wurde bis zu diesem Zeitpunkt von den weiblichen Mitgliedern in den Familien ausgeübt. Gegenüber Fremden wurde sie als Dienst am Notleidenden im Sinne der christlichen Caritas gesehen und geleistet.

Anfänglich als „Dienst" auch von Männern ausgeübt, entwickelte sie sich über die Jahrhunderte zur unbezahlten Tätigkeit für Frauen.

Krankenpflege erfolgte aus Berufung, war weibliche Liebestätigkeit und Nicht-Arbeit.(vgl. BISCHOFF 1997 S. 10, JUCHLI 1983 S. 46).

Sogenannte weibliche Eigenschaften wie Zuwendung, Mitgefühl, Einfühlungsvermögen, Gewissenhaftigkeit, Sauberkeit, Uneigennützigkeit, Wärme und Emotionen waren und sind in der bürgerlich-christlich geprägten Gesellschaft die Eigenschaften, die traditionell mit dem Frausein identifiziert werden. Diese Persönlichkeitsmerkmale (Soft Skills) ließen die Frauen besonders exponiert für die karitative Krankenpflege werden und sein.

Hingebungs- und aufopferungsvoll entsprechend des Nächstenliebegebotes nahmen sich gläubige Frauen, Nonnen und seit der Mitte des 19. Jahrhunderts in Deutschland auch Diakonissen und Rot-Kreuz-Schwestern unentgeltlich der Mittellosen, Kranken, Behinderten, Alten, Sterbenden und Findelkindern, aber auch der Verletzten in den Lazaretten an.

Demut, Barmherzigkeit und Nächstenliebe bestimmten die Lebenswelt dieser Frauen.

Sie dienten dem Hilfsbedürftigen um Gotteslohn, um „sich damit einen Platz im Himmel zu sichern" (vgl. BISCHOFF 1997 S. 14).

Wirtschaftlich waren sie von der Krankenpflegetätigkeit unabhängig, da sie bis an ihr Lebensende durch die Familie, christliche Ordensgemeinschaft, kirchliche oder andere religiöse Verbände versorgt wurden.

3.2.3 Krankenpflege als Hilfsberuf des Arztes im Kontext der Medizin und Medizin-Ethik

Die Lösung der Krankenpflege vom primär karikativ-religiösen Liebesdienst zur beruflichen Pflege vollzog sich erfolgreich im 19. Jahrhundert. Maßgeblich trugen dazu der medizinische Fortschritt mit einer Differenzierung der medizinischen Fachgebiete und die erfolgreiche ärztliche Versorgung von Patienten in Krankenhäusern bei. Während die Diagnostik und Therapie von Erkrankungen sehr gut voranschritt, befand sich die Pflege der Patienten in den stationären Einrichtungen in einem desolaten Zustand (vgl. SEIDLER 1980, JUCHLI 1983, GEHRKE 1999).

Eine ausschließlich religiöse Motivation der Krankenpflege im Kontext des Nächstenliebegebotes reichte nicht mehr aus. Die Forderung einzelner Ärzte nach einem medizinisch qualifizierten Pflegepersonal nahm nach anfänglich großem Widerstand der Mehrheit der Ärzte aus standesrechtlichen Gründen und konfessioneller Verbände, die in der Krankenpflege keinen Beruf akzeptieren konnten, rasant zu.

Hohe Mortalitätsziffern vor allem bei Säuglingen und Kleinkindern im Krankenhaus forcierten diesen Prozess für die Gesundheits- und Kinderkrankenpflege.

Demut, Selbstlosigkeit und Entsagung privater Bedürfnisse, dabei bescheiden und anspruchslos, waren im medizinischen Kontext die Haupttugenden einer guten Pflegekraft. Zum Patienten sollte eine „persönliche unmittelbare Beziehung des Vertrauens und der soziale Liebe" aufgebaut werden (vgl. BISCHOFF 1997 S. 90).

Die Krankenschwester soll sanft, gehorsam und immer Zeit für die Wünsche der Patienten haben, gleichermaßen „Kaltblütigkeit zeigen. Sie soll die Anordnung des Arztes auch gegen den Widerstand der Patienten durchsetzen können" (Ebenda S. 91).

Im Ergebnis dieser Entwicklungsphase des Berufes der Krankenschwester war die Schwester im Idealfall die rechte Hand des Arztes. Als seine Assistentin und Gehilfin wurde von ihr erwartet, dass sie den Patienten entsprechend ärztlicher Anweisungen widerspruchslos, zuverlässig, gewissenhaft und aufopferungsvoll versorgt.

Mütterliche Eigenschaften, wie z. B. die Liebe zum Kind, Güte, Wärme Zuneigung, Nähe Harmonie, Ausgeglichenheit und Toleranz waren und sind auch heute noch charakteristische Sozialkompetenzen (Soft Skills) dieser Berufsgruppe gegenüber den ihr anvertrauten Kindern. In der Interaktion mit dem Kinderarzt entwickelte sich trotz der auch hier bestehenden streng hierarchischen Strukturen, eine auf Kooperation, Respekt, Kommunikation und Vertrauen beruhende, wechselseitige Partnerschaft. Teamwork und Teamfähigkeit (Soft Skills) waren und sind auch im heutigen multiprofessionellen Team charakteristische Merkmale und Anforderungen aller in der Kinder- und Jugendlichenbetreuung tätigen Berufsgruppen.

Die berufliche Rolle der Kinderkrankenschwester hat sich seit ca. Mitte der 70 er Jahre des 20. Jahrhundert, als die Mitaufnahme der Eltern in die Kinderkliniken erfolgte, von der vollständigen kompensatorischen Pflege des Kindes auch zur Beraterin und Hauptansprechpartnerin der Eltern verändert und gewandelt.

Damit waren zugleich neben der kontinuierlichen Förderung bewährter auf das Kind und das Team ausgerichteten Sozialkompetenzen neue erforderlich. Sie sollen im veränderten Berufsbild vor allem bei der Anleitung, Beratung und Aufklärung der älteren Kinder, Jugendlichen und Bezugspersonen zum Tragen kommen (vgl. GEHRKE 1999 S. 9-18).

3.3 Soziale Kompetenzen – ein Qualitätsfaktor der Pflegekompetenz heute und in Zukunft

In den zurückliegenden zwanzig Jahren haben sich die Anforderungen und die Maßstäbe, mit dem die Ergebnisse der pflegerischen Arbeit gemessen werden, erheblich verändert.

Der Bedarf an professioneller Pflege ist national und international weiter gewachsen. Dazu tragen nicht nur demografische Erscheinungen sondern auch Veränderungen des Krankheitsspektrums mit einer Zunahme chronischer, psychosomatischer und psychischer Erkrankungen sowie Behinderungen bei Menschen aller Altersgruppen vom Säugling bis zum Greis bei.

Der Patient heute ist ein mündiger Bürger, der als Mensch respektiert und insbesondere im Pflegeprozess aktiv beteiligt und, soweit wie möglich, eine selbstbestimmende Rolle übernehmen will. Die devote Ergebenheit und damit teilweise auch hilflose Abhängigkeit von einem autoritären und zuweilen diktatorischen medizinischen und/oder Pflegepersonal sind den meisten Patienten zunehmend wesensfremd. Der heutige Patient sucht bei den Gesundheitsberufen Unterstützung nicht nur im Krankheitsfall sondern auch Beratung, Anleitung und Aufklärung bei Fragen der Prävention und Gesundheitsförderung, bei der Rehabilitation sowie auch Begleitung im Sterbeprozess. Auf diese neuen Anforderungen müssen die Pflegekräfte adäquat reagieren können.

Entsprechend des bereits in der Arbeit unter Punkt 2 erwähnten Paradigmenwechsels, der sich von einer rein tätigkeitsbezogenen Krankenpflege heute zur Gesundheitspflege, die sich am Menschen in seiner Gesamtheit orientiert, vollzieht, hat sich die professionelle Pflege in Deutschland auch von dem vorrangig religiös geprägten Berufsbild gelöst und der devote Gehorsam gegenüber dem Arzt gehört bei der heutigen Mitarbeitergeneration ebenso der Vergangenheit an.

Pflegekräfte bieten ihre gesundheitsbezogenen Dienstleistungen heute für Einzelpersonen, die Familie und in Gemeinschaften an. (vgl. WHO 1980/2000 Positionspapiere)

Überall wo sie als Dienstleistender in Erscheinung treten, ob im stationären oder ambulanten Bereich, im Rahmen der Kuration, Prävention oder Palliation, erwartet der Patient oder dessen Angehörige als „Kunde" Partizipation und möchte entsprechend seiner Ressourcen aktiv am Pflegeprozess/Gesundheitsprozess beteiligt werden, um dadurch seine Selbstständigkeit und Autonomie zu erhalten. Pflegekräfte sollen dabei über die körperbezogene Pflege hinaus kommunikativ-soziale Unterstützung und Beratung in Fragen der Alltagsbewältigung bei Gesundheitsproblemen gewähren können (vgl. OREM 1997, HENDERSON 1977)

Der Erfolg pflegerischer Interventionen, und damit zugleich Sicherung einer den Patientenbedürfnissen angemessenen Pflegequalität, wird maßgeblich von der sozialen Kompetenz der Pflegekraft mitbestimmt. Sie ist der Schlüssel für den Zugang zum Patienten und kann die Basis für eine vertrauensvolle, professionelle Patientenbeziehung schaffen.

So beruhen z. B. Compliance und Noncompliance des Patienten oder der Bezugsperson bei Diagnostik-, Therapie- und Pflegemaßnahmen vorwiegend auf der Überzeugungskraft, menschlichen Zuwendungen und Authentizität der Pflegekräfte in den vielfältigen Pflegesituationen.

Zur Konkretisierung des Ausbildungszieles und der Gestaltung der Ausbildungsprozesse in der Gesundheits- und Kinderkrankenpflege und Gesundheits- und Krankenpflege sind daher die traditionellen Tugenden der Gesundheitsberufe wie z. B. Höflichkeit, Zuverlässigkeit, Disziplin, Pünktlichkeit, Fleiß, Aufmerksamkeit, Ehrlichkeit, Hilfsbereitschaft ebenso zu berücksichtigen wie z. B.

- Nonverbale und verbale Kommunikationsfähigkeit
- Überzeugungskraft, Authentizität, Konsequenz
- Toleranz, Konfliktfähigkeit, Interkulturelle Kompetenz
- Empathie (hier als Synonym für Einfühlungsvermögen und Fähigkeit zur Perspektivenübernahme)

Sie müssen als Teilziele der Ausbildung in den Lehr- und Lernprozessen weiter inhaltlich und methodisch aufbereitet und im theoretischen Unterricht ebenso wie in der praktischen Ausbildung geübt werden und zur Anwendung gelangen.

4 Stellenwert der Soft Skills bei den Bewerbern und Lernenden in der Gesundheits- und Kinderkrankenpflege und Gesundheits- und Krankenpflege

Die Bewerber/-innen und Schüler/-innen in Gesundheitsfachberufen wissen, dass soziale Kompetenzen in ihren Berufen eine hohe Relevanz haben. Nach meinen Erfahrungen haben sie sich mit dieser Seite der beruflichen Anforderungen bereits bei den Bewerbungen viel intensiver auseinandergesetzt als mit den fachlichen Erfordernissen und Ansprüchen während der Ausbildung und im Beruf. Diese durchaus als positiv zu wertende Tatsache verzerrt jedoch das heutige Berufsbild und reduziert es zu sehr darauf, dass „mit dem Herzen pflegen" und „menschliche Zuwendungen und Wärme" die alles entscheidenden Kompetenzen dieser Berufe seien.

Daher verwundert es während der Bewerbungsverfahren kaum, wenn sich die Bewerber/-innen in den schriftlichen Bewerbungen und während der Bewerbungsgespräche als hoch sozialkompetent und damit auch für den Ausbildungsplatz für sehr kompetent halten. Die Jugendlichen und auch deren Eltern verstehen es häufig nicht, dass auch die schulischen Leistungen eine Rolle bei der Auswahl spielen. Die in Bewerbungsgesprächen gern verwendete Frage "Warum sollten wir gerade Ihnen einen Ausbildungsplatz geben?", beantworten die Bewerber/-innen vorrangig mit Persönlichkeitseigenschaften, die sich in vielen Soft Skills-Listen wiederfinden. Sie bewerten sich selbst und einige können dies auch mit Beurteilungen aus Orientierungspraktika belegen, als z. B.:

- teamfähig
- liebevoll
- gewissenhaft
- zuvorkommend
- kommunikativ
- ehrlich

- flexibel
- zuverlässig
- kritikfähig
- ausdauernd
- sauber

- kontaktfreudig
- fleißig
- höflich
- einsatzbereit
- ordentlich

Diese Aufzählungen ihrer positiven Persönlichkeitseigenschaften ließen sich nach Durchsicht von Bewerbungsunterlagen auch noch weiter fortsetzen. Und in der Tat ist es auch so, dass die meisten Schüler/-innen in den Pflegeberufen diesbezüglich über gute Ausbildungsvoraussetzungen verfügen. Sie sind in der Lage, vor allem während der praktischen Ausbildung, durch ihr Arbeitsverhalten diese Seite ihrer sozialen Kompetenz zielgerichtet zur Sicherstellung der Patientenversorgung einzubringen. Sie können dadurch in den Berufsalltag, z. B. eines Krankenhauses, fest eingebunden werden und ersetzen dort nicht selten schon sehr früh im Ausbildungsprozess Fachkräfte. Ein Großteil der Schüler/-innen zeichnet sich dabei durch eine hohe Flexibilität und Einsatzbereitschaft z. B. bei notwendigen kurzfristigen Dienstplanänderungen aus.

Die Akzeptanz und Duldung solcher Erscheinungen im Berufsalltag sowie die unwidersprochene Pflichterfüllung und Anpassung an die Regeln und Normen des Arbeitsteams wird den Lernenden mit guten und sehr guten Bewertungen ihrer Praktikumsleistungen belegt und belohnt. In Gesprächen zur Ausbildungsreflexion schätzen die Schüler ein, dass Anpassungsfähigkeit, Flexibilität und stetige Einsatzbereitschaft die Kompetenzen sind, auf die es ankommt, um sich in den verschiedenen Teams zurechtzufinden und angenommen zu werden. Analysiert man hierzu zur weiteren Objektivierung dieser Fakten und Aussagen schriftliche Feedbackbögen der Schüler/-innen sowie Fremd- und Selbsteinschätzung in offenen und standardisierten Praktikumsbeurteilungen, gibt es bei der Bewertung der sozialen Kompetenz die größte Übereinstimmung zwischen den Lernenden und den Mentoren/bzw. Arbeitskollektiven.

Fachliche Defizite werden durch die Kürze der Praktika nicht selten gar nicht bemerkt, oder es wird ihnen zugunsten der nachgewiesenen Soft Skills mit Nachsicht begegnet.

Dieser Maßstab und die einseitige Ausrichtung der sozialen Kompetenz auf vorrangig traditionelle Kriterien entsprechen nur Teilaspekten des Ausbildungszieles. Sie können besonders bei leistungsschwachen Schüler/Innen mit geringer theoretischer Lernbereitschaft eine reale Selbstbildentwicklung behindern. Das ist leider keine Einzelerscheinung sondern ein Schwachpunkt, fast ein Dilemma, in der Krankenpflegeausbildung unter den gegenwärtigen Rahmenbedingungen. Und diese Situation ist weder förderlich für die Lernenden und den angestrebten Professionalisierungsprozess der Pflegeberufe noch für eine ganzheitliche individuelle Pflege und Betreuung des Patienten.

Zunehmend beklagen Arbeitgeber im Gesundheitswesen fachliche Schwächen bei den Absolventen.

Der Auftrag zur Gestaltung des Ausbildungsprozesses entsprechend des Ausbildungszieles besteht seit 2004 in Deutschland darin, fachliche, methodische, soziale und personale Kompetenzen anhand charakteristischer Merkmale der Pflegekompetenz aufzubereiten. Auf der Grundlage der traditionellen ethisch-moralischen Grundhaltung der Schüler/-innen sind diese vier Dimensionen beruflicher Handlungskompetenz symbiotisch zu verknüpfen und lehr- und lernbar zu machen.

Nur in ihrer Komplexität sollten sie auch Maßstab für die Bewertung der Schüler/-innenleistungen während der sechsmonatigen Probezeit, der theoretischen und praktischen Ausbildung und in den staatlichen Prüfungen sein.

5 Soft Skills - Berufsspezifische Charakteristika der Pflegekompetenz

Die zur Bewältigung von Gesundheitspflegesituationen erforderliche Pflegekompetenz basiert, wie bereits mehrfach in dieser Arbeit ausgeführt, auf einem integralen Set, bestehend aus fachlichen, methodischen, sozialen und personalen Kompetenzen.

Der im Unterricht und während des Praktikums erworbene Ausbildungsgrad der Pflegekompetenz wird durch eine den Bedürfnissen des Patienten angemessene und korrekte Ausführung der Pflegetätigkeit bewiesen.

In den von uns für den Lehr- und Lernprozess entwickelten bildungsgangsinternen Listen mit berufsspezifischen Charakteristika der Pflegekompetenz in der Gesundheits- und Kinderkrankenpflege haben wir im Set, und somit auch bei den sozialen und personalen Kompetenzen, traditionelle und neue Anforderungen vereint. Für Lehrende und Lernende sowie in der Berufspraxis sind sie richtungweisend und verbindlich während des gesamten Ausbildungsprozesses. Die nachfolgenden Auszüge sollen dafür beispielhaft stehen, ohne Anspruch auf Vollständigkeit zu erheben. Für die Anwendung in der Gesundheits- und Krankenpflege müssten sie berufsspezifisch modifiziert werden.

Charakteristische Merkmale der Sozialen Kompetenz in der Gesundheits- und Kinderkrankenpflege:

- Die Beziehung zu pflegebedürftigen Kindern/Jugendlichen und ihren Bezugspersonen bedarfsorientiert und unter Berücksichtigung der Phasen des Entwicklungs- und Beziehungsprozesses vertrauensvoll gestalten können

- Über eigene Wertvorstellungen und Vorurteile sowie Wahrnehmungsfehler reflektieren können

- Konflikte in Beziehungen (Familie, Arbeitskollektiven, Peergroups) erfassen und Strategien zur Konfliktlösung entwickeln können

- Mit anderen Berufsgruppen im interdisziplinären Team kommunizieren und kooperieren können

- Interaktionsmodelle aus den Pflege- und Bezugswissenschaften kennen und situationsspezifisch anwenden und nutzen können

- Förderliche und hemmende (hinderliche) Faktoren für das Gelingen der Interaktion und Kommunikation mit pflegebedürftigen Kindern/Jugendlichen, Bezugspersonen, Mitarbeitern u. a. kennen

- Die Fähigkeit zu einer auf Verständigung und Kooperation zielenden Interaktion entwickeln

- Kommunikationstechniken kennen und situationsangemessen anwenden (Alter, Entwicklungsstand, Kultur, Lebenswelt)

- Formen der Interaktion und Kommunikation im Kinder- und Jugendalter (nonverbal, verbal und über Berührung) kennen, sie entwicklungsfördernd anwenden und deren Pflegewirksamkeit beurteilen können

- Gesundheits- und Kinderkrankenpflegende sind in der Lage, die für das Kindesalter typischen Ausdrucksformen wahrzunehmen und zu beurteilen. Sie kennen entwicklungs-, krankheits- und erfahrungsbedingte irrationale Erklärungskonzepte von Kindern/Jugendlichen und richten ihre Kommunikation danach aus

- Gesundheits- und Kinderkrankenpflegende anerkennen und achten Eltern, Geschwister und Personen aus deren sozialen Umfeld als deren Bezugspersonen

- Gesundheits- und Kinderkrankenpflegende betrachten Familien als Systeme und nehmen deren Ressourcen im Umgang mit Krankheit und Behinderung wahr und nutzen sie

- Gesundheits- und Kinderkrankenpflegende sind über Veränderungen familiärer Lebensformen informiert, kennen deren Auswirkungen, Chancen und Gefahren für die pflegerische Betreuung und Gesundheit der Kinder/Jugendlichen

- Gesundheits- und Kinderkrankenpflegende können Verständnis für die soziale Herkunft der Kinder/Jugendlichen entwickeln und verfügen über

Kenntnisse der Wechselbeziehung zwischen sozialer Umgebung, Gesundheit und Krankheit

- Gesundheits- und Kinderkrankenpflegende sind in der Lage, Interventionen zu kommunizieren, die der Gesundheitsförderung, Krankheitsverhütung und Krankheitsbewältigung dienen können

Charakteristische Merkmale der Personalen Kompetenz in der Gesundheits- und Kinderkrankenpflege

- Bereit und fähig sein, die Anwaltschaft für hilfs- und pflegebedürftiger Menschen, insbesondere Kinder/Jugendlicher unter Einbeziehung ihrer Abhängigkeit vom sozialen Bezugssystem und ihrer besonderen Verletzlichkeit zu übernehmen.

- Gesundheits- und Kinderkrankenpflegende können die Interessen und Anliegen der hilfe- und pflegebedürftigen Kinder/Jugendlichen und ihrer Bezugspersonen im intra- und interdisziplinären Dialog und auf gesellschaftlicher Ebene vertreten.

- Gesundheits- und Kinderkrankenpflegende achten auf und haben Verständnis für soziokulturelle Besonderheiten sowie deren Wechselbeziehungen auf Gesundheit und Krankheit. Sie integrieren diese bewusst in das pflegerische Handeln.

- Gesundheits- und Kinderkrankenpflegende haben eine begründete Position zu ethischen Fragestellungen in der Gesellschaft, die für die Berufsausübung von Relevanz sind entwickelt. Dabei sind die für den Pflegeberuf geltenden ethischen Werte und Normen handlungsbestimmend.

- Fähig sein, Konfliktsituationen zu ertragen und austragen lernen. Copingstrategien kennen und beherrschen.

- Fähig und bereit sein, Verantwortung für das eigene Handeln zu übernehmen und sich im Berufsalltag und in der Gesellschaft seiner Vorbildrolle bewusst sein. Erworbene Kompetenzen einschätzen und Entscheidungen treffen können. Dabei fähig sein, das eigene Handeln, die eigenen Gefühle und Verhaltensweisen zu reflektieren und sich selbstkritisch damit auseinandersetzen zu können.

- Berufliches Selbstverständnis als Mitglied der Gruppe der Gesundheits- und Kinderkrankenpflegenden entwickeln, reflektieren und selbstbewusst vertreten können. Die Position und Rolle des Berufes in der Gesellschaft und im Gesundheitssystem mit ihren Anforderungen und Erwartungen wahrnehmen.

- Die Grenzen des eigenen beruflichen Handelns kennen und bereit und fähig sein, in spezifischen Situationen kompetente Partner der eigenen und anderer Berufsgruppen in den Behandlungs- und Pflegeprozess einzubeziehen.

- Bereitschaft für lebenslanges Lernen und Persönlichkeitsbildung entwickeln. Dabei die Notwendigkeit der kontinuierlichen Weiterentwicklung pflegeberuflicher Wissensbestände erkennen und sich für deren Weitergabe an den beruflichen Nachwuchs verantwortlich fühlen.

(vgl. OREM 1997, HINTZE 2005, HOLOCH1998. GEHRKE 2005/2008).

Die hier dargestellten interpersonalen Charakteristika der sozialen Kompetenz kennzeichnen die psychosoziale Dimension einer beruflichen helfenden Beziehung in der Gesundheits- und Kinderkrankenpflege (vgl. HINTZE 2005 S. 60).

Dabei ist es selbstredend, dass sie für den fächerübergreifenden Unterricht und die praktische Ausbildung einer weiteren Adaptation und Präzisierung bedürfen.

Eine auf Kompetenzentwicklung ausgerichtete Pflegeausbildung sollte gewährleisten, dass bereits in der Ausbildung so gelehrt und gelernt wird und die Schüler/Innen in die Lage versetzt werden können,

- sich aktiv an der Gestaltung ihres Lernens (der Inhalte, der Lernprozesse) und der Auswertung ihres Lernens zu beteiligen,
- Entscheidungen treffen zu dürfen und zu müssen,
- ihre Erkenntnisse und ihr Wissen zur Diskussion zu stellen,

- ihr neu erworbenes Wissen und Können auf unterschiedliche Situationen zu übertragen und flexibel anwenden zu können,
- die Lernpotentiale von Gruppen schätzen zu können und zu nutzen wissen (vgl. HOLOCH 1998 S. 54).

Durch die Anwendung handlungsorientierter und kooperativer Lernformen und Methoden des situativen und problemorientierten Lernens und die aktive Beteiligung der Lernenden an Planungen und Entscheidungen auf curricularer, didaktischer und methodischer Ebene entstehen Gewöhnungs- und Übungsprozesse, die den Lernenden helfen sollen, mündig, selbstständig und eigenverantwortlich an den unterschiedlichsten beruflichen Handlungsorten professionell handeln zu können. Denn „für die praktische Ausübung ist nicht das Aufnehmen von Wissensstoff konstitutiv, sondern die Übung." (vgl. DALLMANN 2009 S. 43)

Der Lehrer ist hierbei vor allem Berater und Mentor, der die Schüler/-innen in diesem aktiven Auseinandersetzungs- und Aneignungsprozess im Unterricht und während des Praktikums unterstützt und begleitet.

6. Schlussbetrachtung

Die Reflexion über die Kontinuität und den Wandel von Soft Skills in der Ausbildung der Gesundheitsfachberufe in dieser Arbeit unterstreicht, dass die diesem sehr unscharfen Begriff zugeordneten Persönlichkeitsmerkmale, Qualifikationen, Kenntnisse, Fähigkeiten und Fertigkeiten, Kernkompetenzen dieser Berufe waren und sind.

Im Berufsanspruch der Gesundheitsfachberufe sind sie ebenso fest verankert wie in den Ansprüchen und Erwartungen der Menschen, die Rat und Hilfe bei diesen Berufsangehörigen suchen. Helfen wollen und Hilfe geben sind Grundprämissen dieser Berufe.

Der retrospektive Diskurs über die Soft Skills in den Pflegeberufen Gesundheits- und Kinderkrankenpflege und Gesundheits- und Krankenpflege, auf die exemplarisch der Schwerpunkt dieser Arbeit gerichtet ist, belegt, dass sie immer auch Teil der berufsideologischen Selbst- und Fremddefinitionen waren. Dies war im jeweiligen gesellschaftlichen Kontext stets verbunden mit beruflichen Veränderungs- und Wandlungsprozessen hinsichtlich der allgemeinen und berufsspezifischen Charakteristika.

Auch in ihrem heutigen Erscheinungsbild befinden sich die Soft Skills in den Pflegeberufen in einem Kontinuum zwischen Tradition und Innovation. Und nicht alles, was obsolet sein sollte, ist auch wirklich obsolet.

In einem allgemeinen Fazit über den Ausbildungsprozess, insbesondere den dabei erzielten Ausprägungsgrad der Soft Skills bei den Lernenden in der Gesundheits- und Kinderkrankenpflege und Gesundheits- und Krankenpflege, wird durch die Teams während der Praktika eingeschätzt, dass diese mehrheitlich über die erwarteten persönlichen Fähigkeiten und Einstellungen zur Sicherstellung der Arbeitsprozesse verfügen. Die erworbene pflegerische Handlungskompetenz der Schüler/-innen wird dabei mitgetragen von ethischen Grundhaltungen und Humaneigenschaften des jeweiligen Berufsprofils dieser Gesundheitsberufe und entspricht damit auch Teilzielen der Ausbildung.

Die Ausbildung von Soft Skills beinhaltet, wie in der Arbeit dargestellt, mehr als die Vermittlung und Aneignung von anerkannten Normen und Tugenden eines zeitgemäßen berufsspezifischen Wertebildes.

Wenn Krankenpflegekräfte heute jedoch auch als „uneinfühlsam, gleichgültig, abwertend und aggressiv beschrieben" werden und „dass sie Bedürfnisse pflegebedürftiger Menschen ignorieren oder verweigern sowie deren Privat- und Intimsphäre missachten" und „empirische Untersuchungen bestätigen, dass Pflegende wenig emphatisch gegenüber Pflegebedürftigen reagieren und Schwierigkeiten haben, sie als individuelle Menschen zu sehen (vgl. SCHEU 2009 S. 46), offenbart diese Beschreibung nachhaltig Defizite der interpersonalen Kompetenz dieser Pflegekräfte.

Die Optimierung der Lernergebnisse in diesen Kompetenzbereichen hat auch aufgrund solcher Fakten während der Berufsausbildung eine hohe Relevanz. Die Arbeit über Kontinuität und Wandel von Soft Skills soll daher durch einen Blick auf die gegenwärtige Ist-Situation im Ausbildungsprozess ergänzt und abgeschlossen werden.

Eine diesbezügliche Standortbestimmung führt nicht selten deutschlandweit zu der Feststellung, dass die Veränderungen der Ausbildung, insbesondere des Ausbildungszieles mit dem erweiterten Aufgabenspektrum und Kompetenzprofilen sowie dem erstmals im aktuellen Krankenpflegegesetz definierten eigenverantwortlichen Kompetenzbereich mit den originären Aufgaben der Pflegekräfte, noch nicht überall in der Berufspraxis und in den Schulen angekommen sind bzw. noch nicht mit der erforderlichen Konsequenz umgesetzt werden.

In diesem aktuellen Spannungsfeld, in dem es auch um die Sicherstellung einer ausgeglichenen Balance zwischen den Kompetenzarten in der Ausbildung geht, gibt es nicht nur eine Ursache für Widerstände und Hindernisse. Es bedarf dazu mehrdimensionaler Betrachtungen, um Veränderungen herbeizuführen und weiterführende Gestaltungsräume zu erschließen.

Es sprengt den Rahmen dieser Arbeit, alle Richtungen, die hierzu gegenwärtig diskutiert werden, an dieser Stelle aufzuzeigen.

Daher möchte ich den Fokus auf einzelne ausgewählte lenken, um einen Einblick in diese Problematik zu ermöglichen.

Ausbildungsveränderungen

Seit Jahrzehnten wird von berufspolitischer Seite die Forderung nach grundlegenden Veränderungen der Pflegeausbildung erhoben. Die gegenwärtigen Forderungen reichen von z. B. der grundständigen akademischen Qualifizierung, berufsrechtlichen Regelungen zu vorbehaltlichen Tätigkeiten und der Abschaffung der eigenständigen, spezialisierten Grundausbildung in den Pflegeberufen bis zu generellen Veränderungen in den Aus-, Fort- und Weiterbildungsstrukturen (vgl. Robert-Bosch-Stiftung 2000, Deutscher Bildungsrat 2006, Deutscher Pflegerat 2007).

Diese langfristig angelegte Reformabsicht kann die gegenwärtigen Probleme nicht lösen.

Vielmehr, so wird in diesem Prozess auch gefordert, sollte das berufspolitische Engagement auch auf eine Konsolidierung der Ausbildung auf der Grundlage der aktuellen Rechtssprechung ausgerichtet sein. Denn höchst problematisch ist es heute bereits an Schulen, wo die Qualitätsanforderungen an die Lehrkräfte und die Mindeststundenzahl der theoretischen Ausbildung nicht realisiert werden können und/oder „wenn Schulen keinen Kopf haben, der über die erforderliche Kompetenz verfügt" (Diskussionsbeitrag eines Pflegedienstdirektors auf dem 3. Schülerkongress am 18. 03.2011 in Berlin).

Hinderlich für die Entwicklung von z. B. Mündigkeit, Eigenverantwortlichkeit und Selbstständigkeit als Ausbildungsziele ist es auch, wenn Lernende nicht ernst genommen werden und Formalismus, Bürokratismus und Dirigismus den Schulalltag bestimmen.

Rahmenbedingungen der praktischen Ausbildung

Die Chancen, die eine realitätsnahe Ausbildung für die Krankenpflegeausbildung bietet, sind groß und eine sehr wertvolle Rahmenbedingung. Sie bergen aber auch Risiken. So liegt es in der Natur der Dinge, wenn der primäre Versorgungsauftrag der Gesundheitseinrichtung sich durch ein zu hohes Arbeitspensum nicht mit dem Ausbildungsauftrag vereinbaren lässt. Die Lernenden sind dann primär Arbeitskräfte; wesentliche Ausbildungsziele, auch solche zur gezielten Entwicklung professioneller interpersonalen Kompetenzen an den Arbeitsplätzen, treten in den Hintergrund.

Die fehlenden personellen Ressourcen an den Arbeitsplätzen gelten auch als außerordentliche Empathiebarrieren im alltäglichen Pflegeprozess (vgl. SCHEU 2010 S. 47).

Darüber hinaus erleben die Lernenden an den Praxisorten, was nicht nur auf Kongressen, in Fach- und Tageszeitschriften sowie anderen Medien gegenwärtig stark thematisiert wird, nämlich, dass der Pflegeberuf, insbesondere die Gesundheits- und Krankenpflege, auch ein Profil- und Imageproblem hat.

Während das Ausbildungsziel und der Ausbildungsprozess dem Paradigmenwechsel von einer tätigkeitsbezogenen zur ganzheitlichen, bedürfnisorientierten Pflege Rechnung tragen, widerspiegelt der berufliche Alltag, dass Pflegekräfte eine „Vorliebe für die medizinischen und aufgabenorientierten Aspekte der Pflege zeigen" (vgl. FRIESACKER 2010 S. 304).

In den Krankenhäusern ist dabei das umfangreiche Aufgabenspektrum der Pflegenden auf die technische Bewältigung delegierter ärztlicher Maßnahmen sowie auf verwaltungs- und administrative Tätigkeiten ausgerichtet. Damit wird z. B. auch erklärt, warum beziehungs-, fürsorge- und vertrauensfördernde körpernahe Tätigkeiten auf andere, auch wenig qualifiziertes Personal, wie z. B. Praktikanten, Zivildienstleistende, Pflegehelfer, delegiert werden und kommunikative, psychosoziale sowie taktile Anteile des beruflichen Handelns nicht die ihr gebührende Beachtung finden (können). Vergessen wird dabei scheinbar auch, „dass die direkte Körperarbeit ein spezielles Körperwissen voraussetzt und der Umgang mit dem menschlichen Körper eine Intimität und Nähe zwischen Pflegenden und zu Pflegenden entstehen lässt, die die Domäne pflegerischen Handelns darstellt" (FRIESACKER S. 302- 303).

Die Verbesserung der Ist-Situation zur Sicherstellung der Ausbildungsziele bedarf meines Erachtens nicht nur materieller und politischer Maßnahmen, sondern auch einer kritischen und konstruktiven intraprofessionellen Reflexion und Diskussion im Rahmen des beruflichen Wandlungsprozesses der Pflegeberufe.

Dabei sollte das besondere Augenmerk auf die eindeutige Klärung des beruflichen Gegenstandes und die Schärfung des Berufsprofils gerichtet sein.

Gegenwärtig gibt es nach meinem Kenntnisstand keinen zweiten Gesundheitsberuf, wo der zukünftige Weg und die Richtung so sehr debattiert werden, wie im Krankenpflegeberuf.

Die Ergebnisse dieser Debatten werden nicht nur Auswirkungen auf die Förderung der Kompetenzentwicklung bei den Lernenden haben, sondern können auch den beruflichen Entwicklungs- und Wandlungsprozess weiter forcieren und die Rahmenausbildungsbedingungen der Krankenpflegekräfte verbessern.

Literatur

1. Afentakis, Anja: Krankenpflege - Berufsbelastung und Arbeitsbedingungen Statistisches Bundesamt: 18.08.2009
2. Anonymus: Wohin mit Vater? Frankfurt a. Main: Fischer, 2007
3. Ausbildungs- und Prüfungsverordnung für die Berufe in der Krankenpflege (KrPflAPrV) vom 10. November 2003 (BGBl. 1 S. 2263)
4. Baumann, Nele: „Hart, aber herzlich: Nachwuchs für Pflege fehlt", In Ostsee-Zeitung 16/17.01.2010, S. 13
5. Benner, Patricia: Stufen zur Pflegekompetenz/ From Novice to Expert, Bern: Huber 1994
6. Berufsverband für Kinderkrankenschwestern und Kinderkrankenpfleger (BKK e. V.) in Verbindung mit der Expertenkommission „Bildungskonzept Kinderkrankenpflege (Hrsg): Bildungskonzept Kinderkrankenpflege. Integrität und Dynamik des Berufsbildes. Lübeck: Schmidt-Röhmhild, 1994
7. Berufsverband Kinderkrankenpflege Deutschland e. V. (BeKD): Zielsetzungen und Kompetenzsicherung in der Kinderkrankenpflege, Hannover, 1998
8. Birkner, Barbara u. a. : Kaufmann/Kauffrau im Gesundheitswesen, 2. überarbeitete und erweiterte Auflage, Stuttgart: Kohlhammer, 2008 S. 107-112.
9. Bischoff-Wanner, Claudia: Frauen in der Kinderkrankenpflege, Zur Entwicklung von Frauenrolle und Frauenberufstätigkeit im 19 und 20. Jahrhundert; Frankfurt a. Main: Campus, 1997
10. Breitscheid Markus: Abgezockt und totgepflegt Berlin: Ullstein/Econ, 2007
11. Bundesausschuss der Länderarbeitsgemeinschaften der Lehrerinnen und Lehrer für Pflegeberufe: Bildung und Pflege, Stuttgart New York: Thieme, 1997
12. Buxel, Holger: „Was Pflegekräfte unzufrieden macht", In Dtsch. Ärzteblatt, 108 Heft 17, 29.04.2011 S. 778 -780
13. Dallmann, Hans-Ulrich: Eine tugendhafte Annäherung an Begriff und Pädagogik der Kompetenzen; In Ethik und Gesellschaft: Ausgabe 1/2009
14. Deutscher Bildungsrat für Pflegeberufe (Hrsg.) Pflegebildung offensiv, Das Bildungskonzept des Deutschen Bildungsrates für Pflegeberufe, München/Jena, Urban und Fischer 2006

15. Deutscher Pflegerat: Beschluss vom 06.12 2007

16. Dienst, Sebastian: Was ist meine Ausbildung wert: Junge- Pflege Kongress 18.03.2011 Berlin: Referat/Diskussionsbeitrag

17. DBfK – Pressemitteilung zum Artikel Spiegel Nr. 11/2006: „Vom Straps zur Schnabeltasse" 16.03.2006

18. Foellbach, Heidemarie: Ethische Grundsätze im Gesundheitsberuf „Mit dem Herzen pflegen" In: Kinderkrankenschwester 30 Jg.2011 Nr. 3 S. 96

19. Friesacker, Heiner: „Pflege und Technik – eine kritische Analyse", In: Pflege und Gesellschaft Zeitschrift für Pflegewissenschaft, 15 Jg., H. 4, November 2010 S. 293-313

20. Gehrke, Ulrika: „Das Berufsbild der Kinderkrankenpflege im historischen Kontext" S. 3 -12. In: Holoch, Elisabeth; Gehrke, Ulrika; Knigge-Demal, Barbara; Zoller, Elfriede(Hrsg.): Lehrbuch Kinderkrankenpflege. Die Förderung und Unterstützung selbstpflegebezogenen Handelns im Kindes- und Jugendalter. Bern: Huber, 1999

21. Gehrke, Ulrika: „Die Position und Rolle der Kinderkrankenpflege im Gesundheitswesen und in der Gesellschaft " S. 13 -18. In: Holoch, Elisabeth; Gehrke, Ulrika; Knigge-Demal, Barbara; Zoller, Elfriede(Hrsg.): Lehrbuch Kinderkrankenpflege. Die Förderung und Unterstützung selbstpflegebezogenen Handelns im Kindes- und Jugendalter. Bern: Huber, 1999

22. Gehrke, Ulrika: Ausbildungskonzept „Bildungsgang Gesundheits- und Kinderkrankenpflege" Rostock: 2005 / aktualisiert 2008/2010, S. 6-9

23. Gehrke, Ulrika: 300 Jahre stationäre Kinderheilkunde, Berufsbild der Kinderkrankenschwester – Vergangenheit und Gegenwart In: Hesse, Volker (Hrsg.), Berlin: 2005 S. 34 – 36

24. Gesetz über die Berufe in der Krankenpflege und zur Änderung anderer Gesetze (KrPflG): Bundesgesetzblatt Jg.2003 am 16. Juli 2003

25. Henderson, Virginia: Grundregeln der Krankenpflege, Genf: ICN 1977 (in deutscher Sprache beim DBfK, Frankfurt/Main)

26. Hensel, Toni: Soft Skills – Alternative zur Fachlichkeit

27. Hering, Werner: Die Krankenschwester – eine sachkundige Partnerin des Arztes, In: Lesematerial zum Einführungskurs „Schwester und Gesellschaft" Institut

zur Weiterbildung mittlerer medizinischer Fachkräfte (Hrsg.) Potsdam 1980 S. 9- 17

28. Hintze, Andrea: Integrativ ausbilden – Professionalität etablieren, Strukturkonzepte für die theoriebasierte Gesundheits- und Kinderkrankenpflegeausbildung: Diplomarbeit an der Universität Flensburg 2005

29. Holoch, Elisabeth: Konsequenzen für die inhaltliche und pädagogisch-didaktische Gestaltung des Lehrplanes an Kinderkrankenpflegschulen, In BeKD e. V. Zielsetzung und Kompetenzsicherung in der Kinderkrankenpflege, Hannover 1998 S. 50-55

30. Holoch, Elisabeth: Berufliche Kompetenzen von Kinderkrankenschwestern und Kinderkrankenpfleger, In: BeKD e. V. Zielsetzung und Kompetenzsicherung Ier Kinderkrankenpflege, S. 42-49

31. Institut für Public Health und Pflegeforschung Bremen: „Wenig attraktiv für Pflegeberufe", Pressemitteilung 27.01.2010

32. International Council of Nursing (ICN): ICN-Ethikkodex für Pflegende. Frankfurt/Main : DBfK 2003.

33. Juchli, Liliane: „Gesundheits- und Krankenpflege", In Krankenpflege. 4. überarbeitete und erweiterte Auflage Stuttgart: Thieme 1983 S. 45 – 58.

34. Kerngruppe Curriculum, (Hrsg.): Integrative Pflegeausbildung Das Stuttgarter Model, Pflegeberuflicher und pädagogischer Begründungsrahmen, Braunschweig: Bildungshaus Schulbuchverlage 2006 S. 88

35. Klingberg, Lothar: Einführung in die Allgemeine Didaktik. Vorlesungen. Berlin: Volk und Wissen 1989

36. Klingberg, Lothar: Lehrende und Lernende im Unterricht - Zu didaktischen Aspekten ihrer Positionen im Unterrichtsprozess, Berlin: Volk und Wissen 1990

37. KMK (Sekretariat der Ständigen Konferenz der Kultusminister der Länder in der Bundesrepublik Deutschland): Handreichungen für die Erarbeitung von Rahmenlehrplänen der Kultusministerkonferenz für den berufsbezogenen Unterricht in der Berufsschule und ihre Abstimmung mit Ausbildungsordnungen des Bundes für an erkannte Ausbildungsberufe, Bonn: 15.09.2000

38. Kultusministerium und Sozialministerium des Landes Mecklenburg-Vorpommern: Rahmenlehrplan (Entwurf) für die berufsbezogenen Unterrichtsfächer im Ausbildungsberuf Kinderkrankenschwester/Kinderkrankenpfleger, Schwerin 1997

39. Kurtenbach, Herrmann; Golombek, Günter; Siebers, Heidi: Krankenpflegegesetz mit Ausbildungs- und Prüfungsverordnung für die Berufe in der Krankenpflege, 4. Auflage. Stuttgart: Kohlhammer 1994
40. Ministerium für Gesundheitswesen: Studienplan für die Fachrichtung Kinderkrankenpflege, Ministerrat der Deutschen Demokratischen Republik 1974/1977
41. Ministerium für Gesundheitswesen: Studienplan für die Fachrichtung Kinderkrankenpflege, Ministerrat der Deutschen Demokratischen Republik 1985
42. Ministerium für Gesundheitswesen: Studienplan für die Fachrichtung Geburtshilfe 1986
43. Ministerium für Arbeit, Gesundheit und Soziales des Landes Nordrhein-Westfalen: Ausbildungsrichtlinien für staatlich anerkannte Kranken- und Kinderkrankenpflegeschulen 2003
44. Ministerium für Arbeit, Soziales, Familie und Gesundheit Rheinland-Pfalz: Rahmenlehrplan und Ausbildungsrahmenlehrplan in der Gesundheits- und Krankenpflege und Gesundheits- und Kinderkrankenpflege des Landes Rheinland-Pfalz, Mainz: 2005
45. Nagel, E. (Hrsg.): Das Gesundheitswesen in Deutschland, 4. völlig überarbeitete und erweiterte Aufl., Köln: Deutscher Ärzteverlag 2007 S. 317 – 325
46. NEXT – Studiengruppe: Pressestelle Universität Wuppertal: „Schlechtes Image der Pflegeberufe in Deutschland", NEXT – Studie – Letzte Aktualisierung 06.05.2009
47. Oelke, Uta-Karola: Planen, Lehren und Lernen in der Krankenpflegeausbildung, Begründungsrahmen und Entwicklung eines offenen fächerintegrativen Curriculums für die theoretischen Ausbildung, Basel: Recom 1991
48. Orem, Dorothea E. : Strukturkonzepte der Pflegepraxis. Berlin: Ullstein Mosby, 1997 S. 270-275
49. Peiper, A. : Chronik der Kinderheilkunde. Leipzig, Stuttgart, New York: Thieme 1992
50. Poll, Iris; Duch, Annika: Das Geheimnis der Soft Skills . In: Focus Schule Nr. 1/2011
51. Rahmig, Rosemarie: „Job ist härter geworden", In Ostsee-Zeitung 16/17. 01.2010 Interview S. 13

52. Reder-Dehnbostel, Renate: Häusliche Kinderkrankenpflege. Anforderungen an die Erstausbildung: Diplomarbeit Universität Bremen 2001

53. Rhein Pfalz – Presseinformation: „Huren werden zu Pflegekräften umgeschult" 13.06.2006

54. Robert Bosch Stiftung, „Pflege neu denken", Zur Zukunft der Pflegeausbildung, Stuttgart/New York: Schattauer 2000

55. Schell, Werner: Das deutsche Gesundheitswesen von A-Z, Stuttgart/New York: Thieme 1995

56. Seidler, Eduard: Berufskunde I; Geschichte der Pflege kranker Menschen, 5. Auflage Stuttgart/Berlin/Köln/Mainz: Kohlhammer 1980

57. Scheu, Peter: Empathie statt „MIT-LEID", In PADUA- Fachzeitschrift für Pflegepädagogik 5/10 S. 45-47

58. Storsberg, Anette; Cladia Neumann; Ralf Neiheiser: Krankenpflegegesetz, Mit Ausbildungs- und Prüfungsverordnung für die Berufe in der Krankenpflege, Kommentar, 6. ‚vollständige überarbeitete Auflage, Bonn: Kohlhammer 2006

59. Wittneben, Karin: Pflegekonzepte in der Weiterbildung zur Pflegelehrkraft, Über Voraussetzungen und Perspektiven einer kritisch-konstruktiven Didaktik der Krankenpflege, 2. unveränderte Auflage Frankfurt/Main: Verlag Peter Lang GmbH

60. Wolff, Horst-Peter; Wolff, Jutta: Geschichte der Krankenpflege, Basel: Recom 1994

Soft Skills und betriebliches Qualifikationsprofil: Vom Umgang mit Menschen

10 Daniela Becker

Zur Bedeutung von Soft Skills für Beschäftigte in der Hotellerie und Gastronomie

Im folgenden Beitrag soll der Frage nachgegangen werden, warum Mitarbeiter in der Hotellerie und Gastronomie über Soft Skills verfügen müssen. Es werden die wesentlichen Soft Skills für Mitarbeiter und auch für Führungskräfte näher beleuchtet und erläutert. Auch der Frage, ob Soft Skills erlernt werden können, wird nachgegangen. Abschließend wird dargestellt, vor welchen Herausforderungen Personalentscheider stehen, den richtigen Bewerber für eine zu besetzende Stelle auszuwählen und welche Methoden dafür zur Verfügung stehen.

Man stelle sich vor, Gast in einem schönen Hotel zu sein, ist begeistert von der tollen Lage, von dem modernen Ambiente und dem großzügigen Wellnessbereich, der keine Wünsche offen lässt. Und man trifft auf Personal, das weder den Eindruck erweckt, über die Anwesenheit des Gastes erfreut zu sein, noch nach seinen Wünschen fragt, noch sich um sein Wohlbefinden sorgt. Die Mitarbeiter sind ständig ins Gespräch mit den Kollegen vertieft, und wenn man sie dabei mit einer Frage stört, ist ihnen ihr Missfallen deutlich ins Gesicht geschrieben. Kein fröhliches „Guten Morgen", kein „Haben Sie gut geschlafen?", keine besorgte Nachfrage „Wie geht es Ihnen heute?", wenn man am Vortag über Unwohlsein geklagt hat. Dieses Haus würde man mit Sicherheit kein zweites Mal besuchen und natürlich auch all seinen Verwandten und Bekannten von diesem Hotel berichten, das zwar an sich ganz schön ist und sich mit 5 Sternen schmückt, aber dessen Mitarbeiter nicht begriffen haben, was es heißt, service- und gastorientiert zu arbeiten.

In einem Unternehmen der Dienstleistungsbranche ist es essentiell, dass die Mitarbeiter verstanden haben, dass vor allem die Beziehung, die der Mitarbeiter zum Kunden bzw. Gast pflegt, darüber entscheidet, ob der Kunde zufrieden ist und die angebotene Dienstleistung wiederholt in Anspruch nimmt und bestenfalls sogar zum Stammkunden wird.

Gerade in einem Urlaubshotel, das entsprechend der vom Deutschen Hotel- und Gaststättenverband verliehenen 5 Sterne dem Gast allerlei Annehmlichkeiten bietet, die den Urlaub so komfortabel wie nur möglich machen und sich natürlich auch in den Preisen für Übernachtungen und die anderen angebotenen Leistungen widerspiegeln, erwartet der Gast zu recht höchste Servicequalität.

So wird schnell klar, dass von Mitarbeitern in der Hotellerie und Gastronomie selbstverständlich erwartet wird, dass sie neben der nötigen Fachkompetenz (Wie richte ich ein Gästezimmer her? Wie checke ich einen Gast ein? Welche Ausflugsziele kann ich empfehlen? Wie bereite ich die verschiedenen Speisen zu? Welche Getränke kann ich empfehlen? Wie filettiere ich eine Seezunge? Wie mixe ich Cocktails? Wie plane ich eine Veranstaltung? u.v.a.m.) über eine ausgeprägte personale, soziale, kommunikative, emotionale und auch interkulturelle Kompetenz verfügen müssen.

Diese verschiedenen Kompetenzbereiche können zusammengefasst werden unter dem Begriff der Soft Skills, die sich unterscheiden von den Hard Skills, zu denen im Wesentlichen die fachlichen Qualifikationen, die Schul- und Berufsausbildung, die Berufserfahrung, Fremdsprachenkenntnisse und PC-Kenntnisse. Nach Penny Schiffer und Boris von der Linde bezeichnen Soft Skills „die Fertigkeiten und Fähigkeit zum Umgang mit Menschen und Entscheidungen, zur Selbststeuerung und Selbstorganisation."[1] Soft Skills sind nicht nur einem bestimmten Fachgebiet zuzuordnen und können deshalb auch als überfachliche oder übergeordnete Fähigkeiten bezeichnet werden. Ob jemand beruflich (und auch privat) erfolgreich ist, hängt nicht nur von der reinen Fachkompetenz ab, sondern maßgeblich von seinen Soft Skills.

Über welche Soft Skills sollte nun ein Mitarbeiter in einem 5 Sterne Hotel, der beispielsweise als Rezeptionist oder Kellner tätig ist, idealerweise verfügen?

Im Mitarbeiter-Handbuch des **Hotel Neptun** in Rostock-Warnemünde ist die **Zielstellung für alle Mitarbeiter** ganz klar definiert:

„Wir Mitarbeiter wollen jeden Gast begeistern. Wir wollen besser sein als alle anderen Hotels. Wir wollen, dass die Gäste jeden Tag im Hotel NEPTUN genießen. Die Gäste sollen täglich spüren, dass sie bei uns willkommen sind. Unsere Gäste sollen sich niemals ärgern. Sollte jemals eine Stress-Situation entstehen, führen wir im Sinne der Gäste sofort eine Lösung herbei. Die Gäste sollen stets spüren, dass sie bei uns der Mittelpunkt sind. **Jeder Gast soll bei uns Stammgast werden bzw. bleiben!!!**"[2]

---

1 Penny Schiffer, Boris von der Linde: Mit Soft Skills mehr erreichen. S. 9
2 Zitat aus dem Mitarbeiter-Handbuch des Hotel Neptun

Aus diesen Anforderungen lassen sich die wichtigsten Soft Skills, über die ein Mitarbeiter im Hotel verfügen muss, ableiten.

Aus meiner Sicht findet sich ganz klar an erster Stelle die **Kundenorientierung**. Ein Service-Mitarbeiter muss Menschen mögen und gern Kontakt mit ihnen haben. Das ist übrigens für die meisten Bewerber um einen Ausbildungsplatz einer der Hauptgründe, sich für einen Beruf in der Hotellerie oder Gastronomie zu entscheiden und wirklich eine elementare Voraussetzung, auch wenn sich in der Praxis später zeigt, dass der tägliche Umgang mit Menschen nicht immer ganz einfach ist. In punkto Kundenorientierung wird von den Mitarbeitern erwartet, dass sie die Wünsche und Bedürfnisse der Gäste erkennen und erfragen und diese dann auch selbstverständlich erfüllen, auch wenn dies mit Mühe verbunden ist. Dem Mitarbeiter muss bewusst sein, dass der Gast keine Unterbrechung seiner Arbeit bedeutet, sondern dass er ihr Sinn ist.

Ebenfalls von großer Bedeutung für Service-Mitarbeiter ist die **Kontaktfähigkeit**. Hinter dieser Eigenschaft verbirgt sich die Fähigkeit, mit den unterschiedlichsten Menschen zwanglos ins Gespräch kommen und kommunizieren zu können, ohne dabei aufdringlich zu wirken. Ein kontaktfähiger oder kontaktfreudiger Mensch beherrscht beispielsweise die Kunst des „Small Talk" vortrefflich. Ein Mitarbeiter in der Hotellerie oder Gastronomie darf auf keinen Fall Angst davor haben, einen Gast anzusprechen. Wie man einen „Small Talk" professionell führt, kann in Seminaren gelernt und dann durch ständiges Üben trainiert werden.

Um im Arbeitsalltag eines Dienstleistungsbetriebes bestehen zu können, bedarf es einer weiteren wichtigen Eigenschaft: **Konfliktfähigkeit**. Darunter ist zu verstehen, dass jemand zunächst einmal dazu bereit sein muss, Konflikte überhaupt anzugehen und auch lösen zu wollen. Es gibt leider genügend Menschen, die Konflikte permanent aus dem Weg gehen. Das ist in einem Hotel nicht möglich. Wenn der Gast dem Rezeptionsmitarbeiter mitteilt, dass in seinem Zimmer der Fernseher nicht funktioniert, kann der Mitarbeiter das nicht einfach ignorieren, sondern muss dem Gast signalisieren, dass er diese Unannehmlichkeit bedauert und dass er sofort einen Techniker informieren wird, der sich des Problems annimmt. Anschließend muss natürlich tatsächlich der diensthabende Schichthandwerker sofort benachrichtigt und mit der Lösung des Problems beauftragt werden. Es darf niemals vergessen werden, dass die Zufriedenheit des Gastes oberste Priorität hat. Das i-Tüpfelchen ist, wenn der Rezeptionist, nachdem ihm vom Techniker mitgeteilt worden ist, dass der defekte Fernseher gegen ein neues

Gerät ausgetauscht wurde, den Gast noch einmal anruft und ihn fragt, ob nunmehr alles zu seiner Zufriedenheit ist. Dies ist ein sehr simples Beispiel; Reklamationen in einem Hotel können weitaus vielschichtiger sein. Es kommt nicht selten vor, dass ein Gast sich sehr über eine Fehlleistung geärgert hat und auch emotional aufgewühlt ist. In einer solchen Situation ist es für den Mitarbeiter, der die Beschwerde entgegen nimmt, sehr wichtig, den Gast ausreden zu lassen, ihm aktiv zuzuhören, Verständnis und Mitgefühl zu zeigen, um im Gespräch herauszufinden, auf welche Weise dem Gast geholfen werden kann. Des Weiteren gehört dazu, sich beim Gast zu entschuldigen (auch wenn der Mitarbeiter an der Ursache des Ärgernisses nicht beteiligt ist), sich dafür zu bedanken, dass der Gast das Hotel informiert hat, da nur so die Chance besteht, den Gast doch noch zufrieden zu stellen. Viel schlimmer ist es, wenn ein Gast verärgert abreist, ohne den Mitarbeitern im Hotel zu sagen, was nicht in Ordnung war. Konfliktfähigkeit kann aber auch im Umgang mit den eigenen Kollegen von Bedeutung sein, wenn es zum Beispiel gilt, einen Kollegen darauf aufmerksam zu machen, dass er einen Fehler gemacht hat oder dass sein Verhalten einem Gast gegenüber unangemessen war. Konfliktfähigkeit ist eine Eigenschaft, die sich zumindest hinsichtlich Techniken der Reklamationsbearbeitung ebenfalls gut trainieren lässt.

In ganz engem Zusammenhang mit Konfliktfähigkeit und Kundenorientierung steht das **Einfühlungsvermögen**. Dafür ist es wichtig, über die Grundeinstellung zu verfügen, andere Menschen verstehen zu wollen. Man sollte dem Gast offene Fragen stellen, ihm aktiv zuhören, Mitgefühl zeigen und ihm deutlich machen, dass sein Begehren verstanden wurde, indem man seine Aussagen mit eigenen Worten wiederholt. Mit zunehmender Lebens- und Berufserfahrung fällt es den Mitarbeitern leichter, Menschen und Situationen richtig einzuschätzen und sich auf den jeweiligen Gesprächspartner sowohl verbal als auch nonverbal einzustellen.

Über **Verhandlungsgeschick** zu verfügen, ist insbesondere für die Mitarbeiter wichtig, deren Aufgabe u. a. darin besteht, dem Gast bestimmte Produkte oder Dienstleistungen verkaufen zu müssen (das sind am Ende fast alle Mitarbeiter). Auch wenn ein Mitarbeiter eine Reklamation eines Gastes entgegen nimmt und dem Gast eine Wiedergutmachung für die entstandenen Unannehmlichkeiten anbietet, besteht die Kunst darin, den Gast mit der angebotenen Leistung (z. B. eine Flasche Sekt aufs Zimmer oder eine Einladung zum Abendessen oder ein Rabatt auf den Übernachtungspreis) zufrieden zu stellen, ohne dabei das Unternehmen wirtschaftlich zu stark zu belasten. Mitarbeiter, die im Verkaufsbüro, in der Zimmerreservierung oder im Veranstaltungsbüro eines Hotels tätig sind, sollten zwingend über ausgeprägtes Verhandlungsgeschick verfügen, da ihre Hauptaufgabe darin besteht, Übernachtungen, Veranstaltungsräume, gastronomische Leistungen, Angebote aus dem Wellnessbereich u. a. m. mit dem größtmöglichen Erfolg den Gästen zu verkaufen und das natürlich mit dem bestmöglichen wirtschaftlichen Ergebnis für das Unternehmen. Wenn sich der Mitarbeiter während der Verhandlung gut in seinen Verhandlungspartner einfühlen und seine Interessen und Wünsche einschätzen kann, wird er auch eine für beide Seiten zufriedenstellende Lösung herbeiführen.

Eine weitere Eigenschaft, die bei einem Mitarbeiter in der Hotellerie und Gastronomie – aber mit Sicherheit nicht nur dort – keinesfalls fehlen darf, ist die **Teamfähigkeit**. In einem Hotel gibt es keine Einzelkämpfer. Alle Mitarbeiter müssen dazu bereit sein, mit anderen Menschen zusammen zu arbeiten, sich in das Team einzuordnen, mit den Kollegen an einem gemeinsamen Strang zu ziehen und zum Unternehmenserfolg beizutragen. Sogenannte Teamplayer sehen nicht nur sich selbst, sondern die ganze Gruppe, tragen zu einem harmonischen und konstruktiven Miteinander bei. Wenn Konflikte auftreten, werden diese sachlich angesprochen und konstruktiv gelöst.

Die Liste der gewünschten Soft Skills ließe sich noch beliebig ergänzen. So werden von den Mitarbeitern in der Hotellerie und Gastronomie Freundlichkeit, Belastbarkeit, Leistungsbereitschaft, Flexibilität, Lernbereitschaft, selbstständiges Arbeiten, Kreativität, Ehrlichkeit, Zuverlässigkeit und Pünktlichkeit erwartet.

Da es nicht dem Zufall oder der Entscheidung des einzelnen Mitarbeiters überlassen werden kann, wie Gästen gegenüberzutreten ist, sind im **Hotel Neptun** die **„Umgangsformen gegenüber Gästen"** ebenfalls im Mitarbeiter-Handbuch verbindlich festgeschrieben[3]:

1. Grüßen Sie die Gäste immer zuerst.
2. Versuchen Sie, Gäste nach Möglichkeit in ihrer jeweiligen Landessprache willkommen zu heißen. Wissen Sie nicht, welcher Nationalität die Gäste sind, oder beherrschen Sie deren Sprache nicht, so begrüßen Sie sie in Ihrer eigenen Sprache und mit einem freundlichen Lächeln.
3. Begegnen Sie Gästen immer mit einem freundlichen Blick und einem Lächeln, wenn Sie innerhalb des Hotels mit ihnen zu tun haben.

---

3 A.a.O.

4. Achten Sie immer darauf, was um Sie herum vorgeht – selbst wenn Sie beschäftigt sind oder mehrere Gäste gleichzeitig bedienen. Blicken Sie mit einem Lächeln von Ihrer Arbeit auf, wenn Gäste in der Nähe sind oder auf Sie zukommen.
5. Halten Sie bei Gesprächen mit Gästen Blickkontakt und sprechen Sie sie auf diskrete und natürliche Weise mit ihrem Namen an.
6. Wenn Sie mit Kindern zu tun haben, sprechen Sie nicht über ihren Kopf hinweg mit der jeweiligen Begleitperson. Wenden Sie sich stattdessen direkt an die Kinder und unterhalten Sie sich mit ihnen nach Möglichkeit auf ihrer Augenhöhe.
7. Wenn Sie nicht selbst in der Lage sind, den Wunsch eines Gastes zu erfüllen, dann wenden Sie sich an einen Kollegen, der ihm umgehend behilflich sein kann. Denken Sie daran, dem Gast mitzuteilen, wer sich jetzt um sein Anliegen kümmert und wann der entsprechende Vorgang erledigt sein wird.
8. Denken Sie daran, dass es an Ihnen liegt, eine Atmosphäre zu schaffen, in der sich unsere Gäste wohl fühlen. Vergewissern Sie sich, dass Sie sich in Ihrer Abteilung genauestens auskennen und über sämtliche Einrichtungen, Serviceleistungen und Besonderheiten des Hotels Bescheid wissen. Nur so sind Sie in der Lage, den Gästen nützliche Auskünfte zu erteilen.
9. Wenn Gäste Sie innerhalb des Hotels nach dem Weg fragen, sollten Sie mehr tun, als sie lediglich in die richtige Richtung zu verweisen. Gehen Sie ein paar Schritte mit und bieten Sie an, sie zu ihrem Ziel zu begleiten.
10. Versuchen Sie, den Wünschen der Gäste vorzugreifen und diese bereits zu erfüllen, bevor Sie darum gebeten werden.
11. Vermeiden Sie räumliche Barrieren zwischen sich und den Gästen. Es wirkt wesentlich freundlicher, wenn Sie hinter Ihrem Tisch oder Ihrer Arbeitsstelle hervortreten (soweit möglich).
12. Machen Sie während des Gespräches mit Gästen kleine, unerwartete Bemerkungen. (Bieten Sie einem weinenden Kind beispielsweise einen Bonbon an oder fragen Sie die Gäste, ob sie einen schönen Tag hatten.)
13. Wenn Gäste sich auf ihrem Zimmer befinden, fragen Sie stets, ob Sie eintreten können oder zu einem späteren Zeitpunkt wiederkommen sollen.
14. Wenn sich eine Gelegenheit ergibt, halten Sie Gästen die Tür offen oder halten Sie den Lift für sie auf.
15. Sie repräsentieren das Hotel und sollten daher stets einen ordentlichen Eindruck machen. Bitte achten Sie darauf, dass Sie gut gekleidet sind und adrett wirken.

Jeder Mitarbeiter muss diese Richtlinien und Handlungsanweisungen verinnerlichen, damit dem Gast ein Höchstmaß an Servicequalität geboten werden kann. Dafür ist es erforderlich, diese Vorgaben immer wieder mit den Mitarbeitern zu schulen und jegliches Fehlverhalten konsequent auszuwerten.

Führungskräfte sollten über die bereits beschriebenen Eigenschaften hinaus noch über weitere Soft Skills verfügen: So benötigt eine Führungskraft unbedingt **Überzeugungskraft** und **Durchsetzungsvermögen**. Um jemanden zu überzeugen, ist es wichtig, stichhaltig und nutzenorientiert zu argumentieren, aber auch auf die Argumente des Gegenübers zu hören und sich darauf einzustellen. **Rhetorische Fähigkeiten** unterstützen eine überzeugende Argumentation und sind in jeder Hinsicht grundsätzlich von erheblicher Bedeutung für den Erfolg als Führungskraft.

Zum **Durchsetzungsvermögen** gehört die Fähigkeit, mit Widerständen umzugehen und sich dagegen zu behaupten. Wichtige Hilfsmittel sind dabei eine überzeugende Argumentation und natürlich auch die eigene selbstbewusste Präsenz. Es gehört auch eine gehörige Portion Mut dazu, seine Meinung zu vertreten und sich, wenn es erforderlich ist, auch gegen eine Mehrheit zu stellen. Auch gehört es zum Alltag einer Führungskraft, unliebsame Entscheidungen bei den unterstellten Mitarbeitern, auch gegen deren Widerstand, um- und durchzusetzen. Ein Vorgesetzter ohne Autorität und Durchsetzungsvermögen hat verloren.

Als selbstverständlich wird mittlerweile vorausgesetzt, dass eine Führungskraft über die nötigen **Präsentations- und Moderationstechniken** und über damit im Zusammenhang stehende **rhetorische Fähigkeiten** verfügt. Zu den verschiedensten Anlässen müssen Reden gehalten, Präsentationen vorgeführt, Arbeitskreise oder Diskussionen moderiert und geleitet werden. Voraussetzung ist es, die unterschiedlichen Medien und Methoden, einschließlich Körpersprache, Mimik und Gestik zu kennen und diese anlass- und situationsbezogen einzusetzen. Dazu gehört jede Menge Erfahrung und Training. Diese Techniken lassen sich ebenfalls in Seminaren erlernen und entwickeln.

Da heute nichts über gute Beziehungen geht, muss eine gute Führungskraft über Netzwerke verfügen – das sogenannte **Networking**. Das bedeutet, dass Kontakte konsequent aufgebaut, gewissenhaft gepflegt und bei Bedarf auch genutzt werden müssen. Auf allen Ebenen entstehen zunehmend Netzwerke – zum Beispiel Erfa-Gruppen (Erfa = Erfahrungsaustausch) – innerhalb einer Branche, branchenübergreifende Arbeitskreise zu bestimmten Themen, aber auch die unterschiedlichsten Communities im Internet – zum Beispiel „XING" oder „Facebook".

Gute Beziehungen sind wichtiger denn je für beruflichen und unternehmerischen Erfolg.

Bei all den genannten und m. E. sehr hohen Anforderungen an das Vorhandensein von Soft Skills stellt sich die Frage, inwieweit es möglich ist, diese Soft Skills zu erwerben. Sicher gibt es einige Soft Skills, die erlernt werden oder durch Training, Coaching und Übungen verbessert werden können, wie zum Beispiel Präsentationstechniken, Rhetorik, Argumentationstechniken, Konfliktfähigkeit. Aber für die Mehrheit der Soft Skills ist die eigene Einstellung und das eigene Wollen von entscheidender Bedeutung. Die Einstellung wiederum wird m. E. ganz stark geprägt durch die gesamte soziale Interaktion eines Menschen: In welchen familiären Verhältnissen, mit welchen Freunden, in welchem sozialen Umfeld wächst ein Mensch auf? Welche Vorbilder gibt es? Heutzutage werden die Familien immer kleiner, viele Kinder leben nur mit einem Elternteil zusammen, es gibt weniger Geschwisterkinder. Ist nicht die zunehmende Anzahl von Ehescheidungen bzw. der Umstand, dass immer weniger Paare überhaupt heiraten und sich dann auch leichter wieder trennen, ein Indiz dafür, dass so wichtige Eigenschaften wie Teamfähigkeit, Einfühlungsvermögen, Kooperationsbereitschaft und Konfliktfähigkeit immer mehr verloren gehen? Bei der kleinsten auftretenden Schwierigkeit wählt man den Weg des geringsten Widerstandes und geht einfach weg oder kommt nicht mehr wieder. Entscheidenden Einfluss hat neben der Familie auch das übrige Umfeld: Wie ist ein Mensch integriert in die Schule, die Arbeit, den Sportverein, die Stammkneipe, den Gartenverein usw.? Wenn ein Mensch sehr zurückgezogen lebt und wenig Kontakt zu anderen hat, können insbesondere soziale Kompetenzen mit Sicherheit nicht entwickelt werden. Wenn Jemand hingegen das Glück hat, mit Menschen umgeben zu sein, die kommunikativ, einfühlsam, teamfähig, leistungsbereit usw. sind, genießt er den großen Vorteil, davon lernen und profitieren zu können. Da die Bedingungen jedes einzelnen Menschen so unterschiedlich sind, sollte in der Schule großes Augenmerk auf die Entwicklung von Soft Skills gerichtet werden, da sich „früh übt, wer ein Meister werden will" und viele Kompetenzen viel geübt werden müssen, um sicher beherrscht zu werden. Gerade Überzeugungskraft kann nur jemand ausstrahlen, der sich klar ausdrücken und stichhaltig argumentieren kann. Aber auch im Studium müssen Soft Skills m. E. intensiv entwickelt und gefestigt werden, damit die Fachspezialisten am Ende auch teamfähige, konfliktfähige, kundenorientierte, verhandlungsstarke Mitarbeiter werden können. Da Hochschulabsolventen i. d. R. in den Unternehmen Führungsaufgaben übernehmen sollen, müssen auch Präsentations- und Moderationstechniken vermittelt und geübt werden.

Dass Soft Skills bei der Bewerberauswahl nicht nur in einem Hotel von großer Bedeutung sind, zeigt eine Untersuchung des CRF Institutes. Bei Deutschlands „Top Arbeitgebern" wurde nach den entscheidenden Einstellungskriterien gefragt und dabei herausgefunden, dass mit 88 Prozent das Kriterium „Persönlichkeit" mit Abstand das Einstellungskriterium Nummer 1 ist. Auf Rang 2 folgt mit 73 Prozent die „Kommunikationsfähigkeit" der Bewerber. Erst auf den nachfolgenden Plätzen finden sich die Kriterien „Praktische Erfahrungen" (51%), „Art und Standort der Hochschule" (43 %), „Sprachkenntnisse" (27 %), „Auslandserfahrung / -aufenthalt" (16 %), „Kreativität" (14 %), „Außeruniversitäres Engagement" (11 %), „Schul- und Abschlussnoten" (10 %) und zu guter Letzt die „Studiendauer" mit 3 Prozent.[4]

Das können wir für die Bewerberauswahl sowohl für unsere Auszubildenden als auch für die Fachkräfte nur bestätigen. Natürlich ist eine solide fachliche Ausbildung – bezogen auf den Schulabschluss und auf die Berufsausbildung – eine wichtige Grundlage für eine erfolgreiche Bewerbung. Jedoch zeigt sich erst beim persönlichen Kennenlernen, ob der Bewerber auch in der Lage ist, sein theoretisches Wissen auch praktisch anzuwenden, und ob seine Persönlichkeit zu den jeweiligen Anforderungen passt.

Christian Püttjer und Uwe Schnierda definieren in ihrem Buch „Professionelle Bewerbungsberatung für Hochschulabsolventen" Kundenorientierung, Teamfähigkeit, selbstständiges Arbeiten, Belastungs- und Kritikfähigkeit, analytisches Denken sowie Lern- und Leistungsbereitschaft als die wichtigsten persönlichen Eigenschaften, die Bewerber mitbringen sollten.[5]

Die Schwierigkeit für Personalverantwortliche und Führungskräfte, die unter den Bewerbern die geeigneten Kandidaten für die zu besetzende Stellen auswählen müssen, besteht darin, neben der Prüfung der fachlichen Eignung herauszufinden, ob auch die erforderlichen persönlichen und sozialen Kompetenzen in ausreichendem Maße vorhanden sind. Nach der Sichtung und Analyse der vorliegenden Bewerbungen nach rein formalen Kriterien (Sind die Unterlagen vollständig? Gibt es keine Ungereimtheiten im Lebenslauf? Entsprechen Ausbildung

---

[4] www.t-online.-business.de/bewerber-qualifikationen-top-10-der-einstellungskriterien (21.06.2010)
[5] www.t-online.-business.de/bewerber-qualifikationen-top-10-der-einstellungskriterien (21.06.2010)

und berufliche Erfahrungen dem Anforderungsprofil der zu besetzenden Stelle? Sind die relevanten Zeugnisse vorhanden und mit welcher Bewertung?) besteht die Aufgabe darin, aus der getroffenen Vorauswahl der möglichen Kandidaten den richtigen herauszufinden, der auch über die nötigen Soft Skills verfügt, um als Mitarbeiter im Unternehmen gemeinsam mit seinen Kollegen zum Unternehmenserfolg beizutragen.

Zu den dafür verwendeten Methoden zählen vor allem das **strukturierte Einstellungsinterview**, das **Probearbeiten** und natürlich das **Assessment Center**.

Das strukturierte Einstellungsinterview ist mit Sicherheit die gebräuchlichste Form, um sich ein Bild von einem Bewerber zu machen. Bei diesem Interview, das i. d. R. im Rahmen des vereinbarten Vorstellungsgespräches geführt wird, sind idealerweise der Personalverantwortliche sowie die Führungskraft für die zu besetzende Stelle anwesend. In diesem Gespräch versuchen die Entscheider, durch geschickte Fragestellung zunächst den in der Bewerbung dargelegten beruflichen Werdegang zu überprüfen und durch Detailfragen in einer größeren Komplexität zu verstehen (Worin bestanden die Aufgaben des Bewerbers bei der Firma XY? Mit welchen Projekten hat sich der Bewerber befasst? Welches waren seine größten Erfolge? Gab es auch Misserfolge und was konnte man daraus lernen? Welche Tätigkeiten hat der Bewerber am liebsten ausgeführt? Welches waren die Gründe für einen Arbeitsplatzwechsel u.a.m.). Es besteht bei diesem Interview auch die Möglichkeit, die Fach- und auch die Methodenkompetenz des Bewerbers zu überprüfen, indem für die gewünschte Tätigkeit typische Aufgaben oder Fallbeispiele gestellt werden. Die größte Herausforderung besteht jedoch darin festzustellen, was für ein Mensch dieser Bewerber ist. Passt er in das Team? Wird er sich in das Team integrieren und gemeinsam mit den Kollegen an einem Strang ziehen? Oder hat man einen Querulanten oder gar Intriganten vor sich? Wie hoch sind die Leistungsbereitschaft und die Belastbarkeit des Bewerbers? Wie hoch ist seine Motivation? Während der Probezeit geben sich die meisten Mitarbeiter immer noch Mühe, Einsatzbereitschaft und Engagement zu zeigen und sich nicht schon beim kleinsten Unwohlsein krank zu melden, um vielleicht das Wochenende um ein, zwei Tage zu verlängern. Leider hält dieser Elan nicht bei allen Mitarbeitern auch noch nach dem erfolgreichen Bestehen der Probezeit an.

Darüber hinaus sind bei einer Tätigkeit in einem 5 Sterne Hotel die bereits erläuterten Soft Skills von großer Bedeutung. Mitarbeiter, die unmittelbar am Gast arbeiten, müssen gastorientiert und servicebereit sein und über ein zumindest gutes Kommunikationsvermögen verfügen. Offen gestanden, reicht ein ca. einstündiges Gespräch nicht immer aus, um das herauszufinden.

Weil aber diese Eigenschaften so wichtig für Arbeitgeber in der Hotellerie und Gastronomie sind, ist es heutzutage üblich, mit Bewerbern, die in die engere Auswahl kommen, ein ein- oder zweitägiges **Probearbeiten** zu vereinbaren. Dabei können die künftigen Vorgesetzten einen ersten Eindruck von der personalen, sozialen und kommunikativen Kompetenz des Bewerbers gewinnen, sodass sich aus den gesammelten Erkenntnissen aus dem strukturierten Einstellungsinterview ein komplexeres Bild ergibt. Bei Bewerbern um einen Ausbildungsplatz besteht auch die Möglichkeit, ein ein- oder zweiwöchiges Praktikum absolvieren zu lassen, sofern noch kein solches als Schulpraktikum in einem artverwandten Betrieb durchgeführt wurde. Praktikum und Probearbeiten sollen auch dazu dienen, dem Bewerber ein Bild von seinem möglichen künftigen Arbeits- oder Ausbildungsplatz zu vermitteln, denn für eine erfolgreiche Zusammenarbeit zwischen Mitarbeiter und Unternehmen ist es genauso wichtig, dass auch der Mitarbeiter sich für den richtigen Arbeitsplatz entschieden hat.

Die drittgenannte Methode, um einen Bewerber so umfänglich wie möglich kennen zu lernen und zu beurteilen, ist das **Assessment Center**. Assessment Center werden i. d. R. von größeren Unternehmen durchgeführt, bei denen es eine Vielzahl von Bewerbern auf eine Stelle gibt. Assessment Center sind sehr aufwändig und erstrecken sich zumeist über einen ganzen Tag. Auch bei einem Assessment Center wird ein strukturiertes Interview geführt, aber darüber hinaus haben sich die Bewerber noch weiteren Aufgaben zu stellen. So kann ein Leistungstest durchgeführt oder ein Fragebogen zur Persönlichkeit bearbeitet werden, ein Thema für eine während des Assessment Centers vorzubereitende und zu haltende Präsentation vorgegeben, Fallbeispiele besprochen und Rollenspiele mit anderen Bewerbern geführt werden. Der Vorteil des Assessment Centers liegt vor allem darin, dass noch eine größere Zahl an Spezialisten die Bewerber beurteilt und das nicht nur an Hand von subjektiven Kriterien, sondern auch durch objektiv messbare Methoden. Auch kann schon das Verhalten der Bewerber in der Gruppe beobachtet und auch Soft Skills wie das Beherrschen von Präsentationstechniken sowie rhetorische Fähigkeiten können bestimmt werden.

Je ernster die Auswahl eines geeigneten Bewerbers genommen und je mehr Mühe darin investiert wird, umso größer sind die Erfolgsaussichten, tatsächlich am Ende des Auswahlprozesses den richtigen neuen Mitarbeiter gefunden zu haben. Die Praxis zeigt jedoch, dass das leider nicht immer gelingt. Es kommt vor, dass man sich beispielsweise allzu sehr von der fachlichen Kompetenz beeindrucken lässt, ohne die soziale und die personale Kompetenz hinreichend zu beachten. Wenn jedoch ein Mitarbeiter zwar eine Koryphäe auf seinem Fachgebiet, aber weder teamfähig, noch kundenorientiert oder konfliktfähig ist, kann die Zusammenarbeit unerträglich werden. Manchmal besteht die Möglichkeit, fehlende Kompetenzen durch Schulungen oder Coaching zu entwickeln, manchmal kommt man jedoch auch zu dem Ergebnis, dass man doch nicht zueinander passt.

Für die Hotellerie und Gastronomie bleibt festzustellen, dass man in dieser Branche ohne ausgeprägte Soft Skills nicht erfolgreich arbeiten kann. Ich gehe sogar so weit zu sagen, dass die Soft Skills eines Mitarbeiters in der Hotellerie oder Gastronomie höher zu bewerten sind, als seine fachlichen Qualitäten. Es ist weniger schlimm, eine Seezunge nicht hundertprozentig korrekt zu filettieren, als einem Gast nicht überzeugend zu vermitteln, dass er im Mittelpunkt steht und dass alles getan wird, um ihn zufrieden zu stellen oder sogar zu begeistern. Das Allerwichtigste ist es, den Gast aufmerksam und mit einer ehrlich gemeinten Freundlichkeit zu umsorgen.

Quellenverzeichnis:

Penny Schiffer, von der Linde, Boris: Mit Soft Skills mehr erreichen. Trainieren Sie Ihre sozialen Kompetenzen. München 2002.

www.t-online.-business.de/bewerber-qualifikationen-top-10-der-einstellungskriterien (21.06.2010)

Mitarbeiter-Handbuch des Hotel Neptun in Rostock-Warnemünde

11 Hendrik Diekel

Die Bedeutung von Schlüsselkompetenzen in der Berufspraxis am Beispiel Deutsche Bahn

Abstract

Ausgehend von der Leitfrage „Soft Skills – Alternative zur Fachlichkeit oder weiche Performance?" wird in dem nachfolgenden Beitrag erläutert, welche Rolle überfachliche Kompetenzen in der Berufspraxis spielen und wie solche Schlüsselkompetenzen zu einer erfolgreichen Unternehmung beitragen können. Zudem wird erläutern, wie das Thema sich widerspiegelt in den Instrumenten der Personalauswahl, Personalentwicklung und Managemententwicklung eines Unternehmens.

Hinführung

Im Rahmen meines Beitrages zum Leitthema „Soft Skills versus Fachlichkeit" aus der Perspektive der Unternehmenspraxis entwickelte sich schon in den Vorberatungen eine interessante Diskussion. Die Fragestellungen, die wir heute aufgreifen und diskutieren, sind Fragen wie beispielsweise:

- Gibt es branchenspezifische Soft Skills?
- Was erwarten Unternehmen eigentlich von einzustellenden Mitarbeitern bereits an entwickelten Soft Skills?
- Wie ist das Verhältnis von Soft Skills zu Hard Skills?
- Kann man Soft Skills eigentlich messen?
- Welche Rolle spielen Soft Skills später in der innerbetrieblichen Fortbildung?

Den Beitrag habe ich daher wie folgt aufgebaut:

Zunächst möchte ich einige Worte zum Bezug des Leitthemas zum Unternehmen Deutsche Bahn AG ausführen. Anschließend möchte ich aufzeigen, welche Rolle überfachliche Kompetenzen in der Berufspraxis spielen. An Beispielen aus der Praxis werde ich erläutern, welchen Beitrag Soft Skills zum Unternehmenserfolg leisten und wie Unternehmen konkret dieses in der Praxis in Form von Personalentwicklungsinstrumenten nutzen. Schließlich möchte ich einige Schlussfolgerungen vorstellen, die wir konkret als Großunternehmen hieraus ziehen.

Soft Skills – das Thema in Bezug zum Unternehmen Deutsche Bahn

„Soft Skills – Alternative zur Fachlichkeit oder weiche Performance?" – hier stellt sich die Frage nach den Begrifflichkeiten im Unternehmenskontext. Zunächst daher zum hier verwendeten Kompetenzbegriff. Kompetenz wird hier in Abgrenzung zu den Begriffen „Potential" und „Leistung" verwendet und bezieht sich auf die aktuellen Fähigkeiten und Fertigkeiten, das Wissen und die Erfahrungen einer Person, die zur Durchführung von Tätigkeiten befähigen. Kompetenzen sind somit die Voraussetzung (neben Faktoren wie Motivation und Möglichkeiten) für Leistung und Potential und werden einer Person aufgrund von beobachtbarem Verhalten zugeschrieben. Naheliegend erscheint uns dabei in Bezug auf die Wirtschaft zunächst die Relevanz des Begriffs „Fachlichkeit": Um Aufgabenstellungen in einer Marktwirtschaft erfolgreich lösen zu können, ist es notwendig, die dafür notwendige Materie zu beherrschen[1]. Diese Fähigkeit vermuten wir zunächst hinter einer guten Ausbildung sowie beim Erwerb durch Erfahrung und fachspezifischer Weiterbildung. Was ist in diesem Sinne Fachkompetenz für Unternehmen? Unter Fachkompetenz kann man z.B. die für den Umgang mit Sachen notwendige Befähigung verstehen, die neben theoretischen Kenntnissen auch praktisch anwendbares Handlungswissen umfasst und intellektuelle sowie handwerkliche Fähigkeiten und Fertigkeiten erfordert[2]. Diese wurden durch Lernprozesse erworben, sind trainierbar und veränderbar. Die Voraussetzung, um sich zusätzliche Fertigkeiten anzueignen, liegt im Grundwissen und in den Grundfertigkeiten.

Was meint in Abgrenzung hierzu der Begriff Soft Skills bzw. der von mir gewählte Begriff „Schlüsselkompetenzen"? Meistens reicht es nicht aus, nur in einem Aufgabengebiet fachlich kompetent zu sein, sondern erfordert ebenfalls eine Reihe von fachübergreifenden Kenntnissen[3]. Es gibt eine Vielzahl unterschiedli-

---

1 vgl. http://qualifikation.kenline.de/qualifikation/fachkompetenz.htm
2 Lang 2000, S. 33
3 vgl. ebd.

cher Definitionen für „Schlüsselkompetenzen". Eine mögliche Definition von Weinert (1996) lautet: „Unter Schlüsselkompetenzen versteht man die Summe aus Fähigkeiten, Einstellungen, Strategien und Wissenselementen, die bei der Lösung von Problemen und beim Erwerb neuer Kompetenzen von Nutzen sind, um individuellen Bedürfnissen und gesellschaftlichen Anforderungen gerecht zu werden"[4]. Nimmt man Fachkompetenz sowie Schlüsselkompetenzen zusammen, so ist berufliche Handlungsfähigkeit durch die Kombination von beiden beschrieben – also fachliches Wissen und Erfahrungen einerseits sowie Fähigkeiten und Fertigkeiten in über die Fachlichkeit hinausgehenden Methoden.

Welche Herausforderungen stellen sich dabei aus heutiger Sicht aus der Praxis für die Experten im Thema „Lernen"? Institutionen im Thema „Lernen" werden in der Wissensgesellschaft mit neuen Anforderungen durch den Arbeitsmarkt und die Lernenden konfrontiert. Die Anforderungen des Arbeitsmarktes liegen in der Vermittlung von Lern- und Berufsfähigkeit an die Schüler und Studenten, in der Vermittlung unternehmerischen Denkens und Handelns[5]. Zunehmende Bedeutung erfährt auch die Vermittlung interkultureller Fähigkeiten. Die Lernenden treffen in der Arbeitswelt auf flexiblere Lernwege, die kontinuierliche Lernbereitschaft erfordern. Anforderungen der Lernenden selbst bestehen zum einen in der Berufsqualifizierung mit der Erwartung positiver Berufsperspektiven, zunehmend ergänzt durch die Anforderung, Raum für die eigene Lebensentwicklung zu erhalten.

Ein häufig in diesem Zusammenhang auftauchender Begriff ist der der „Employability". Die Fähigkeiten und Fertigkeiten eines jeden vereinen sich in einem individuellen Kompetenzprofil. Der Abgleich hierzu ergibt sich aus den Anforderungen des Arbeitsmarktes beziehungsweise bestimmter konkreter Berufsbilder. Das Thema Fachlichkeit und Soft Skills spiegelt sich hier wieder: allgemein im Thema „Employability", also der Beschäftigungsfähigkeit eines Menschen, konkret in der Berufsbefähigung für konkrete Berufe.

Im Zeitablauf haben sich Anforderungen des Arbeitsmarktes und Kompetenzen der Menschen weiterentwickelt und müssen immer wieder von neuem in Einklang gebracht werden. Das Zusammenspiel aller Stakeholder, also der Arbeitgeber, Arbeitnehmer sowie der Bildungsträger sichert hierbei die Berufsbefähigung und Employability der Akteure am Arbeitsmarkt.

---

4 vgl. Weinert, F. E. (1996). S.1 ff
5 vgl. „Neue Wege in der Erziehung zu unternehmerischem Denken", online-Magazin Unternehmen und Industrie der Europäischen Komission, 06/2010

Diese ersten allgemeinen Ausführungen möchte ich nun in Bezug setzen zur Unternehmenswelt eins Konzerns wie der Deutschen Bahn. Das Geschäftsmodell des Unternehmens bestimmt, welche konkreten Anforderungen bezüglich der Berufsbefähigung bestehen. Somit muss man auf das Geschäft selbst schauen, um zu verdeutlichen, welche Relevanz einzelne Kompetenzen für eine Unternehmung haben.

Im Laufe der Zeit haben sich Berufsbilder stark gewandelt – das gilt selbstverständlich auch für Unternehmen wie die Deutsche Bahn. Durch die Bahnreform 1994 und die damit verbundenen Veränderungen des Verkehrsmarktes hat der Konzern einen Wandel vom Staatsunternehmen mit Verkehrsauftrag hin zu einem Wirtschaftsunternehmen durchlaufen. Das bedeutete exemplarisch für das Umfeld von Ingenieuren, dass das Unternehmen von einem Technikunternehmen hin zum Mobilitätsanbieter weiterentwickelt wurde. Die Rolle einer Vielzahl von Ingenieuren wandelte sich dabei mit: Waren früher stärker technische Experten auf einem oder mehreren Spezial-Gebieten vertreten, wandelte sich das Berufsbild stärker hin zu einem „Übersetzer von technischen Anforderungen" mit eher generalistischem Fachwissen.

Hinsichtlich der erforderlichen Kompetenzen lässt sich dieser Wandel verdeutlichen bezüglich der Projektarbeit. Von Ingenieuren werden zunehmend Kenntnisse der Projekt- und Prozesssteuerung für die Erledigung der anfallenden Aufgaben gefordert. Ingenieure als Schnittstellenmanager in den Prozessen und in Projekten benötigen in starkem Maße Kenntnisse im Prozessdenken, in der Projektsteuerung und -führung sowie der Methodenabwendung. Hinzu gekommen sind Aspekte übergreifender Schlüsselkompetenzen wie die adressatenbezogene Kommunikation oder Wissen zu den Grundlagen des Kostenmanagements.

Wie kann es gelingen, einen solchen Wandel durch geeignete Konzepte der Personalentwicklung zu begleiten? Die Personalentwicklung umfasst grundsätzlich die Maßnahmen, die dazu dienen, Mitarbeiter wie Führungskräfte so auszuwählen und zu entwickeln, dass sie das Unternehmen und ihre Organisationseinheiten kundenorientiert, wirtschaftlich, fortschrittlich, partnerschaftlich und verantwortungsvoll unterstützen können[6]. Damit unterstützt die Personalentwicklung die strategischen Ziele des Unternehmens.

Es erscheint notwendig, diese strategische Zielsetzung durch Strukturelemente zu konkretisieren. Die Deutsche Bahn hat hierzu Funktionen zu Jobfamilien ge-

---

6 vgl. http:/www.deutschebahn.com/site/bahn/de/konzern/konzernprofil/leitbild/leitbild.html

bündelt, die aufgrund vergleichbarer Anforderungen, Zielsetzungen, Wissen und Fähigkeiten unabhängig von der konkreten Organisationsstruktur über einen ähnlichen Charakter verfügen. Dadurch entsteht ein verbindlicher Rahmen für die Strukturierung von Funktionen. Darauf aufbauend lassen sich systematisch Instrumente umsetzen wie z.B. ein Kompetenzmodell oder eine systematische Entwicklungsplanung. Es lassen sich operative Jobfamilien von zentralen Jobfamilien unterscheiden. Beispiele für mögliche operative Jobfamilien können „Produktion" oder „Vertrieb" sein, während eine zentrale Jobfamilie z.B. „Finanzen" lauten könnte.

Wie lässt sich nun die Struktur der Jobfamilie weiterführen zu einem unternehmensspezifischen Kompetenzmodell? Die Deutsche Bahn hat ein für den Gesamtkonzern gültiges Kompetenzmodell entwickelt, das durchgängig für die kompetenzbasierte Personalentwicklung einsetzbar ist. Es wurden zunächst die Kompetenzen identifiziert, die als Mitarbeiterkompetenzen grundlegend sind und für alle Mitarbeiter des Konzerns unabhängig ihrer Funktionen gelten sollen. Dieses sind die „Basiskompetenzen" des Unternehmens. Darüber hinaus wurden anhand des Führungsmodells die Kompetenzen definiert, die im Konzern im Sinne von Führungskompetenzen Anwendung finden sollen. Schließlich ergänzt ein Fach- und Methodenkompetenzkatalog das Kompetenzmodell. Dieser Katalog ist auf einer ersten Ebene nach Jobfamilien aufgebaut und definiert die für eine Jobfamilie relevanten Kompetenzen. Das Kompetenzmodell entstand in einem Prozess, der unter intensiver Diskussion der jeweiligen Geschäftsbereiche und Einbindung der jeweiligen Fachexperten je Jobfamilie durchgeführt wurde. Im Ergebnis besteht nun zum einen ein einheitliches Verständnis über einen Rahmen übergreifend gültiger Kompetenzen, zum anderen auch ein gleiches Verständnis im Sinne einer Definition, was die Bedeutung der jeweiligen Kompetenz betrifft. Das einheitliche Verständnis ist grundlegend für die qualitative Umsetzung von kompetenzbasierten Instrumenten. Wenn beispielsweise ein kompetenzbasiertes Auswahlverfahren Anwendung finden soll, bei dem eine bestimmte Fachkompetenz als Kriterium eine Rolle spielt, ermöglicht die Definition dieser Kompetenz eine möglichst einheitliche Qualität im Beobachtungs- und Auswahlprozess unternehmensweit.

Der Fach- und Methodenkompetenz- Katalog ist dreistufig aufgebaut. Dieser Aufbau ermöglicht gleichermaßen Durchgängigkeit und Flexibilität. Über den jobfamilienbezogenen Aufbau auf der 1. Ebene wurde ein Ordnungskriterium gefunden, das vergleichbare fachliche Anforderungen zusammenfasst – die Jobfamilie. Auf der 2. Ebene entstand je Jobfamilien ein Katalog der spezifischen

Kompetenzen. Die 3. Ebene der Verhaltensindikatoren ist indes nicht fixiert – vielmehr sind die Beschreibungen kompetenzkonformen Verhaltens, die den Kompetenzen zugeordnet werden, flexibel je Einsatzfeld möglich. Ausprägungen individuell einzuschätzen und Qualifizierungs- und Entwicklungsmaßnahmen abzuleiten wird so mit konkretem Bezug möglich.

Beispiel 1:

Fachkompetenz „Durchführung Betrieb" – möglicher Verhaltensanker bei einer Tätigkeit im Umfeld eines Bahnhof: „kennt die betrieblichen Abläufe im Bahnhof"

Beispiel 2:

Fachkompetenz Durchführung Betrieb – möglicher Verhaltensanker bei einer Tätigkeit im Umfeld des mobilen Personals: „kann mit den mobilen Verkaufsgeräten umgehen"

Die Unternehmen werden bei der Entwicklung von Kompetenzmodellen zu unterschiedlichen Kompetenzen kommen, die für ihr spezifisches Geschäft Relevanz besitzen. Es gibt aber bei aller Unterschiedlichkeit der Unternehmen und Jobfamilien Schnittmengen bezüglich grundsätzlicher Kategorien, die durch die Existenz überfachlicher Kompetenzfelder zum Ausdruck kommen. Im Beispiel sind das zum einen die Basiskompetenzen als übergreifend für alle Mitarbeiter des Unternehmens gültige Anforderungen sowie die Führungskompetenzen als einheitliche Anforderungen an alle Führungskräfte des Unternehmens.

Vergleicht man Unternehmen untereinander, so sind Bezeichnungen, Definitionen sowie konkrete Ausgestaltung in Verhaltensankern unterschiedlich. Die Hoffnung, dass es ein einheitliches, übergreifendes Verständnis über die Unternehmen hinweg gibt, muss enttäuscht werden. So kann es u.a. sein, dass zwei Unternehmen das jeweils gleiche Kommunikationsverhalten eines Bewerbers oder Mitarbeiters im Kontext der jeweiligen Unternehmung unterschiedlich bewerten – die zugrunde liegenden Kompetenzmodelle und daraus resultierend die Definitionen und Verhaltensanker für gewünschtes Kommunikationsverhalten unterscheiden sich dann möglicherweise.

Auf Basis eines Kompetenzmodells lassen sich die Prozesse der Personalentwicklung in Unternehmen auf eine professionelle Grundlage stellen. Im Folgenden soll exemplarisch erläutert werden, wie Kompetenzmodelle in den Prozessen der Personalauswahl, Qualifizierung sowie der Managemententwicklung zum Einsatz kommen können. Die Prozesse der Personalentwicklung unterstützen dabei wie schon erläutert die strategischen Ziele des Unternehmens. Personalentwicklung meint dabei alle Maßnahmen, die dazu dienen, Führungskräfte und Mitarbeiter so auszuwählen und zu entwickeln, dass sie das Unternehmen, ihre Organisationseinheiten und Mitarbeiter im Rahmen der Strategie erfolgreich kundenorientiert, wirtschaftlich, fortschrittlich partnerschaftlich und verantwortungsvoll unterstützen können. In diesem Selbstverständnis von Personalentwicklung spiegeln sich bereits unternehmerische Werte wider. Auf Basis dieser Werte, auch Leitbild eines Unternehmens genannt, lassen sich in einem nächsten Schritt Grundlagen eines Kompetenzmodells ableiten.

Aus einem Leitwert „wirtschaftliche" ließen sich z.B. konkrete Kompetenzen ableiten. Unternehmensspezifisch wäre zu definieren, wie „wirtschaftlich" im konkreten Handeln der Mitarbeiter zum Ausdruck kommen könnte. Während Unternehmen A als „wirtschaftlich" eine bestimmte Kompetenz der „Ausrichtung auf Ergebnisse" verstehen mag, bringt womöglich Unternehmen B „wirtschaftlich" in eine Kompetenz „effizientes Handeln" zum Ausdruck. Wichtig ist, dass sich Leitbilder, sollen sie in Handeln der Mitarbeiter münden und wirksam werden, im Kompetenzmodell wiederfinden und spiegeln müssen.

Ausgehend vom skizzierten Verständnis von Personalentwicklung kann man die Instrumente der Personalentwicklung betrachten und an ihnen den Einsatz eines Kompetenzmodells verdeutlichen. Dabei werden in der Personalentwicklung Instrumente bezogen auf Leistung (vergangenheitsbezogen, die Arbeitsergebnisse und gezeigtes Verhalten rückwirkend bewertend und künftige Leistungen planend), Kompetenz (gegenwartsbezogen, die aktuelles Können, Wissen und Tun im Hinblick auf aktuelle und künftige Anforderungen im Sinne eines Sollprofils einschätzend) sowie Potential (zukunftsbezogen, die eine Prognose zur Eignung für weiterführende Aufgaben erstellen und Zielfunktionen benennend) unterschieden. Entwicklungsmaßnahmen können sich jeweils auf eine oder mehrere dieser Dimensionen beziehen.

Das erste hier vorgestellte Praxisbeispiel für Kompetenzmodelle stammt aus dem Bereich der Nachwuchsgewinnung. Schon in Stellenbeschreibungen und in Suchanzeigen finden sich die Erwartungen bestimmter Kompetenzen von Unternehmen wieder. Neben fachlichen Qualifikationen, Abschlüssen und Erfahrungen werden weitere überfachliche Kenntnisse erwähnt, die aus dem Kompetenzmodell des Unternehmens stammen. Ein Beispiel aus einer Suchanzeige für akademische Einsteiger: „...Sie überzeugen durch exzellentes Auftreten und neben Belastbarkeit gehört analytisches Denken zu Ihren Stärken" – solche Formulierung in einer Suchanzeige geben Hinweise auf das unternehmensspezifische und stellenbezogene Kompetenzmodell. Potentielle Bewerber sollten also entsprechend damit rechnen, dass analytisches Denken, Belastbarkeit oder Auftreten im Rahmen des Auswahlprozesses eine Rolle spielen werden. Doch an welcher Stelle werden relevante Kompetenzen überprüft?

Aufgrund der unterschiedlichen Herausforderungen der Unternehmen ist es wenig verwunderlich, dass sich sowohl die Anforderungsprofile als auch die Auswahlverfahren in der Konkretisierung zwischen den Unternehmen unterscheiden. Unternehmen identifizieren und gewichten dafür die für ihr Unternehmen und die spezifische Aufgaben relevanten Kompetenzfelder für potentielle Nachwuchskräfte. Aufbauend darauf werden Auswahlprozesse definiert, über die die Personalauswahl für die Nachwuchskräfte erfolgt. Bewerber für Nachwuchspositionen durchlaufen in diesem Prozess Auswahlverfahren, die neben den fachlichen Fähigkeiten auch auf die definierten überfachlichen Kompetenzen (als „Soft Skills") abzielen. Beispiele sind hier Assessment-Center (AC's) oder auch strukturierte oder halbstrukturierte Interviews. Im Rahmen eines Assessment Centers werden dabei ausgewählte, für die akademischen Einstiegspositionen relevante Kompetenzen aus dem Kompetenzmodell zugrunde gelegt. Für das Assessment Center werden unterschiedliche Übungen ausgewählt, die geeignet sind, genau diese Kompetenzen beobachtbar zu machen und zu überprüfen. Kompetenzen werden dabei operationalisiert über Verhaltensanker und vor dem Hintergrund der zu besetzenden Position in ihrer Bedeutung gewichtet. Diese Gewichtung spiegelt sich in der Auswahl der Übungen wider. Die Vertreter des Unternehmens fungieren bei unterschiedlichen interaktiven Übungen eines Verfahrens als Beobachter. Konkrete Übungen können dabei mehrere Kompetenzen umfassen, jede Kompetenz wird im Rahmen des Assessment Center mindestens zweimal beobachtet. Ein professionelles Verfahren bedingt dabei, dass die Beobachter vor dem Verfahren geschult werden. Zudem gibt es Qualitätskriterien, die den Beobachtungs- und Bewertungsprozess betreffen, z.B. hinreichende Notizen, Standards bei Beobachtungsbögen und eine professionelle Moderation. Dieses hilft dabei, Beobachtungsfehler zu vermeiden und ein valides Auswahlergebnis sicher zu stellen. Hinsichtlich des Kompetenzmodells werden im Assessment Center die Kompetenzdefinitionen aus dem Kompetenzmodell verwendet und in Verhaltensankern ausgedrückt, die auf die Einstiegsposition und die Übungen im Assessment Center Bezug nehmen.

Im genannten Beispiel der Stellenausschreibung tauchte unter anderem das (hier frei gewählte, fiktive und nicht bei der Deutschen Bahn zugrunde gelegte) Kriterium „Belastbarkeit" auf. in einem Assessment Center könnte im entsprechenden Beobachtungsbogen nun auf eine einheitliche Definition verwiesen werden. Diese könnte beispielsweise lauten: „Belastbarkeit ist die Fähigkeit, kontinuierlich und auch in Situationen hoher Anspannung systematisch, und zielführend vorzugehen". Als Verhaltensanker in einem Assessment Center könnte diese Definition dann konkretisiert werden, z.B. „wird durch Nachfragen oder neue Aspekte nicht unsicher" (positiver Verhaltensanker) oder „konzentriert sich unter Druck nicht auf sein gegenüber" (negativer Verhaltensanker). Durch diese entsprechenden positiven oder auch negativen Verhaltensanker wird bei Assessment Centern nur beobachtbares und belegbares Verhalten der Teilnehmer berücksichtigt. Auch aufgrund der Tatsache, dass es immer mehrere Beobachter gibt, wird die Gefahr minimiert, dass Beobachterfehler oder persönliche Einstellungen eines Beobachters in die Gesamtbewertung mit einfließen. Am Ende eines Assessment Centers werden die Ergebnisse im Rahmen einer Beobachterkonferenz zusammengetragen und eine Auswahlentscheidung getroffen[7].

Ein weiteres Beispiel für die Anwendung eines Kompetenzmodells in der Personalentwicklung bietet das Instrument des Kompetenzmanagement. Die Berufsbilder haben sich in den vergangenen Jahren erheblich gewandelt. Neue Berufsbilder sind hinzugekommen, bestehende haben sich verändert und alle entwickeln sich beständig weiter. Mit dem Kompetenzmanagement dient dazu, stärker der notwendigen Weiterentwicklung und Anpassung der Berufsbilder an die sich verändernden Markt- und Kundenerfordernisse gerecht zu werden. Dabei werden die Qualifizierungsmaßnahmen für ein Berufsbild nicht mehr unabhängig vom Wissensstand des Mitarbeiters festgelegt. Die individuelle Fort- und Weiterbildung richtet sich vielmehr an den erforderlichen Kompetenzen des Mitarbeiters zur Ausübung des Berufes im Arbeitsumfeld aus. Dabei werden in einem ersten Schritt Soll-Kompetenzprofile für spezifische Aufgabenfelder erstellt. Hier findet sich das Kompetenzmodell wieder mit seinem jobfamilienbezogenen Fach- und Methodenkompetenzen (ggf. auch Führungskompetenzen). Zur Erstellung von Soll-Profilen werden in der Regel Arbeitsgruppen gebildet, an denen Führungskräfte und Mitarbeiter, Betriebsrats-Vertreter sowie Vertreter der Personalentwicklung teilnehmen. Die Aufgabe der Arbeitsgruppen besteht darin, Kompetenzprofile für die spezifischen Einzeltätigkeiten der Mitarbeitergruppen zu erarbeiten. Die so entstehenden Kompetenzprofile werden nun zur Grundlage von „Kompetenzgesprächen". Zur Ermittlung des individuellen Qualifizierungs- und Entwicklungsbedarfs wird dabei in einem zweiten Schritt das Ist-Kompetenz-

---

7 vgl. Gnida, Ulrich et al. (2004), S.44 ff.

profil des Mitarbeiters, bestehend aus einer Selbsteinschätzung und einer Fremdeinschätzung durch die direkte Führungskraft des Mitarbeiters, erfasst. Beide Einschätzungen werden im Kompetenzgespräch miteinander abgeglichen und dokumentiert. Qualifizierungsmaßnahmen sowie mögliche Entwicklungspotenziale werden gemeinsam von Mitarbeiter und Führungskraft aus der Auswertung der Ergebnisse abgeleitet und somit eine größtmögliche Transparenz erzeugt. Hierzu stehen konkrete Maßnahmenvorschläge aus einer Kompetenzbox zur Verfügung. Ziel des Kompetenzgespräches ist es, aufgrund der aktuellen und zukünftigen Anforderungen den momentanen Qualifikationsbedarf eines Mitarbeiters in seiner derzeitigen Tätigkeit zu erfassen.

Mit dem Kompetenzmanagement ist die Deutsche Bahn der Umsetzung des Leitbildes vom lebenslangen Lernen ein gutes Stück näher gekommen, da das Instrument die Möglichkeit bietet, auch zukünftige Anforderungen frühzeitig in die Anforderungsprofile der jeweiligen Berufsgruppen im Konzern zu integrieren. Auf diese Weise kann auch langfristig gewährleistet werden, dass immer die Qualifikationen zur Verfügung stehen, die im Unternehmen auch tatsächlich benötigt werden. Ziel des Kompetenzmanagements ist die Standardisierung und Optimierung der Personalentwicklung sowie die systematische Verknüpfung mit dem Qualifizierungsangebot sowie die stärkere Berücksichtigung von Schlüsselkompetenzen im Qualifizierungsangebot, also Tätigkeitsanforderungen, die in naher Zukunft ein größeres Gewicht erhalten werden.

Ein weiteres Beispiel für die Einsatzmöglichkeiten von Kompetenzmodellen in der Praxis bietet sich im Rahmen der Managemententwicklung. Der jährliche Prozess bei der Deutschen Bahn heißt Managementplanungsprozess und wird relevant, wenn Mitarbeiter im DB-Konzern als Führungskraft eingesetzt werden. Über diesen Prozess erfolgt die Identifizierung und Entwicklung der Führungskräfte. Dabei ist es die Aufgabe der jeweiligen Führungskraft, das Managementpotenzial aufgrund der Ausprägungen der Basiskompetenzen sowie Führungskompetenzen einzuschätzen[8] - Kompetenzen im Sinne der erworbenen Fähigkeiten, Fertigkeiten, Erfahrungen und Kenntnisse, über die ein Mitarbeiter aktuell verfügt (Ist-Kompetenzen). Die Kompetenzeinschätzung wird dabei auf Basis von konkreten Verhaltensbeobachtungen eingeschätzt, also auf Grundlage der aktuellen Aufgabe des Mitarbeiters. Hieraus wird eine Potentialeinschätzung für zukünftige Managementaufgaben abgeleitet. Der Prozess sieht vor, dass neben der

---

[8] http://www.deutschebahn.com/site/bahn/de/jobs__karriere/db__arbeitgeber/entwicklung/entwicklung.html

Einschätzung durch die Führungskraft eine Validierung durch Mehraugenprinzip stattfindet. Mit dem Verfahren findet das Kompetenzmodell konzernweite Anwendung, um vorhandenen Potenziale für weiterführende Managementaufgaben zu identifizieren und systematisch Karriere- und Nachfolgeplanung im Unternehmen zu ermöglichen[9].

Die Deutsche Bahn nutzt ihr Kompetenzmodell nicht nur in den beschriebenen Instrumenten der Personalauswahl und Personalentwicklung. Auch die Qualifizierungsprogramme werden entsprechend hierauf aufgebaut. Mit den eigenen internen Anbietern DB Training sowie der DB Akademie besteht die Möglichkeit, das konzernweite Portfolio der angebotenen Qualifizierungen auf dem Kompetenzmodell aufzubauen. Somit entsteht ein Personalentwicklungsprozess „aus einem Guss".

In einer zunehmend globalisierten Welt, mit dynamischen, wenig planbaren Märkten, aber auch rasanten technischen Entwicklungen werden Wissen, Kompetenz und Flexibilität eines Mitarbeiters immer wichtiger für Unternehmen. Eine weitere wesentliche Herausforderung ergibt sich aus dem demografischen Wandel.

Das spiegelt sich zum einen im absehbaren Mangel an qualifiziertem Nachwuchs wider. Zum anderen müssen Unternehmen mit konkreten Maßnahmen darauf reagieren, dass in den nächsten Jahren verstärkt älteren Leistungsträger ausscheiden können. Der Mitarbeiter wird somit zunehmend zum Wettbewerbsfaktor, denn die Mitarbeiter haben eine ganz zentrale Bedeutung für den Unternehmenserfolg. Die Deutsche Bahn ist als Dienstleistungsunternehmen in einem Markt mit einem sehr personalintensives Geschäft von Menschen für Menschen. Daher sind leistungsstarke, kompetente und engagierte Mitarbeiter und Führungskräfte ein wesentlicher Bestandteil der Wettbewerbsstärke. Dabei spielen Soft Skills wie auch Fachkompetenzen gleichermaßen eine Rolle – ein Kompetenzmodell ermöglicht hier den Rahmen, um erfolgreiche Personalentwicklung im Sinne des Geschäftes zu ermöglichen.

---

9 vgl. Sander (205), S. 276 ff.

Literaturhinweise

Busse, Gerd: „Einführung eines „Kompetenzmanagements Bahn"", Hans-Böckler Stiftung 2006, Seite 1-5

Cohrs, Susanne: „Qualifizierung auf der Basis von Kompetenzprofilen", in: Personalführung 10/2009, Seite 52 -57

Gnida, Ulrich et al: „Die Bedeutung von Schlüsselkompetenzen in der Personalauswahl", in ibv 13/ 2004, Seite 44-48

Kleinow, Beate et al: „Zukunftsorientiertes Kompetenzmanagement", in: Personalführung 01/2006, Seite 54 -60

Lang, Rudolf W.: Schlüsselqualifikationen: Handlungs- und Methodenkompetenz, Personale und Soziale Kompetenz. 2000, 1. Aufl. München

Sander, Ingvar: „Kompetenzmanagement", in „Dein Bahn" 05/2005, Seite 276 - 279

Sonntag, Karlheinz: „Kompetenzmodelle - Erfolgsfaktoren im Personalmanagement?", in Personalführung 10/2004, Seite 18 -26

Stodt, Ulrike: „Nachwuchssicherung bei der Deutschen Bahn AG: Generation kann nix?", in Personalführung 10/2007, Seite 44 -51

Weinert, F. E. (1996). Für und Wider die 'neuen Lerntheorien' als Grundlage pädagogisch-psychologischer Forschung. *Zeitschrift für Pädagogische Psychologie, 10, 1*, Seite 1-12.

12 Toni Hansel

Ausblick

Wer eine von der Erziehungswissenschaft als akademischer Disziplin getragene Veranstaltung besucht, der geht zunächst von einer Themenfolge mit den daraus ableitbaren entsprechenden Schwerpunkten aus, die er in das Fach „einsortieren" kann. Das führt schließlich zu pädagogisch-historischer, zu erziehungswissenschaftlich-systematischer, zu vergleichend-analytischer oder zu anderweitiger, aber fachimmanenter Betrachtung eines je gegebenen fokussierten Gegenstandes. Das Thema, das uns in diesem Band beschäftigte, lässt andere Orientierungen erkennen, doch es steht dahin, was kausal ist bzw. wo die Fortführung bekannten Wissens liegt: Zwar lag das Thema schon bei der Planung auf Anhieb nicht in dem gängigen etablierten begrifflichen Repertoire der Pädagogik und ihrer Ordnungskategorien; vielmehr deuten die begrifflichen Herleitungen auf bikulturale Vernetzungen, also über den deutschen Sprachraum hinausreichende Wurzeln, jedoch führt die Freilegung der anglophonen Entstehungskontexte zu zwei Feststellungen, die wohl auch für die Veranstalter leitend waren: Zum einen erfordert die wissenschaftliche Bearbeitung des Tagungsthemas – *Soft Skills* – interdisziplinäre Zugänge; naheliegend sind hier betriebswirtschaftliche und kommunikationswissenschaftliche, jedoch ist von geradezu paradigmatischer Bedeutung, dass die Erziehungswissenschaft trotz der interdisziplinären Vernetzung hier die Richtung vorgibt: Es liegt auf der Hand, dass es sich bei der Auseinandersetzung mit dem Thema immer auch um personale Merkmale der beteiligten Menschen dreht, um ihre Humaneigenschaften im Zusammenwirken und Zusammenleben in vorrangig beruflichen Kontexten. Die Beschäftigung mit der Personalität menschlichen Handelns in privaten, öffentlichen, beruflichen oder auch freizeitlichen Beziehungsfeldern ist aber unzweifelhaft ein Gegenstand der Erziehungswissenschaft. Deshalb ist die Verortung der Tagung in einem der erziehungswissenschaftlichen Institute der Universität Rostock eine von der Sache her gebotene grundlegende Entscheidung gewesen, nicht minder bedeutsam als das Bekenntnis zur Interdisziplinarität, das sich in der Palette der Vorträge widerspiegelt.

Als ich vor etwa einem Jahr mit der Erkundung und schließlich mit der Festlegung des diesjährigen Tagungsthemas begann, war für mich die Welt noch weitgehend in Ordnung. Klar war – und ist bis heute – dass dieses Thema von zumindest zwei großen Bereichen substantiell aufgefüllt wird: Das ist zum einen der Bereich der beteiligten Wissenschaften. Das Stichwort *Interdisziplinarität* hat uns – wie gerade oben angemerkt – in diesem Zusammenhang schon bei der Planung, aber auch bei der Umsetzung beschäftigt und deshalb haben wir unter den Referenten zwei Wissenschaftler an exponierter Stelle dieser Veranstaltung gehört: den Kommunikationswissenschaftler (Wolfgang Sucharowski) und den Wirtschaftspädagogen (Hans-Werner Jendrowiak). Den zweiten substanzgebenden Bereich haben wir in den vielfältigen sektoralen Feldern des Beschäftigungssystems, denen im zweiten Teil des Bandes in erster Linie unsere Aufmerksamkeit gilt, verortet. Den Beschäftigungsbereich „im wirklichen Leben" haben wir dann aus der Perspektive eines größeren deutschen Konzerns (Hendrik Diekel) in den Blick genommen. Nun sagt man diesem ehemaligen Staatsunternehmen gelegentlich nach, es habe den mit dem Strukturwandel unabdingbar erforderlichen Mentalitätswechsel möglicherweise noch nicht vollständig vollzogen. Ob das so ist – dazu sind dem Beitrag von Hendrik Diekel ganz gewiss kryptische Hinweise zu entnehmen. Wenn das so ist, dann figurieren *Soft Skills* auf der Präferenzskala eines solchen Betriebes möglicherweise nicht an sehr prominenter Stelle.

Diese beiden substanzgebenden Bereiche sind in dem vorliegenden Band in einer etwas vereinfachenden Sicht als die „zwei Seiten derselben Medaille" beschrieben worden: vom einen die Theorie, den gedanklichen Überbau, vom anderen die praktische Anwendung. Und ebenso einseitig wie engführend ist die sprachliche Diktion, die auf beiden Seiten erkenntlich ist und die den Gesamtkomplex *Soft Skill* als Sozialkompetenz bezeichnet. Dabei führt schon eine oberflächliche Betrachtung zu der Erkenntnis, dass der wissenschaftliche Beitrag und die Pragmatik des Beschäftigungssystems zwar große gemeinsame Schnittmengen in dem Diskurs zum Thema aufweisen, aber keineswegs ineinander aufgehen und in dem Begriff *Sozialkompetenz* nicht miteinander verschmelzen. Ein Beispiel soll den hier angesprochenen Zusammenhang verdeutlichen:

Den auf dem Symposium vorgetragenen Beiträgen und auch den Erweiterungen durch nicht gehaltene Vorträge kann man als Fazit wohl entnehmen, dass die Herausbildung von *Beschäftigungsfähigkeit* eine zentrale Aufgabe öffentlicher und privater Bildung und Erziehung sei. Universitäten nennen nicht selten in ihren Modulbeschreibungen die *Berufsfähigkeit* als ein Ziel universitärer Bachelor-Studien, die dann in akademischen Prüfungen nachzuweisen sei (LÖHMANNSRÖBEN/WEX 2010). Die hier bezeichnete Berufsfähigkeit als Ergebnis universitärer Studien wird in entsprechenden akademischen Prüfungen festgestellt. Sie ist der Nachweis des Wissens über die Berufsfähigkeit einer je definierten Berufspraxis, sie ist nicht die Berufsfähigkeit in der Praxis selbst.

Deutlich erdnäher sind die Erwartung des Beschäftigungssystems an das Bildungssystem: Einer von der DIHK im Jahre 2010 veröffentlichten Ausbildungsumfrage, auf die schon an anderer Stelle aufmerksam gemacht wurde, entnehmen wir – und hier fängt die Welt an, für mich nicht mehr in Ordnung zu sein – dass der Mangel an Bewerbern und Ausbildungsreife – beides soll im Ergebnis zur *Beschäftigungsfähigkeit* führen – durchaus einen Zusammenhang darstellen und unausweichlich die Fachkräftesicherung gefährden. Die Unternehmen beklagen insbesondere unzureichende schulische Qualifikationen und mangelnde persönliche Kompetenzen (Wansleben 2010). Die Betriebe sind unzufrieden mit der Leistungsbereitschaft (48%), Belastbarkeit (44%), Disziplin (46%). Für die Betriebe spielen also die *Soft Skills* – das meint wohl der vom DIHK verwendete Begriff *Ausbildungsreife* – offensichtlich eine weitaus größere Rolle als für den universitären Ausbildungsbereich. Die Unternehmen erleben sich mehr und mehr als Reparaturbetriebe, die von den Mangelerscheinungen vorgeordneter Bildung und Erziehung mehr oder weniger getroffen werden. Doch wer „repariert", wenn ein solcher Student nach seinem Studium in den „Betrieb" geht – nennen wir ihn der Einfachheit halber mal „Schule"! Deshalb müssen wir in der vor uns liegenden Diskussion einen weiteren Bereich in den Blick nehmen: **Wissenschaft** und **Beschäftigung** habe ich bereits benannt, ich füge **Bildung** als dritten Bereich hinzu. Angesprochen sind hier die Lehrer bzw. die angehenden Lehrer.

Das Leit-Thema dieses Bandes lässt zumindest nicht außer Reichweite der sich anschließenden Überlegungen, dass die Verantwortungsträger sich aus ihrer Verantwortung für eine Balance von Leistungsfähigkeit und Bildungsgerechtigkeit zurückziehen und das Bildungswesen, allen voran die Schule, einseitig an seine ökonomische Bedeutung für das Beschäftigungswesen zurückbinden. Bildung könnte damit zur Ausbildung schrumpfen und würde durch eine solche zweckhafte Engführung die Schule als weitgehend staatlichen Chancenzuweisungs- und Selektionsort funktionalisieren. Damit schrumpfte auch die humane Qualität eines Raumes beträchtlich, in dem die jungen Menschen etwa 20% ihrer Lebenszeit verbringen. Die Bildung, auf die Schule verwiesen ist, substantiiert sich in den Inhalten, die die Schule ihren Schülern nahebringt. Sie repräsentieren in großen Teilen einen akzeptanzbasierten Wertekatalog, der in Fähigkeiten und Fertigkeiten nicht aufgeht, der nicht sinnlich erfahrbar ist wie gutes oder schlechtes Benehmen (GIESECKE 2005) und der die Vorstellung nicht preisgibt, im Innern von Menschen etwas bewirken zu können. Soft Skills haben in dieser Sicht dienende Funktion, sie begleiten und unterstützen schulische Bildung, machen sie vielfach erst möglich, sie sind hingegen nicht die Bildung selbst.

Dies zu verdeutlichen hilft ein Blick auf einen Zielkatalog, dessen sich John Locke (zit.n. Moog 1967) in seiner Hierarchisierung des Unterrichts bedient und die durchaus als Kritik an der Einseitigkeit und Dominanz der Wissensorientierung zu deuten ist. Locke nennt vier Zielpositionen: *Tugend, Weisheit, Lebensart* und *Kenntnisse*. Sicher sind diese Begriffe – Letzteren einmal ausgenommen – uns Heutigen nur schwer verständlich und bedürfen der Erläuterung. So ist *Tugend* in der Wendung auf schulische Bildung und Erziehung zeitweilig gänzlich abhanden gekommen und nur in der Negation verwendet worden: dass der Tugendhafte nicht so handeln dürfe, wie er gern handeln möchte, sich folglich im permanenten Widerspruch eines fremden Sollens zum eigenen Willen befinde (Geißler o.J.). Dabei wird übersehen, dass Tugend in ihrem ursprünglichen Verständnis (Scheler 1923, 19ff) gerade nicht Einschränkung der Person, sondern deren Vollendung bedeutet. Auch die Verwendung des Begriffs *Weisheit* ist irrtumsbelastet: In dem hier verhandelten Zusammenhang ist nicht Klugheit, nicht Intelligenz oder Begabung gemeint, sondern dass der Mensch die Fähigkeit entwickeln und schließlich gewinnen muss, sich zu entscheiden. Immer stehen unterschiedliche Normen und Werte auf der Agenda, die zwar alle – jedes für sich – Beachtung verlangen, jedoch nicht gleichzeitig beachtet werden können. Der modernere Begriff, der hier Verwendung findet, lautet *Güterabwägung*: dass wir lernen, entscheiden zu können, was in einer je gegebenen Situation das jeweils Angemessene ist. *Lebensart* ist zwar ein bekannter, der pädagogischen Fachsprache aber weithin fremder Begriff, allenfalls korrespondierend mit dem Begriff Takt (Muth 1967, 55). Dabei geht es hier nicht um äußere Verhaltensmuster oder Etikette, sondern vielmehr um die Innenseite der Person, um die Moralität, die Achtung vor Anderem und Anderen. Die moderne Sozialwissenschaft hat für den hier gemeinten Zusammenhang eine Reihe von korrespondierenden – jedoch nicht gänzlich identischen – Begriffen hervorgebracht. So sprechen wir bei der für das Zustandekommen – und mehr noch für das Gelingen – der Interaktion von Menschen von einer notwendigen Empathie, die auf das Verstehen des anderen und seiner deutbaren Handlungen abzielt. Und schließlich hat John Locke die *Kenntnisse* an die letzte Stelle gerückt. Das ist dort nachvollziehbar, wo die Schule sich als Paukschule geriert, deren Hauptzweck das Lernen von Fakten, das Aufhäufen von Kenntnissen – ohne Erkenntnisgewinn – ist, die zudem allzu schnell einem Vergessensprozess anheimfallen – die Reformpädagogen zu Beginn des 20. Jh. haben sich energisch gegen eine solche Schule positioniert.

Freilich führt eine differenzierte Betrachtung des Locke'schen Zielkatalogs zu der Überzeugung, dass ein „geordneter Gedankenkreis" (Aebli 1981) erst die Voraussetzungen für Tugend, Weisheit und Lebensart in dem hier intendierten Sinne schafft. Sie blieben leere Worthülsen, wenn sie nicht auf Kenntnissen ruhten, die zu Erkenntnissen weiterleiten und die verantwortliche Entscheidungen erst möglich machen. Das Wissen über wirtschaftlich, gesellschaftspolitisch, psychologisch orientierte Skills, über pädagogische, d.h. auf den Lernenden und den Lehrenden bezogene Skills, das Wissen über die anthropologische, materiale und ethische Dimension von Skills (vgl. den Beitrag von Jendrowiak in diesem Band) eröffnet eine gute Chance, dass Tugend, Weisheit und Lebensart im Locke'schen Sinne schulischer Bildung und Erziehung Substanz geben.

Literatur

Aebli, Hans: Denken: Das Ordnen des Tuns, Stuttgart 1981, Bd. 2
Geißler, E.E.: Erziehung zu neuen Tugenden? Ethik und dynamische Gesellschaft, In: Elite. Zukunftsorientierung in der Demokratie, Veröffentlichungen der Walter-Raymond-Stiftung, Bd. 20, S. 55-80 (ohne Jahr)
Giesecke, Hermann: Wie lernt man Werte? Weinheim 2005
Löhmannsröben, Hanna/Wex, Peter: Sozialkompetenzen. Wie lassen sie sich lehren und prüfen? In: Forschung und Lehre 3/2010, S. 184 f
Moog, Willi: Geschichte der Pädagogik, Bd. 2, Ratingen 1967 S. 332
Muth, Jacob: Pädagogischer Takt, Heidelberg 1967
Scheler, Max: Zur Rehabilitierung der Tugend, in: Vom Umsturz der Werte, Leipzig 1923, Bd. 1
Wansleben, Martin: Ergebnisse der DIHK-Ausbildungsumfrage, 8.April 2010

13 Namenregister

ADAMS	94
AEBLI	179
AINSCOW	81
ARISTOTELES	62,64,65,66,67,69
ARSEN	94
BAECKER	48
BAYERL	97
BENNER	126
BISCHOFF	129,130,131
BOOTH	81
BRAUN	87
BRENNAN	57,72
BROWN	50
BRÜGGELMANN	101
BUCHANAN	57,70,72,76,78
BUSSE	174
CASPARI	94
CICERO	67
COHRS	174
DALLMANN	128,140
DIEKEL	6,19,163,176,184
DIEKMANN	74
DIHK	11,177
DUCH	128
ENGEL	5,18,184
ENGEL, Heidrun	77
ERLEI	67
FEND	90
FRANZKE	99
FREY	67
FRIESACKER	143
FRINDTE	45
GEHRKE	6,19,122,130,131,139,184
GEIßLER	178
GIESECKE	101,177

GNIDA	171
GOLOMBEK	128
GUDJONS	98
GUNTERN	94
HANSEL	5,6,9,13,88,175,185
HAYEK VON	58
HAYS-WORLD	100
HEGEL	58,59
HENDEL	9
HENDERSON	133,146
HENTIG VON	95
HINTZE	139
HOBBES	5,18,57,59 bis 81
HOLOCH	139, 140
HOLZMÜLLER	89,100
HOMANN	76
HRDY	71
HUME	66,74
IGNATIEFF	70
JANSSEN	97,98
JENDROWIAK	5,18,21,176,179
JUCHLI	129,130
JÜRGENS	91,93,102
KAHL	90
KANT	58
KELSEN	58
KERSTING	59,64,68,71,72,73,74
KLEIN-LANDECK	78,79
KLIEME	89
KNIGGE	15
KOBUSCH	67
KRAUS	100
KURTENBACH	126
LANG	164
LAU, Felix	49
LEHMANN	87,91,92,93,96
LEHNER	67
LESCHKE	67

LINDE VON DER	152
LOCKE	178,179
LÖHMANNSRÖBEN	176
LUHMANN	48
MALIK	26,40
MARX	58
MENGER	58
MERTENS	17
METTRIE DE LA	70
MONTESSORI	58,77,78,80
MOOG	178
MUTH	178
NEIHEISER	126
NEUMANN	127
NIEKE	87,91,92,93,96
NÖLLKE	94,97
NÖTH	46
OELKERS	90
OREM	125,126,133,139
PEIRCE	46
PESTALOZZI	58
PETERSEN	77,78,79
PIES	76
PLAUTUS	65
POLANY	44
RAUNER	51
RÖHL	128
RYSCHKA.	39
SACHER	91,93,102
SAILER	22,23,24,41,104
SALES VON	54
SANDER	173
SAUERLAND	67
SCHARECK	10
SCHAUB	91
SCHELER	178
SCHELL (1995)	124
SCHEU	141,143

SCHIFFER	152
SCHÖNEFELDER	94
SCHULZ V. THUN	45
SCHUMPETER	58
SEIDLER	130
SIEBERS	126
STEENBERG	78
STORSBERG	127
STÖVER	66
STRAUBE	6,18,106,118,186
STROHNER	45
SUCHAROWSKI	5,18,44,176,186
TERHART	11
TIGGELERS	95,96,99
TIMMERMANN	22,24
URBAN	94
VOLAND	71
VOLPERT	97,98,99
WANSLEBEN	177
WEBER	58
WEEDE	73
WEINERT	91,165
WERNER	89,101
WEX	176
WIATER	90
WILLMS	60,61,62
ZENKE	91

14 Autorenregister

Becker, Daniela, Jg. 1973, M. A. in Russistik sowie germanistischer und anglistischer Sprachwissenschaft (1998), geprüfte Personalfachkauffrau (IHK) 2007, seit mehr als 11 Jahren im Hotel Neptun (Warnemünde) beschäftigt, zunächst als Büroleiterin des General Managers, seit Juli 2007 Personalleiterin. verheiratet, 2 Kinder (5 und 9 Jahre alt)

DIEKEL, Hendrik, Jg. 1972, studierte 1992 bis 1998 an den Universitäten Köln und Portland/ U.S.A. Volkswirtschaftslehre. Nach dem Diplom arbeitete er zunächst insgesamt 3 1/2 Jahre als Consultant und Customer Relations Manager bei der Unternehmensberatung access AG in Köln. Seit Juli 2002 ist er für die Deutsche Bahn AG in Berlin tätig, zunächst bis 2006 im Bereich Nachwuchsentwicklung Konzern, seit 2006 im Bereich Personal Konzernleitung als Personalentwickler.

ENGEL, Gerhard, Dr. phil., Jg. 1951, Studium der Philosophie, Musikpädagogik, Musikwissenschaft, Soziologie und Erziehungswissenschaft an der HMT Hannover sowie an den Universitäten Hamburg und Hannover, 1980-1983 Referent im Geschäftsbereich des Niedersächsischen Ministeriums für Wissenschaft u8nd Kunst, 1992-1995 Wissenschaftlicher Mitarbeiter im Bereich Wirtschaftsethik und Didaktik der Philosophie am Philosoph. Seminar der TU Braunschweig, bis zu seinem Ausscheiden aus dem Universitätsdienst Lehrkraft für besondere Aufgaben am Philosoph. Seminar der TU Braunschweig, Präsident der Humanistischen Akademie Bayern e.V.

GEHRKE, Ulrika, Dipl. Med. Päd., Jg. 1948, Lehrerin an der Beruflichen Schule „A. Schmorell" Rostock 1969 – 2011, Berufsausbildung und Tätigkeit als Kinderkrankenschwester in der Kinderklinik der Ernst-Moritz-Arndt-Universität Greifswald, Lehrtätigkeit vorrangig in der Fachausbildung von Kinderkrankenschwestern, Krankenschwestern und Hebammen.
1976 – 2007 Ausbildungsleiterin für die berufspraktische Ausbildung am Klinikum Südstadt Rostock. Studium der Medizinpädagogik an der Humboldt-Universität zu Berlin, Diplom 1984. Seit 1994 Vorstandsmitglied im Berufsverband Kinderkrankenpflege Deutschland

(BeKD e. V.), 2002 bis 2010 Ratsmitglied des Deutschen Pflegerates (DPR e. V.)
In Mecklenburg-Vorpommern ehrenamtlich von 1994 – 2005 Lehrplansekretärin und Arbeitsgruppenleiterin Kinderkrankenpflege beim Sozialministerium sowie von 1993 bis 2008 Arbeitskreisleiterin beim Landesinstitut Schule und Ausbildung (LISA).
Mitherausgeberin und Autorin des Lehrbuches „Kinderkrankenpflege" (Bern 1999)

HANSEL, Toni, Univ.-Prof. Dr., Jg. 1946, Lehrerausbildung (Grund- und Hauptschulen), Schuldienst, Wiss. Ass., Promotion in Erziehungswissenschaft 1976, Habilitation im Fach Schulpädagogik 1984, Prof. für Grundschulpädagogik an der Universität Essen (bis 1991), Lehrstuhl für Grundschulpädagogik an der Universität Leipzig (bis 1993) und an der Ernst-Moritz-Arndt-Universität in Greifswald (bis 1996), derzeit Lehrstuhl für Schulpädagogik und Direktor des Instituts für Schulpädagogik an der Universität Rostock

JENDROWIAK, Hans-Werner, Univ.-Prof. Dr., Studium der Wirtschafts- und Sozialwissenschaften, der Germanistik, Psychologie und der Erziehungswissenschaften. Betriebswirtschaftliche Studien und Examen zum „Dipl. Betriebswirt". Erste Philologische Staatsprüfung in den Fächern Wirtschaftswissenschaften, Pädagogik und Philosophie. Zweite Staatsprüfung für das Lehramt am Gymnasium. Schulpraktische Tätigkeit als Studienrat in den Fächern Wirtschaftslehre, Deutsch und Sport. Akademischer Rat im Fachgebiet Schulpädagogik. Promotion und Habilitation in Erziehungswissenschaft. Verschiedene Gast- und Vertretungsprofessuren. Von 1984 bis 2006 Ordinarius für Allgemeine Pädagogik mit den Schwerpunkten Systematische Pädagogik, Empirische Pädagogik und Pädagogische Anthropologie. Verschiedene Forschungsprojekte im Bereich der frühkindlichen, schulischen und betrieblichen Bildungsforschung. Seit 2006 bis 2010 Vertretungsprofessur an der Universität Rostock im Bereich empirische Bildungsforschung bzw. Wirtschaftspädagogik.

STEINHAGEN, Alexander, Dipl.-HdL, Studium der Wirtschaftspädagogik, seit 2009 wissenschaftlicher Mitarbeiter am Lehrstuhl für Schulpädagogik in Rostock, derzeit Forschung im Bereich der Elementarpädagogik, Untersuchungsschwerpunkt: didaktisch-methodischen Kompetenzen des pädagogischen Personals.

STRAUBE, Roland, Mediator und Ausbilder für Mediation BM, Familientherapeut, seit 1990 in der Lehrerfortbildung tätig, Leiter der Mediationsstelle Rostock und der Straube Managementberatung, Leiter der Gesamtkonferenz und der Arbeitsgruppe zur pädagogischen Entwicklung der Jenaplanschule Rostock. Wichtigste Publikationen: Kompetenzbasiertes Projektmanagement (PM3), Bd. 4 Kapitel „Konflikte und Krisen" (GPM, Nürnberg 2009); Konfliktmanagement für Projektleiter (Haufe, München 2007).

SUCHAROWSKI, Wolfgang, Univ.-Prof. Dr. phil. habil., Jg. 1946. Studium der Fächer Germanistik und Komparatistik, Philosophie und Theologie, Allgemeine Psychologie an den Universitäten München und Kiel. Erstes und zweites Staatsexamen, Gymnasiallehrer und Seminarleiter für Deutsch an Gymnasien in München. Promotion 1973 und Habilitation 1987. Assistent in München 1973-1978, Professor für Deutsche Sprache, Literatur und Didaktik an der Universität Kiel 1980-1986, Privatdozent für Germanistische Linguistik an der Universität Eichstätt, seit 1996 Professor für Didaktik der deutschen Sprache und Literatur, von 2000 – 2005 Dekan der Philosophischen Fakultät der Universität Rostock.

Centaurus Buchtipp

Toni Hansel (Hg.)

Werterziehung im Fokus schulischer Bildung

Reihe Schulpädagogik, Bd. 8, 2009,
216 S., br., ISBN 978-3-8255-0753-4
€ 21,50

Nach einer Zeitspanne intensiver Begründung und Evaluierung des pädagogischen Gehalts von Schule durch empirische Forschung deutet sich an, dass Besinnung in die Debatte über die Substanz der Schule zurückkehrt. Im außerwissenschaftlichen Diskurs hat sich der Begriff Werterziehung etabliert, die Politik hat ihn inzwischen fest vereinnahmt, die Erziehungswissenschaft hat ein nicht ganz geklärtes Verhältnis zu ihm. Für namhafte Erziehungswissenschaftler verbindet sich mit der Bedeutungsvielfalt die Frage, ob das, was wir an Erwartungen mit Werterziehung verknüpfen, von Erziehern überhaupt zu leisten ist.

Was ist ein Wert? Sind es hauptsächlich Güter, die den Menschen etwas wert sind? Sind es materielle Güter wie Besitz - oder Leben und Ge-sundheit? Sind es immaterielle, geistige Güter wie Wissen, Moral, Recht, Religion oder Kunst? Unsere plurale Welt ist voll von Gütern, Ideen und Zwecken, die für die Menschen wertbesetzt sind. Und je stärker sich eine Gesellschaft ausdifferenziert, desto unausweichlicher kommt auf den Einzelnen die Entscheidung zu, sich in der sozialen Ordnung, in den Sitten und Institutionen wertend zu positionieren. Den damit korrespondierenden Fragen wendet sich der vorliegende Band zu.

Die Autoren haben sich dabei keineswegs allein auf die Schule und die in ihrem Zuständigkeitsbereich geführte Wertedebatte beschränkt, sondern die Rückbindung an den Ort ihres Wirkens gesucht. Besonderes Augenmerk legt der Herausgeber auf die Lesbarkeit, um die Texte nicht nur Fachleuten an die Hand zu geben, sondern gleichermaßen auch Studierenden, Referendaren, Praktikern und interessierten Laien, um ihnen ein Forum für Argumente und Gegenargumente zu erschließen und den Diskurs in der Sache zu befördern.

www.centaurus-verlag.de

Centaurus Buchtipps

Beate Kolonko — **Neuauflage**
Spracherwerb im Kindergarten
Grundlagen für die sprachpädagogische Arbeit von ErzieherInnen
Reihe Pädagogik, Bd. 39, 3. erw. Aufl. 2011, 180 S.,
ISBN 978-3-86226-047-8, € 24,80

Burkhart Fischer
Wahrnehmungs- und Blickfunktionen bei Lernproblemen
Besser werden im Schreiben – Lesen – Rechnen
Reihe Psychologie, Bd. 41, 2011, 140 S., ca. 50 Abb., geb.,
ISBN 978-3-86226-043-0., € 23,80

Viviane Nabi Acho
Elternarbeit mit Migrantenfamilien
Wege zur Förderung der nachhaltigen und aktiven Beteiligung von Migranteneltern an Elternabenden und im Elternbeirat
Migration und Lebenswelten, Bd. 2, 2011, 138 S.,
ISBN 978-3-86226-039-3, € 18.80

Nele Cölsch
Potential and limitations of peace education in Israel
A case study of parents' perspectives on the Hand in Hand school in Jerusalem
Gender & Diversity, Bd. 3, 2011, 122 S.,
ISBN 978-3-86226-072-0, € 23,80

Tina Görner
Was für ein Theater!
Methodische Ansätze in der Arbeit mit gewaltbereiten Jugendlichen
Reihe Pädagogik, Bd. 40, 2011, 120 S.,
ISBN 978-3-86226-117-8, € 18,50

Elisa Bader
Bildungschancen und –ambitionen türkischer MigrantInnen
Vor dem Hintergrund divergierender institutioneller Konzepte im Umgang mit Migrationseltern in Deutschland und Australien
Reihe Pädagogik, Bd. 34, 2010, 120 S.,
ISBN 978-3-8255-0760-2, € 19,89

Toni Hansel, Ilona Katharina Schneider (Hg.)
Bildung im Kindergarten
Förderkonzeption der Arbeitsgruppe Frühpädagogik an der Universität Rostock
Reihe Schulpädagogik, Bd. 9, 2008, 260 S.,
ISBN 978-3-8255-0722-3, € 24,90

Informationen und weitere Titel unter www.centaurus-verlag.de

MIX
Papier aus verantwortungsvollen Quellen
Paper from responsible sources
FSC® C105338

If you have any concerns about our products,
you can contact us on
ProductSafety@springernature.com

In case Publisher is established outside the EU,
the EU authorized representative is:
**Springer Nature Customer Service Center GmbH
Europaplatz 3, 69115 Heidelberg, Germany**

Printed by Libri Plureos GmbH
in Hamburg, Germany